O PRINCÍPIO DA NÃO-VIOLÊNCIA

JEAN-MARIE MULLER

O PRINCÍPIO DA NÃO-VIOLÊNCIA
Uma trajetória filosófica

TRADUÇÃO DE INÊS POLEGATO

Título original: *Le principe de non-violence – Parcours philosophique*
© Jean-Marie Muller, 1995
© Palas Athena 2007, da tradução para o português

Produção editorial: Laura Bacellar
Revisão técnica: Lia Diskin
Preparação: Adriana de Oliveira
Revisão: Nair Hitomi Kayo
Capa e projeto gráfico: Assaoka
Diagramação: Sguerra Design
Impressão e acabamento: Palas Athena Gráfica

Dados Internacionais de Catalogação na Publicação (CIP)
(Câmara Brasileira do Livro, SP, Brasil).

Muller, Jean-Marie, 1939- .
  O princípio da não-violência / Jean-Marie Muller ; tradução de Inês Polegato. -- São Paulo : Palas Athena, 2007.

  Título original: Le principe de non-violence.
  Bibliografia.

  ISBN 978-85-60804-02-3

  1. Mediação 2. Não-violência 3. Paz I. Título.

07-7735   CDD-303.61

Índice para catálogo sistemático:
1. Não-violência : Cultura de paz : Sociologia   303.61

Todos os direitos reservados e protegidos pela Lei 9.610 de 19 de fevereiro de 1998. É proibida a reprodução total ou parcial por quaisquer meios sem autorização prévia, por escrito, da editora. Direitos adquiridos para a língua portuguesa por Palas Athena Editora.
Rua Leôncio de Carvalho, 99   sala 1   Paraíso
04003-010   São Paulo-SP   Brasil   tel/fax (11) 3289-5426
www.palasathena.org.br   editora@palasathena.org.br
2007

"Têm cara boa, os não-violentos!"
Jean-Paul Sartre

"A não-violência é o ponto de partida e ao mesmo tempo o objetivo final da filosofia."
Éric Weil

"Esforçar-se a ponto de poder dizer-se não-violento."
Simone Weil

"Creio que a verdadeira democracia só pode nascer da não-violência."
Gandhi

"O verdadeiro problema para nós, ocidentais, não se restringe tão-só em recusar a violência, mas em nos indagar sobre uma luta contra a violência que – sem se esvair na não-resistência ao Mal – possa evitar a instituição da violência a partir dessa luta. A guerra contra a guerra por acaso não perpetua aquilo que se encarregou de abolir, para com a consciência tranqüila consagrar a guerra e suas virtudes viris?"
Emmanuel Levinas

SUMÁRIO

11 *Prefácio*

17 CAPÍTULO 1. Num mundo de conflitos

29 CAPÍTULO 2. Re-flexão sobre a violência

49 CAPÍTULO 3. A não-violência como exigência filosófica

69 CAPÍTULO 4. O homem não-violento diante da morte

79 CAPÍTULO 5. Princípios da ação não-violenta

97 CAPÍTULO 6. A violência e a necessidade

111 CAPÍTULO 7. O Estado como violência institucionalizada

125 CAPÍTULO 8. A não-violência como exigência política

147 CAPÍTULO 9. A resolução não-violenta de conflitos

161 CAPÍTULO 10. Alternativas não-violentas à guerra

171 CAPÍTULO 11. Violência e não-violência na história segundo Éric Weil

183 CAPÍTULO 12. Diálogo com Éric Weil

197 CAPÍTULO 13. Gandhi, a exigência da não-violência

213 CAPÍTULO 14. Gandhi, artesão da não-violência

233 CAPÍTULO 15. As chances de uma cultura da não-violência

253 *Conclusão*

257 *Notas*

PREFÁCIO

A violência é a matéria-prima da atualidade. É o principal ingrediente do sensacionalismo. Diariamente, somos informados sobre violências que, aqui ou ali, torturam e marcam profundamente nossos semelhantes. A informação a que estamos submetidos nos posiciona como *voyeurs* do sofrimento e da morte de outros. Já não mantemos certo distanciamento em relação aos fatos que se desenrolam diante de nossos olhos em tempo real. Sem esse afastamento, não há mais lugar para a reflexão. Os meios de comunicação de massa não noticiam as razões e as implicações da violência, apenas a violência propriamente dita. Não suscitam a opinião pública, mas a emoção pública.

As violências que marcam a atualidade têm explicações baseadas no contexto econômico e político em que ocorreram; porém, todas têm origem no que se pode chamar de "cultura da violência". Na confrontação das culturas, que ocorre em todas as partes do mundo e em cada sociedade, costuma-se invocar a tolerância mútua argumentando-se que, se houver um esforço de nossa parte para conhecer e compreender melhor a cultura dos outros, descobriremos o que cada uma encerra em termos de grandeza e nobreza. Afirma-se também que, para viver em paz uns com os outros, devemos aceitar nossas diferenças. Tudo isso é verdade, mas apenas em parte, pois não seriam, sobretudo, nossas semelhanças que geram nossas disputas, conflitos e batalhas? Não seria em razão de imitarmos uns aos outros que estamos continuamente em guerra uns com os outros? Não seria pelo fato de nossas culturas estarem igualmente impregnadas pela "ideologia da violência" que estamos sempre na iminência de nos ferirmos uns aos outros? Na realidade, a ideologia da violência necessária, legítima e honrosa tende a apagar as diferenças entre as diversas culturas e provoca o desvelar de semelhanças estarrecedoras. Nossas culturas se assemelham porque são todas culturas da violência. Por isso, para viver em paz uns com os outros, *não se trata simplesmente de aceitar nossas diferenças, mas de recusar nossas semelhanças*.

Uma das ênfases recorrentes deste trabalho será proceder à análise e à crítica radical do que acabamos de chamar "cultura da violência" e "ideologia da violência". Em seguida, abriremos as perspectivas de uma "filosofia da não-violência" e de uma "cultura da não-violência", cujos fundamentos e elementos tentaremos estabelecer.

Se examinarmos a história, a violência pode parecer pesar sobre a humanidade como uma fatalidade. Se o homem fosse um animal, seria o mais cruel dos animais. Mas o homem é um ser dotado de razão e, exatamente por isso, o mais cruel dos seres vivos. Se o homem não fosse dotado de razão, não teria sido capaz de programar, de forma consciente e científica, as tragédias de Auschwitz, de Hiroshima e do Arquipélago de Gulag, além de muitas outras tragédias ocorridas em todas as partes do planeta, antes e depois dessas, que podem igualmente simbolizar o horror da violência organizada pelo homem contra o homem. Como a consciência humana poderia deixar de se revoltar ao lembrar de todas aquelas e todos aqueles cujo rosto, século após século, foi des-figurado a ferro e a fogo? É o escândalo dessa violência exercida por homens contra outros homens que movimenta o pensamento filosófico; é a certeza de que esse mal não deve existir que provoca a re-flexão. Pretendemos, aqui, demonstrar que a revolta do pensamento diante da violência que provoca o sofrimento dos homens é o ato fundante da filosofia. Pretendemos evidenciar que a recusa de toda legitimação da violência fundamenta o *princípio da não-violência*.

A cultura, segundo a definição de Marcel Mauss, é "o conjunto das formas de comportamento adquiridas nas sociedades humanas".[1] Nesse sentido, passaremos a denominar "cultura da violência" quando, sob efeito da influência social, os indivíduos orientam seu comportamento privilegiando a violência como meio normal de defender sua comunidade ante as ameaças que pesam sobre ela. A sociedade *cultiva* a violência (cultivar vem do latim *colare*, que significa ao mesmo tempo cultivar e honrar), inculcando-a nos indivíduos como virtude do homem forte, do homem corajoso, do homem honrado, que se arrisca morrer para defender os "valores" que dão sentido à sua vida. No imaginário popular, o herói é aquele que pegou em armas para defender a pátria contra os bárbaros. E a sociedade ergue monumentos e presta *culto* a seus heróis. A cultura envolve a violência de prestígio; afirmar, porém, que a violência é prestigiosa significa, sem dúvida, reconhecer (de acordo com a etimologia da palavra, que provém do latim *praestigiosus*, "que causa ilusão") que é ilusória, isto é, engana aqueles que cedem à sua tentação. A partir do momento em que homens começaram a derramar seu próprio sangue por uma causa, esta, qualquer que seja, torna-se sagrada, e eles precisarão continuar a derramar sangue, a fim de que não se possa dizer que as primeiras vítimas o derramaram em vão. Efetivamente, é a violência que sacraliza a causa e não o inverso. Como proclama Zaratustra a seus "irmãos de guerra": "Vocês dizem que é a boa guerra que santifica até a própria guerra? Eu vos digo: é a boa causa que santifica toda causa."[2] Se a violência é sagrada, a não-violência só pode ser um sacrilégio, e aquele que a reivindica merece o anátema.

Uma das manifestações mais significativas de nossa cultura da violência é a importância considerável dos investimentos intelectuais dispensados à atividade de nossas sociedades na fabricação de armas, visando o massacre de nossos semelhantes. E somos de tal maneira "cultos" que a fabricação de armas não só não nos deixa escandalizados como não nos causa espanto. Temos, aliás, à nossa disposição, expressiva quantidade de argumentos para justificá-la.

A cultura da violência necessita recorrer a uma construção racional que permita aos indivíduos justificar a violência. É aqui que intervém a "ideologia da violência", cuja função é construir uma representação da violência que não deixa ver aquilo que ela é na verdade – desumana e escandalosa. Visa ocultar aquilo que a violência tem de irracional e de inaceitável valendo-se de uma representação racional aceitável. A finalidade é dissimular a realidade escandalosa da violência por meio de uma representação que a valorize positivamente. O objetivo almejado – e na maioria das vezes alcançado – é a banalização da violência. *Em vez de ser banida* – declarada à margem da lei –, *a violência é banalizada* – declarada em conformidade com a lei. Por conseguinte, nenhum freio intelectual irá se opor ao emprego da violência.

Segundo Emmanuel Levinas: "A moral não pertence à cultura: ela permite julgá-la."[3] Para poder julgar a cultura é preciso, portanto, suspender nossa adesão aos juízos inculcados pela cultura. Difícil tarefa que exige um distanciamento de nossa cultura para desaprender o que aprendemos, para re-novar nosso olhar sobre o homem e sobre o mundo, e para re-pensar nosso pensamento. Trata-se de reavaliar nossos saberes para voltar a pôr ordem em nossas idéias. Trata-se de colocar em dúvida nossas crenças para re-adquirir consciência, para re-adquirir conhecimento. Mas em nome de que critérios e de que exigências? Em nome da filosofia? Onde, porém, descobrir a origem da filosofia, senão em nossa própria cultura? Seria ilusório pretender escapar a todo tipo de influência; seria possível, porém, avaliar o alcance das influências culturais a que fomos submetidos – são múltiplas e contraditórias – e discernir entre aquelas que constituem aberturas voltadas à luz, portadoras de sentido, e aquelas que, ao contrário, levam a clausuras e cegueiras? Talvez seja possível escolher nossas influências. O homem deve apostar que não é um ser submetido ao determinismo, entregue à fatalidade. Ele não é livre, não nasce livre, mas pode conquistar sua liberdade. A liberdade é sempre um começo, um re-começo. Em última instância, não tem outra escolha, exceto fazer de si próprio o juiz da verdade que dá sentido à sua vida. Não poderia, sem eximir-se de sua responsabilidade, submeter-se a uma autoridade qualquer proveniente de fora, ditando-lhe a verdade. Para tornar-se responsável e autônomo, não há outro meio, exceto confiar nos ditames de sua própria consciência, e não na dos outros. Como ser racional, o homem possui a faculdade de se libertar, pouco a pouco, dos condicionamentos e dos confinamentos da cultura, para construir, pouco a pouco, seu pensamento, sua moral, sua filosofia.

Temos por hábito inserir as violências que condenamos na conta dos extremismos. *Mas os extremismos que recusamos só existem em decorrência das ortodoxias que aceitamos.* Por definição, o extremista é partidário de uma doutrina levada às últimas conseqüências, e isso significa que existe um nexo entre essa doutrina e as razões dos extremistas. A ortodoxia da doutrina a que se referem não é inocente em relação aos danos e crimes a que se permitem. Os extremismos, cujos efeitos destruidores são vistos em toda parte, só existem porque se servem dos argumentos de propaganda das ortodoxias. Certamente exageram, mas exatamente aquilo que exageram, ou seja, aquilo que exaltam e amplificam, constitui o princípio da ortodoxia. É a ortodoxia que oferece a matéria-prima da exacerbação do extremismo, é ela que lhe fornece os pretextos para justificar seus excessos. Assim, as ortodoxias trazem em latência e nutrem, elas mesmas, as excrescências dos extremismos. Ao justificar "o uso razoável da violência", as ortodoxias já estão com isso justificando o abuso dos extremismos, pois a violência não é razoável e, por si mesma, já é um abuso. A violência, que se crê aninhada tranqüilamente em meio à ortodoxia, desperta de tempos em tempos, zanga-se e torna-se hedionda. Não resta dúvida de que a ortodoxia é a base a partir da qual ela dirige suas operações criminosas. *Para combater a violência dos extremismos é necessário cercá-la e desalojá-la de seus refúgios em meio às ortodoxias.*

Ao pregar o desprezo ao estrangeiro, a ideologia nacionalista apóia-se no culto à pátria, que exalta a identidade nacional dos povos. O Estado totalitário pretende justificar sua legitimidade pela doutrina da democracia, que atribui ao Estado o monopólio da violência legítima. A guerra total encontra sua justificação na doutrina da guerra justa, que legitima e glorifica a violência e o homicídio, visto que estão a serviço de uma causa justa. O integrismo religioso tem suas raízes na ortodoxia das religiões que professam uma doutrina da violência legítima.

Não é possível, por conseguinte, condenar, recusar e desarmar os extremismos sem reavaliar as ortodoxias que lhes fornecem justificações. Para invalidar a lógica de violência dos extremistas, devemos começar por romper com tudo aquilo que, em nossa própria cultura, legitima e glorifica a violência como virtude do homem forte. Essa ruptura será dolorosa, pois deverá ser feita em profundidade. Descobriremos que, para romper com a cultura da violência, será necessário rompermos, definitivamente, com nossa própria cultura. E não se pode negar a dificuldade em recusar a tradição que nos foi legada como uma herança sagrada. Mesmo quando já estivermos convictos de que a ruptura é necessária para deslegitimar definitivamente a violência, ela ainda irá se manifestar a nós, de algum modo, como uma renegação, uma abjuração. Será, sobretudo, interpretada como um sacrilégio pelos outros, por aqueles que querem defender a tradição. Esse sentimento de sacrilégio será intensificado quando houver, como geralmente ocorre, uma conjugação da ideologia da violência com uma doutrina religiosa. Aqueles que querem defender a integridade da doutrina denunciarão toda e qualquer ruptura como uma heresia e não deixarão de lançar o anátema contra os infiéis.

As tradições que herdamos, por terem reservado um amplo e belo espaço à violência, não reservaram praticamente nenhum espaço à não-violência, ignorando-lhe inclusive o nome. Entretanto, em cada uma de nossas tradições, existem pilares sobre os quais podemos construir uma sabedoria da não-violência. Cada uma, na verdade, traz em si "valores" que conferem a todo homem dignidade, grandeza e nobreza e que exigem que ele seja respeitado e amado. Por si mesmos, esses valores contradizem a pretensão da violência em ditar a vida dos homens e das sociedades. E, em cada uma de nossas culturas, num ou noutro momento, houve mulheres e homens suficientemente fortes para entrar em dissidência com seus contemporâneos e defender o primado desses valores ante as solicitações da violência. No entanto, esses valores foram, em geral, encobertos pelas escórias da ideologia da violência e, por isso, negados e renegados. Por fidelidade a esses valores, uma vez depurados de todos os elementos heterogêneos, é que cada um de nós poderá convencer-se de que a exigência de não-violência cumpre a humanidade do homem. E descobriremos que essa fidelidade nos levará, para além da ruptura que operamos, ao próprio cerne de nossa cultura.

Em síntese, se cada um de nós quiser sair da lógica da violência e entrar na dinâmica da não-violência, terá de se confrontar, em sua própria cultura, com uma dupla exigência: de ruptura e de fidelidade. Situando-nos, portanto, na perspectiva aberta por essa dupla exigência, pudemos realizar um duplo trabalho de fundamentação e sinalização, percorrendo alguns dos textos em que se baseia nossa cultura, e também pudemos dar origem a este livro.

CAPÍTULO 1

NUM MUNDO DE CONFLITOS

A não-violência ainda é considerada uma idéia nova na Europa e em todo o mundo. A própria palavra "não-violência" suscita múltiplos equívocos, mal-entendidos e confusões. A primeira dificuldade se deve ao fato de a palavra exprimir uma negação, oposição, recusa e assim manter inúmeras ambigüidades. Em contrapartida, demonstra seu primado, pois nos obriga a encarar as várias ambigüidades da violência ante nossa forte propensão em ocultá-las por comodidade. A não-violência não expressa um menor, mas sim um maior realismo em relação à violência. Faz-se necessário, portanto, avaliar seu alcance, atravessar sua espessura e aferir seu peso.

Não será possível determinar o significado da não-violência a não ser que tenhamos previamente determinado o significado da violência. Antes de tudo, é fundamental identificar a que exatamente a não-violência diz não, a que se opõe, o que recusa, embora isso não seja ainda suficiente, pois o fato de saber o que a não-violência não é, não implica saber o que ela é efetivamente. Para conhecer seu alcance, devemos identificar aquilo que a não-violência busca, deseja afirmar, e propor, enfim, seu projeto.

A "violência" é certamente uma das palavras mais empregadas pelas pessoas, seja no discurso oral ou escrito. No entanto, se prestarmos atenção ao sentido que lhe atribuímos, perceberemos que esse vocábulo tem inúmeras acepções que diferem sensivelmente umas das outras. Essa confusão da linguagem é expressão da confusão do pensamento; por sua vez, a dupla confusão é fator de incompreensão em nossas discussões e tentativas de diálogo, imperiosamente reforçada quando nos dispomos a falar da não-violência. Além disso, é fundamental fazer de início uma elucidação conceitual que nos conduza à apreensão correta do significado das palavras utilizadas. Para tanto, será preciso distinguir diversos conceitos comumente pouco diferenciados, como: conflito, agressividade, luta, força, coerção e violência.

O CONFLITO

"No começo, o conflito." Nossa relação com os outros é parte constitutiva de nossa personalidade. A existência humana do homem não é estar-no-mundo, mas estar-com-os-outros. O homem é essencialmente um ser relacional. Eu existo apenas na relação com o outro. No entanto, de modo geral, experimento meu primeiro contato com o outro como adversidade, enfrentamento. A vinda do outro até minha casa é um incômodo. O outro é um invasor de minha zona de conforto; arranca-me de meu repouso. Por sua existência, o outro surge no espaço de que já havia me apropriado, como uma ameaça à minha existência. O outro é aquele cujos desejos se opõem aos meus, cujos interesses se chocam com os meus, cujas ambições se contrapõem às minhas, cujos projetos contrariam os meus, cuja liberdade ameaça a minha, cujos direitos usurpam os meus.

A chegada do outro ao meu lado é perigosa, ao menos em possibilidade. Também pode não ser, mas nada sei a respeito; por esse motivo, tenho a impressão de que é perigosa. Necessariamente, o outro não me quer mal; talvez até me queira bem, mas nada sei sobre isso. Como o outro, o desconhecido faz pairar uma incerteza relacionada ao meu futuro, instala-me numa condição de insegurança. O outro me inquieta; me causa medo. De qualquer modo, mesmo que não esteja imbuído de más intenções, o outro me incomoda. Provavelmente, ele será um estorvo. Vai ser preciso que eu lhe conceda espaço, que lhe ceda meu lugar e talvez mais do que isso. De início, sinto a proximidade do outro como uma promiscuidade. Talvez ele não venha me ameaçar, talvez queira apenas me pedir ajuda? Mas esse pedido não deixa de ser uma ameaça, um incômodo. Meu medo do outro se intensifica quando ele não é igual a mim, quando não fala a mesma língua, não tem a mesma cor, exibe uma fé num Deus que não é o meu. Este, mais do que qualquer outro, transtorna-me. Por que não permaneceu em sua terra?

René Girard desenvolveu uma tese em que assinala como os homens passam a se rivalizar. Para introduzir sua reflexão, Girard constata que "não há nada ou quase nada nos comportamentos humanos que não seja aprendido, e todo aprendizado se reduz à imitação".¹ A partir dessa constatação, tenta elaborar uma ciência do homem "identificando as modalidades inerentemente humanas dos comportamentos miméticos".² Ao contrário dos que consideram a imitação um processo de harmonia social, Girard, em seu estudo, deseja demonstrar que se trata essencialmente de um princípio de oposição e adversidade, de rivalidade e conflito. Pois o que está em jogo nos comportamentos miméticos dos homens é a apropriação de um objeto que, uma vez cobiçado simultaneamente por diversos membros de um grupo, torna-se causa de rivalidade. "Se um indivíduo vê um de seus semelhantes estender a mão em direção a um objeto, imediatamente sente vontade de imitar-lhe o gesto."³ Para Girard, é dessa rivalidade mimética, cuja finalidade é a apropriação de um mesmo objeto, que nascem os conflitos entre os indivíduos. E o conflito significa o confronto da minha vontade com a do outro, pois cada um deseja vencer a resistência do outro.

O indivíduo inveja outro que goza da posse de um objeto que ele não possui. Assim, o sentimento de inveja, que causa a cobiça do objeto possuído pelo outro, é uma das molas mais potentes dos conflitos que opõem os indivíduos entre si.

O poder sobre os objetos desencadeia um poder sobre os outros. O desejo de posse e o desejo de poder estão profundamente interligados. Ao mesmo tempo em que os indivíduos entram em rivalidade para se apropriar dos objetos, digladiam-se para afirmar seu poder. Existe, portanto, um elo orgânico entre propriedade e poder. O que está em jogo nos conflitos que opõem os homens geralmente é o desafio do poder. Não resta dúvida de que cada indivíduo necessita ter objetos suficientes para satisfazer suas necessidades vitais – alimentação, moradia, vestimenta –, tanto quanto precisa do poder adequado para ter seus direitos respeitados. Mas se os desejos de posse e de poder são legítimos, na medida em que permitem ao indivíduo tornar-se autônomo em relação aos demais, ambos possuem uma tendência natural para exigir e se desenvolver sempre mais. Nada é suficiente e nunca estão saciados. "Não sabem parar"; não conhecem barreiras. *O desejo vai além do limite imposto pela necessidade, muito além.* "Sempre há algo de ilimitado no desejo"⁴, observa Simone Weil. Num primeiro momento, o indivíduo busca o poder para não ser dominado pelos outros, mas, se não estiver atento, extrapola rapidamente o limite a partir do qual busca dominar os outros. Assim, a rivalidade entre os homens só pode ser sobrepujada quando cada um puser um limite aos seus desejos. "Os desejos que respeitam os limites", observa Weil, "estão em harmonia com o mundo, ao passo que os desejos que encerram o infinito não estão".[5]

O indivíduo não pode fugir à situação de conflito sem renunciar aos seus direitos. Deve aceitá-lo, uma vez que, através do conflito, cada indivíduo poderá ser reconhecido pelos demais. É claro que o conflito pode ser destruidor, mas também pode ser construtivo. A função do conflito é estabelecer um contrato, um pacto entre adversários que satisfaça seus respectivos direitos, e conseguir, por esse meio, construir relações de eqüidade e justiça entre os indivíduos, na mesma e entre diferentes comunidades. O conflito é, portanto, um elemento estrutural de qualquer relação com os outros e, por conseguinte, de toda vida social.

Qualquer situação política é conflituosa, ainda que apenas potencialmente. A coexistência entre os homens e os povos deve se tornar pacífica, mas continuará sempre conflituosa. A paz não é, não pode ser e nunca será a ausência de conflitos, mas sim o controle, a gestão e a resolução dos conflitos por outros meios que não os da violência destruidora e mortal. A ação política também deve visar a resolução (do latim *resolutio*, ação de desatar) não-violenta dos conflitos.

Na realidade, só é possível falar de não-violência em situação de conflito. O discurso pacifista, seja jurídico ou espiritualista, equivoca-se ao se perder no idealismo quando estigmatiza o conflito em favor de uma apologia exclusiva do direito, da confiança, da fraternidade, da reconciliação, do perdão e do amor. Dessa forma, abandona a história para cair na utopia.

A não-violência não pressupõe, portanto, um mundo sem conflitos. Não tem como projeto político construir uma sociedade em que as relações entre os homens estejam alicerçadas unicamente na confiança, visto que esta só pode ser estabelecida através das relações de proximidade, só pode ser efetivada na relação com o próximo. Via de regra, na sociedade, qualquer relação com o distante, com o outro-que-eu-não-conheço, é um desafio, e convém enfrentá-lo com desconfiança. Logo, a organização da vida em sociedade não se baseia na confiança, mas na justiça. A ação política deve visar a organização da justiça entre todos os distantes. Isso implica a criação de instituições, a elaboração de leis que forneçam modalidades práticas de resolução social dos conflitos que, em qualquer momento, podem ocorrer entre os indivíduos.

Em última análise, o conflito não deve ser considerado como norma da relação com o outro. O homem pode ser um lobo para o homem, quando então vive como lobo e não como homem. A humanidade do homem não se concretiza fora do conflito, e sim passa pelo conflito. O conflito faz parte da natureza dos homens apenas quando esta ainda não foi transformada pela marca do humano. O conflito vem primeiro, mas não deve ter a última palavra. Não é a forma primordial de relacionamento com o outro, mas sim a mais primária. Existe para ser sobrepujado, superado. O homem deve esforçar-se em manter uma relação pacífica com outro homem, isenta de qualquer ameaça e medo. Diante daquele que o confronta, o homem não deve adotar uma postura de *hostilidade*, como se um fosse o inimigo do outro; ao contrário, deve predispor-se a uma relação de *hospitalidade*, em que um é hóspede do outro. É significativo que os vocábulos "hostilidade" e "hospitalidade" pertençam à mesma família etimológica: as palavras latinas *hostes* e *hospes* originariamente designam, ambas, o estrangeiro, que, de fato, pode ser excluído como inimigo ou acolhido como hóspede.

A hospitalidade exige mais do que a justiça. A justiça por si só, isto é, o simples respeito aos direitos de cada um, não é suficiente para consolidar uma relação de homem para homem, visto que ainda mantém os próximos separados um do outro. Fazer-se respeitar significa ainda ser temido. Por sua natureza, o respeito implica certa distância. Manter o respeito significa manter-se distante do outro. Para formar uma comunidade humana, os homens são chamados a manter entre si relações de reciprocidade sedimentadas na partilha e na generosidade. Na comunidade humana, o espaço da hospitalidade é o espaço da bondade.

A AGRESSIVIDADE

A violência está de tal forma presente no coração da história que, por vezes, chegamos a pensar que se encontra inscrita no próprio coração do homem. Seria então "natural". Inútil seria apostar na não-violência, uma vez que significaria ir contra a própria lei da natureza. Na verdade, não é a violência que está inscrita na natureza humana, mas a agressividade. A violência é tão-somente uma expressão da agressividade, e não uma necessidade natural que se expressa pela violência.

O homem pode tornar-se um ser racional, mas é primeiramente um ser instintivo e impulsivo. Os instintos constituem um feixe de energias e, quando bem atado, estrutura e unifica a personalidade do indivíduo. Mas, caso se desate, o indivíduo se desestrutura e se fragmenta. A agressividade é uma das energias que, como o fogo, pode ser maléfica ou benéfica, destruidora ou criadora.

A agressividade é uma força de combatividade, de auto-afirmação, constitutiva da minha personalidade. Permite-me confrontar o outro sem esquivar-me. Ser agressivo significa manifestar-me diante do outro, caminhando ao seu encontro. O verbo agredir vem do latim *aggredi*, cuja etimologia *ad-gradi* significa "caminhar em direção", "ir ao encontro". Apenas num sentido derivado agredir significa "caminhar contra": isso se deve ao fato de que, na guerra, caminhar em direção ao inimigo significa ir de encontro a ele, ou seja, atacá-lo. Assim, em sua etimologia, o verbo a-gredir não implicaria uma violência maior do que o verbo pro-gredir que significa "caminhar para frente". Demonstrar agressividade significa aceitar o conflito com o outro, sem submeter-se à sua lei. Sem a agressividade, eu estaria constantemente em fuga diante das ameaças que os outros lançam sobre mim. Sem agressividade, eu seria incapaz de vencer o medo que me paralisaria e me impediria de opor-me a meu adversário e de lutar contra ele, para que reconheça e respeite meus direitos. Para ir em direção ao outro é preciso demonstrar audácia e coragem, pois significa ir em direção ao desconhecido, partir para uma aventura.

O medo está presente em todos os indivíduos e não se deve reprimi-lo, recusando-se a reconhecê-lo. Ao contrário, deve-se ter consciência de sua existência, esforçar-se por assumi-lo, abrandá-lo e sobrepujá-lo, tendo em mente que esse esforço deverá ser contínuo. O medo desencadeia no homem, às vezes de forma inconsciente, ansiedade, angústia e sofrimento, predispondo-o a manter uma atitude de intolerância e de hostilidade em relação ao outro. Nesse caso, um fator irracional intervém no desenvolvimento das relações entre os homens, podendo tornar-se predominante. O medo, contudo, não é degradante, é simplesmente humano. O que pode tornar-se degradante é ceder ao próprio medo, visto ser ele mau conselheiro quando nos convida à submissão ou nos incita à violência. Não se deixar dominar pelo medo, manter sob controle as emoções e as paixões suscitadas pelo medo permitem expressar a agressividade por outros meios que não os da violência destruidora. Por conseguinte, a agressividade torna-se um elemento fundamental da relação com o outro; esta poderá tornar-se uma relação de respeito mútuo e não mais de dominação-submissão.

Na realidade, perante uma injustiça, a passividade é a atitude muito mais disseminada do que a violência. A capacidade de resignação dos homens é consideravelmente maior do que a capacidade de revoltar-se. Por isso, uma das primeiras tarefas da ação não-violenta é "mobilizar", ou seja, colocar em movimento precisamente aqueles que se submetem à injustiça, despertando-lhes a agressividade para prepará-los à luta e suscitar o conflito. Não há conflito enquanto o escravo se submete ao seu senhor. Pelo contrário, é assim que a "ordem" é estabelecida e reina a "paz social", sem que nada nem ninguém possa fazer-lhes objeção. O conflito só ocorre a partir do momento em que o escravo demonstra agressividade suficiente para "ir ao encontro" (*ad-gradi*) de seu senhor, ousar enfrentá-lo e reivindicar seus direitos. A não-violência pressupõe, antes de tudo, ser capaz de mostrar agressividade. Nesse sentido, é preciso assinalar que a não-violência encontra-se em maior oposição à passividade e à resignação do que à violência. A ação não-violenta coletiva deve permitir canalizar a agressividade natural dos indivíduos, de forma que não se expresse através dos meios da violência destruidora, meios que possibilitam outras violências e injustiças, mas por meios justos e pacíficos que possam construir uma sociedade mais justa e pacífica. Na realidade, a violência não deixa de ser uma perversão da agressividade.

A cólera, por sua vez, pode se apossar do indivíduo, causando a perda do autocontrole, sendo um extravasamento da agressividade. No entanto, sabemos que a cólera é a manifestação de uma fraqueza e não de uma força de caráter. Segundo Horácio: *Ira brevis furor est*, "a cólera é uma curta loucura". Esclarece o poeta latino: "Aquele que não souber controlar sua cólera irá desejar, tempos depois, não ter feito aquilo que o ressentimento e a paixão lhe aconselharam quando procurava na violência uma pronta satisfação para seu ódio não saciado. [...] Governa tuas paixões: se não obedecem, mandam; é preciso impor-lhes um freio, é preciso mantê-las acorrentadas."[6]

Jesus de Nazaré não se restringe em condenar aquele que assassina seu irmão; ele acusa também aquele que "se encoleriza contra seu irmão" e lhe dirige injúrias.⁷ João de Betsaida expressa perfeitamente o pensamento de Jesus ao afirmar: "Qualquer um que odeia a seu irmão é homicida."⁸ O ódio já é, de fato, mortal.

A LUTA

A existência é uma luta pela vida. Para defender meus direitos, bem como defender os direitos daqueles com os quais me solidarizo, devo entrar em luta contra aqueles que os ameaçam ou atacam. Posicionando-se contra os pacifistas, Péguy afirmava: "Que loucura querer vincular a Declaração dos Direitos Humanos a uma Declaração de Paz. Como se uma Declaração de Justiça não fosse por si só uma declaração de guerra. [...] Como se uma única questão de direito, como se uma única reivindicação pudesse surgir no mundo e não constituir imediatamente uma questão de desordem e de motivo de guerra."⁹ Se entendermos a palavra guerra em sua acepção mais ampla, ou seja, uma luta, um enfrentamento, um combate, do ponto de vista formal, Péguy tem razão em sua divergência com os pacifistas: eles insistem em permanecer prisioneiros de sua recusa à guerra, e não propõem outros meios para combater a injustiça e defender os direitos do homem.

É evidente que a ação não-violenta visa esgotar as possibilidades de diálogo com o adversário, apelando à sua razão para tentar convencê-lo e recorrendo à sua consciência para tentar convertê-lo. Se aceitar a discussão, é possível estabelecer com ele uma negociação e tentar chegar a um acordo que faça justiça a ambas as partes. Infelizmente, os apelos à razão raramente são suficientes para resolver um conflito. O que geralmente caracteriza uma situação de injustiça é exatamente a impossibilidade de diálogo entre os adversários. E, dada a inviabilidade de diálogo, a luta se revela necessária. Quando não houver possibilidade de resolver o conflito pelo diálogo, a luta é o único meio para tornar o diálogo possível. A função da luta é criar as condições de diálogo, estabelecendo uma nova relação de força que obrigue o outro a me reconhecer como um inter-locutor necessário. Então, torna-se possível abrir uma negociação para estabelecer os termos de um acordo que coloque um ponto final ao conflito.

A FORÇA

Outra confusão freqüente diz respeito ao uso da violência e o exercício da força. Qualquer luta é uma demonstração de força. Num determinado contexto econômico, social e político, toda relação com os outros configura uma relação de força. A busca da justiça consiste na busca de um equilíbrio entre forças antagônicas, de modo que os direitos de cada indivíduo sejam respeitados. A luta tem por função criar uma nova relação de força para estabelecer esse equilíbrio. Segundo Simone Weil, "a ordem social não deixa de ser um equilíbrio de forças".[10] A justiça social é o equilíbrio de forças que se exercem em sentido contrário. Por isso, "a balança em equilíbrio, imagem da relação de igualdade de forças, é desde tempos remotos, principalmente no Egito, o símbolo da justiça".[11] A injustiça resulta, portanto, do desequilíbrio das forças em que os mais fracos são oprimidos pelos mais fortes. Por conseguinte, agir em favor da justiça significa restabelecer o equilíbrio das forças, e a única possibilidade será exercendo uma força que imponha um limite à força introduzida pelo desequilíbrio. Assim, para Weil, a "bela ação" é "a ação que interrompe, que suspende o diálogo indefinido dos desequilíbrios que se rebatem, estabelecendo o equilíbrio único correspondente àquela situação específica".[12] A ação não-violenta quer ser essa "bela ação", que visa estabelecer o equilíbrio das forças para assegurar a justiça e a paz.

O equilíbrio das forças permite aos homens viverem em simbiose (do grego *sun*, com, e *bios*, vida) uns com os outros. A simbiose é uma "vida em comum", baseada em relações nas quais todos os parceiros se beneficiam mutuamente; é uma associação entre vários seres vivos que lhes permite satisfazer as necessidades respectivas sem prejuízo dos demais. Logo, todos têm interesse em respeitar os termos dessa associação, a despeito das obrigações decorrentes de uma associação. É duradoura, pois traz benefícios a todos.

Michel Serres escreveu o elogio ao "contrato de simbiose", que permite aos adversários se tornar parceiros quando decidem manter uma convivência baseada no respeito mútuo de seus interesses e direitos. Serres coloca a questão: "O que é um inimigo, quem é ele para nós, como tratá-lo? Em outras palavras e exemplificando: o que é o câncer? Um conjunto crescente de células malignas que devemos expulsar, cortar, rejeitar a qualquer custo? Ou algo como um parasita com o qual devemos negociar um contrato de simbiose?" Michel Serres inclina-se pela segunda solução, "tal como faz a própria vida".[13] Por isso, "é preferível encontrar equilíbrios simbióticos, mesmo mal talhados, do que declarar uma guerra, perpetuamente perdida".[14]

É inútil afirmar que o direito deve ter primazia sobre a força, visando descreditar a força em nome do direito. Numa sociedade de justiça e de liberdade, a vida política é regida pelo direito, mas o respeito ao direito é assegurado pela força. Alain refere-se ao equívoco primário do pacifismo jurídico: "Não cabe solucionar um problema de direito recorrendo a meios de força, mas, ao contrário, solucionar um problema de direito recorrendo aos meios do direito."[15] Na realidade, por si mesmos, estes "meios de direito" continuam inoperantes para solucionar "um problema de direito". É próprio do idealismo conferir ao direito uma força específica que atue na história e constitua o verdadeiro fundamento do progresso. Ao contrário, como podemos constatar, tal força não existe. A ilusão da "força do direito" foi bem evidenciada por Max Scheler: "Tal força espontânea, inerente à própria idéia do direito, não existe absolutamente. Todo direito 'positivo', tão logo surge, constitui apenas uma formulação jurídica de determinadas relações de força, de situações caracterizadas por certos interesses."[16]

Na verdade, apenas a força organizada na ação fortalecida pelo número de indivíduos pode ser eficaz no combate à injustiça e no restabelecimento do direito. Logo, é inútil querer descreditar a força em nome do direito, uma vez que, nos fatos, o direito não pode ter outra garantia que não a força. Mas a força não é a violência e só é possível descreditar a violência se, primeiramente, tivermos reabilitado a força, conferindo-lhe seu lugar e reconhecendo-lhe toda a legitimidade. Além disso, é essencial recusar ao mesmo tempo o pretenso *realismo* que justifica a violência como fundamento da ação política, e o pretenso *espiritualismo* que recusa reconhecer a força como inerente à ação política. E visto que a força só existe pela ação, a única possibilidade que resta é denunciar e combater a violência, propondo outro método de ação que não esteja comprometido com a violência mortal, mas que seja capaz de estabelecer relações de forças que garantam o direito.

O discurso estratégico que estabelece a pertinência do conceito de luta não-violenta recusa os discursos idealistas que pretendem estabelecer a paz apoiados na "força da justiça", na "força da razão", na "força da verdade" ou na "força do amor". É evidente que tais expressões têm seu devido significado. Assim, existe um sentido de acordo com o qual se pode falar em "força da verdade", e nunca é inútil "dizer a verdade"; trata-se, nesse caso, de uma força de persuasão que não se impõe de fora; é preciso acolhê-la. A verdade somente pode ser reconhecida por aqueles que decidiram livremente aderir a ela. A força da verdade seria incapaz de obrigar aquele que recusa submeter-se a ela. A mentira triunfa mais facilmente do que a verdade; e o triunfo já traz a marca da violência, com seus trajes ridiculamente disfarçados. Aquele que anuncia em alto e bom tom o triunfo da verdade é um homem perigoso; já está polindo suas armas.

É claro que, num conflito, teoricamente é possível que aqueles que têm responsabilidade pela injustiça, porque também são homens e trazem em si o senso de justiça, aceitem livremente reconhecer seus erros e façam justiça a seus adversários; na prática, porém, isso não é o mais provável. E se não aceitam fazê-lo espontaneamente, é necessário que sejam pressionados e forçados a isso.

Na maioria das vezes, como destacou Pascal em sua décima segunda *Provincial*: "A violência e a verdade não têm nenhum poder uma sobre a outra." Pois se é verdade que "todos os esforços da violência não conseguem enfraquecer a verdade e servem apenas para realçá-la ainda mais", não é menos verdade que "todas as luzes da verdade nada podem para deter a violência e só conseguem irritá-la ainda mais".[17]

Assim, a justiça e a verdade são geralmente incapazes por si mesmas de forçar o senhor a reconhecer os direitos do escravo. A força, na realidade, só existe pela ação, e o que constitui a força da ação é a união. Eis porque aqueles que sofrem a injustiça devem se unir para uma ação conjunta a fim de obter justiça. "O povo unido" – diz um provérbio espanhol – "jamais será vencido".

A COERÇÃO

Para convencer meu adversário, preciso exercer sobre ele uma força real de coerção que o obrigue a me fazer justiça. Se o objetivo, a longo prazo, da ação não-violenta for conseguir que meu adversário passe a usar a razão, o objetivo a ser alcançado, a curto prazo, é forçá-lo, sem esperar que se deixe convencer.

Coagir alguém significa obrigá-lo a agir contra sua vontade: há pouco, ele não queria, mas agora já aceita. Acaba aceitando o que inicialmente recusava. Aceita porque não pode agir de outro modo ou, mais precisamente, porque se agisse de outro modo, os resultados para ele seriam mais inconvenientes do que vantajosos. Ele aceita porque, após uma séria avaliação, se agisse de forma diferente, teria muito mais a perder do que a ganhar. Aceita, em suma, porque é de seu interesse. Encontra-se forçado a mudar os critérios de suas escolhas e decisões. Então, faz concessões, cede. Ele ob-tempera, ou seja, diante da coerção que lhe é dirigida, controla seus desejos, modera suas ambições, diminui suas exigências, levando em conta as dos demais. Ele coloca água em seu vinho (em latim, *temperare* significa primeiramente misturar, diluir).

A luta não-violenta não pode se reduzir a um simples debate de idéias, ela é realmente um combate no qual se opõem diversas forças. Em conflitos econômicos, sociais e políticos, os adversários não são pessoas, nem mesmo grupos de pessoas, mas grupos de interesses. E geralmente não é possível que se estabeleça entre eles um diálogo racional em que a verdade triunfe sobre o erro, servindo-se de uma demonstração que não poderia ser invalidada por nenhuma objeção. As relações entre esses grupos são relações de poder e, frente aos jogos do poder que colocam em xeque interesses antagonistas, os homens, via de regra, não usam a razão. Por isso, quando se trata de lutar contra as injustiças estruturais da "desordem estabelecida", a pressão exercida pela ação coletiva é determinante para o sucesso de uma resistência não-violenta.

Evidentemente, entre os membros de um grupo, alguns indivíduos podem ser sensíveis à legitimidade da causa defendida pelo grupo adversário. Poderão, então, representar o papel de advogado junto a seu grupo. Mas, de acordo com as probabilidades, eles constituirão minoria e irão correr o risco de ser afastados como traidores. No entanto, o papel que desempenham poderá ser importante quando, modificada a relação de força durante a luta, chegar o momento de encontrar uma solução negociada para o conflito.

CAPÍTULO 2

RE-FLEXÃO SOBRE A VIOLÊNCIA

A agressividade, a força e a coerção exercidas pela luta permitem superar o conflito pela busca de um *regulamento* que faça justiça a cada um dos adversários. Quanto à violência, mostra-se, de imediato, como um *des-regulamento* do conflito que passou a não mais cumprir sua função: estabelecer a justiça entre os adversários.

Voltemos à tese sobre rivalidade mimética, desenvolvida por René Girard: dois indivíduos rivalizam para apropriar-se do mesmo objeto. Este se torna ainda mais desejável para cada um deles na medida em que é também desejado pelo outro. Imediatamente, os dois indivíduos, agora adversários, vão desviar a atenção do objeto para dirigi-la inteiramente ao rival. Vão se agredir, não tanto para ter a posse do objeto, que, a partir daí, passa a ser deixado de lado e esquecido, mas para eliminar o rival. Talvez até prefiram destruir o objeto de desejo em vez de permitir que se torne propriedade do outro. O antagonismo dos dois "passa a ser pura rivalidade".[1] A partir desse momento, as relações miméticas entre os dois rivais serão dominadas pela lógica da violência. Girard assinala que "a violência é uma relação mimética perfeita, portanto perfeitamente recíproca. Um imita a violência do outro, devolvendo-a 'com usura'".[2]

A violência, como já assinalamos, irrompe tão logo o homem deseja o ilimitado e vê seu desejo contrariado por outros. "Tenho o direito de me apropriar de todas as coisas, e os outros colocam obstáculos. Devo me armar para afastar esses obstáculos"[3], como observa Simone Weil. A violência nasce de um desejo ilimitado que se choca com o limite constituído pelo desejo dos outros.

A violência se manifesta num conflito quando um dos protagonistas mobiliza meios que fazem pairar sobre o outro uma ameaça de morte, pois, como destaca Paul Ricœur, "não devemos nos enganar quanto à intenção da violência, o alvo que ela busca alcançar implícita ou explicitamente, direta ou indiretamente, é a morte do outro – pelo menos sua morte ou algo pior que sua morte".[4] Desse modo, qualquer violência é um processo de homicídio, de aniquilação. Talvez, o processo não vá até o fim, porém, o desejo de eliminar o adversário, afastá-lo, excluí-lo, reduzi-lo ao silêncio, suprimi-lo irá tornar-se mais forte do que a vontade de chegar a um acordo com ele. Do insulto à humilhação, da tortura ao homicídio, múltiplas são as formas de violência e múltiplas as formas de morte. Atentar contra a dignidade do homem é o mesmo que atentar contra sua vida. Usar de violência é sempre obrigar o outro a calar-se, e privar o homem de sua palavra já é privá-lo de sua vida.

Não cabe falar da "violência" como se ela existisse por si mesma em meio aos homens mas de algum modo fora deles ou como se agisse por conta própria. Na realidade, a violência apenas existe e atua por intermédio do homem; o homem é sempre o responsável pela violência.

Se, para definir a violência, posicionarmos-nos do lado daquele que a pratica, corremos grande risco de nos enganar quanto à sua verdadeira natureza, iniciando de imediato processos de legitimação que justificam os meios pelos fins. Logo, faz-se necessário definir a violência, posicionando-nos inicialmente do lado daquele que a sofre. Neste caso, a percepção é imediata e implica uma conceitualização que considere o meio utilizado e não mais o fim invocado. Segundo Simone Weil, a violência "é o que torna coisa alguém que lhe é submisso", e esclarece: "Quando exercida até o final, a violência transforma o homem numa coisa, no sentido literal da palavra, pois o transforma num cadáver." Enquanto a violência que mata é uma forma sumária e grosseira de violência, há outra bem mais diversificada em seus procedimentos e surpreendente em seus efeitos: "Aquela que não mata; isto é, aquela que não mata ainda. Ela matará segura ou provavelmente, ou ficará suspensa sobre o ser que, a qualquer instante, pode matar; de qualquer modo, ela transforma o homem em pedra. Do poder de transformar um homem em coisa, levando-o à morte, decorre outro poder de certa maneira bem mais prodigioso: o de transformar em coisa um homem que continua vivo."[5]

No entanto, o que ainda distingue de uma coisa o homem atingido pela violência e que permanece vivo, é seu sofrimento. Exercer violência significa causar sofrimento, e o sofrimento pode ser mais temível do que a morte. Como afirma Emmanuel Levinas: "A suprema prova da vontade não é a morte, mas o sofrimento."[6] É por isso, prossegue Levinas, que "o ódio nem sempre deseja a morte do outro ou, pelo menos, só deseja infligi-la como sofrimento supremo. [...] É preciso que em seu sofrimento o sujeito tome consciência de sua reificação, mas, para tanto, é estritamente necessário que o sujeito continue a ser sujeito".[7]

Parece-nos possível formular uma definição da violência a partir do segundo imperativo estabelecido por Kant em *Fundamentos da metafísica dos costumes*: "Comporte-se de maneira a tratar a humanidade, tanto em sua pessoa como na de qualquer outra, sempre e ao mesmo tempo como um fim, e nunca simplesmente como um meio."[8] Segundo Kant, o fundamento desse princípio é que, ao contrário das *coisas* que não passam de meios, as *pessoas* existem como fins em si: "O homem e, de maneira geral, todo ser racional, existe como fim em si, e não somente como meio para uma ou outra vontade explorar a seu bel-prazer; em todas as suas ações, tanto as que lhe dizem respeito quanto as que dizem respeito a outros seres racionais, ele deve sempre ser considerado ao mesmo tempo como fim."[9] Por conseguinte, aquele que se serve de outros homens simplesmente como um meio violenta sua humanidade: exerce violência para com eles. Podemos, portanto, definir a violência retomando as afirmações de Kant em seu sentido literal: ser violento significa "servir-se da pessoa dos outros simplesmente como um meio, sem considerar que os outros, como seres racionais, devem sempre ser respeitados ao mesmo tempo como fim".[10]

A violência, diz-se, é o abuso da força; contudo, é preciso dizer bem mais do que isso: a violência, por si mesma, é um abuso; o próprio recurso à violência é um abuso. Abusar de alguém significa violentá-lo. Toda violência imputada ao homem é uma violação: violação de seu corpo, identidade, personalidade, humanidade. Toda violência é brutalidade, ofensa, destruição, crueldade. A violência atinge sempre o rosto que ela deforma com o reflexo do sofrimento; toda violência é uma des-figuração. *A violência fere e deixa marcas profundas na humanidade de quem a sofre.*

No entanto, o homem não sente apenas a violência sofrida, sente, por experiência própria, ser ele também capaz de exercer violência para com outros. O homem em re-flexão, ou seja, ao se voltar para si mesmo, descobre-se violento. *E a violência fere e desfigura igualmente a humanidade daquele que a exerce.* Ferir ou ser ferido, afirma Simone Weil, é uma única e mesma ignomia. "O frio do aço é igualmente mortal no cabo e na ponta."[11] Assim, quer pratiquemos a violência, quer a soframos, "de qualquer maneira seu contato petrifica e transforma um homem em coisa".[12]

A "VIOLÊNCIA ESTRUTURAL"

A violência não é tão-somente a *violência direta* das *ações* violentas; existe também a *violência indireta* das *situações* violentas. Na década de 1960, o pesquisador norueguês Johan Galtung forjou a expressão "violência estrutural" para designar a violência gerada pelas estruturas políticas, econômicas ou sociais que criam situações de opressão, exploração ou alienação. A questão foi debatida para saber se seria adequado recorrer ao mesmo conceito, o de "violência", para designar simultaneamente ações violentas e situações de injustiça.[13] É evidente que a *intenção* destruidora da ação violenta é perceptível de imediato; já em situações de injustiça, a intenção é mais difícil de ser descoberta. Contudo, não resta dúvida de que as vítimas dessas situações sofrem realmente uma violência que atenta contra sua dignidade e liberdade, e pode fazer pairar sobre suas cabeças uma real ameaça de morte. Uma situação de injustiça corresponde exatamente à definição que demos de violência: é uma violação da humanidade de suas vítimas. E se tomamos como referência a segunda máxima de Kant, em que nos apoiamos para definir a violência, o homem, em situação de opressão, exploração ou alienação, é tratado unicamente como um meio e não considerado como um fim em si. Por outro lado, não nos parece ser o critério de *intencionalidade* que deva ser destacado aqui, mas o de *responsabilidade*. Ora, a responsabilidade humana se encontra diretamente comprometida em situações de injustiça que não são causadas por fatores imponderáveis. Não apenas "somos todos responsáveis", como também não há opressão sem opressores, exploração sem exploradores e nem ditaduras sem ditadores.

A nosso ver, não é de modo algum em seu sentido metafórico que qualificamos de "violência" as situações de injustiça que ferem os homens e podem levá-los à morte. Em contrapartida, é unicamente por metáfora que podemos falar em "violência" da natureza. Não resta dúvida de que a natureza pode matar, mas ela *não é* "violenta". Não apenas não tem *intenção* de matar, como também não tem nenhuma responsabilidade pelas vítimas. Portanto, não se pode atribuir qualquer responsabilidade à erupção de um vulcão, ao terremoto ou ao furor de um tufão. *Aquilo que qualificamos de violência é tão-somente obra do homem.*

COMPREENDER A VIOLÊNCIA DA REVOLTA

Via de regra, é a violência das situações de injustiça que provoca a violência das armas; por isso faz-se necessário *compreender* a violência que nasce da revolta dos oprimidos quando querem libertar-se do jugo que recai sobre eles. Ao mesmo tempo em que a não-violência condena e combate essencialmente a violência da opressão, ela também obriga a uma solidariedade ativa com aqueles que são suas vítimas. Quando estes, na maioria das vezes por desespero de causa, recorrem à violência, não se deve virar-lhes desdenhosamente as costas, em nome de um ideal abstrato de não-violência. Não se trata de reservar o mesmo tratamento àqueles que são responsáveis pela injustiça e àqueles que são suas vítimas. Deve-se ter presente que os verdadeiros instigadores da violência são aqueles que se aproveitam da desordem estabelecida, visando apenas a defesa de seus privilégios. Libertar os oprimidos, no entanto, é também permitir que se libertem de sua própria violência. É igualmente uma tarefa de solidariedade para com eles.

Na maioria dos casos, a violência dos oprimidos e dos excluídos é mais um *meio de expressão* do que um meio de ação; é mais a reivindicação de uma identidade do que a busca por uma eficácia. É o meio utilizado para serem reconhecidos aqueles cuja própria existência permanece não só desconhecida como também ignorada. A violência é assim o meio de se revoltar contra o fato de serem ignorados. Ela é o meio de expressão extremo daqueles que foram privados pela sociedade de todos os demais meios de expressão. Dado que não tiveram a possibilidade de comunicar-se por meio da palavra, tentam exprimir-se por meio da violência. Esta toma o lugar da palavra que lhes é recusada. A violência quer ser uma *linguagem* e exprime, em primeiro lugar, um sofrimento; ela é, então, um "sinal de desespero", que deve ser devidamente interpretado pelos demais membros da sociedade. Para os excluídos, a violência é uma tentativa desesperada de se reapropriar do poder sobre a própria vida, poder este que lhes foi retirado. A violência torna-se então um meio de existência: "Sou violento, logo existo." E por ser proibida pela sociedade, faz-se reconhecer mais facilmente. A violência simboliza, assim, a transgressão de uma ordem social que não merece ser respeitada. O que os atores da violência procuram é precisamente a transgressão. Para aquele que a lei exclui de todo reconhecimento, a violação dela parece ser o melhor meio de obter reconhecimento. Isso pode se aplicar a um indivíduo ou a um grupo. Como grupo, pode também desejar provar a si mesmo que existe enquanto grupo, valorizando-se perante os outros, fazendo uso de meios violentos. Irá, desse modo, obrigar os outros a reconhecerem que ele existe, ainda que o combate se dê no terreno da violência, no qual ele próprio optou por expressar-se. Além disso, a violência de transgressão, ao destruir os símbolos de uma sociedade injusta, colocando abaixo os atributos de uma ordem iníqua, provoca um prazer perverso, um gozo real. Por isso, a violência exerce uma fascinação sobre aqueles que sentem a frustração e a humilhação de serem excluídos.

Compreender a violência não significa, entretanto, *justificá-la*. Se, de fato, a violência é justa quando defende uma causa justa, ela não passaria a ser um direito e um dever de qualquer homem, grupo, povo ou nação? No transcorrer dos séculos, em qualquer parte do mundo, houve um homem, grupo, povo ou nação que tenha proclamado em alto e bom som que sua causa não era justa? E se hoje aderíssemos aos discursos que aprovam a violência para defender uma causa justa, como poderemos nos opor amanhã àqueles que vierem a aprovar a violência a uma causa não-justa? Será suficiente pôr em discussão apenas a causa e não mais a violência? *Provavelmente não*. Na medida em que a violência é legitimada como um direito do homem, ninguém deixará de servir-se desse direito, recorrendo a ele sempre que achar conveniente para defender seus interesses. Na realidade, *a ideologia da violência permite a cada indivíduo justificar sua própria violência*. A história se encontra, então, tragada por uma espiral de violências intermináveis. Produz-se uma reação em cadeia das violências de uns e de outros, todas legitimadas, tanto umas quanto as outras, de modo que ninguém mais consegue interrompê-la. A violência torna-se fatalidade. A não-violência tem como proposta romper com essa fatalidade.

Segundo as ideologias que dominam nossas sociedades, é necessário opor à violência inicial da opressão ou da agressão uma *contra-violência* que possa contê-la e por fim vencê-la. As mesmas ideologias legitimam e justificam essa segunda violência, sustentando que sua finalidade é estabelecer a justiça ou defender a liberdade. O argumento incessantemente alegado para justificar a violência – pretensamente acima de qualquer suspeita – é ser ela necessária para lutar contra a violência. Este argumento implica um corolário: renunciar à violência significaria deixar livre curso à violência. Mas, quaisquer que sejam as razões alegadas, este argumento ainda encerra, na teoria e na prática, uma irredutível contradição: lutar contra a violência pela violência não permite eliminar a violência. As ideologias da violência querem ocultar essa contradição. A filosofia da não-violência e a estratégia política inspirada por ela – veremos mais adiante – colocam, no entanto, toda atenção sobre ela para tentar sobrepujá-la. Cabe aqui formular uma questão essencial e decisiva: o fato de empregar a violência na intenção de servir a uma causa justa alteraria a natureza da violência? Em outras palavras, é possível qualificar de formas diferentes a violência conforme o fim a que se propõe? As ideologias da violência respondem de forma afirmativa a ambas as questões, e sugerem que o uso da violência por uma causa justa não é nada mais do que o emprego da força. A filosofia da não-violência critica radicalmente esta resposta, recusando-a terminantemente. Não resta dúvida de que a violência continua violência, isto é, continua injusta, logo, injustificável porque continua desumana, qualquer que seja o fim a que se propõe.

O HOMEM VIOLENTO EM FACE DA MORTE

A atitude do homem ante a violência é amplamente determinada por sua atitude perante a morte. Na parte mais profunda de seu ser, o homem tem medo, ou do outro, ou do futuro, ou do desconhecido, imaginando-o repleto de ameaças e perigos. Mas o medo do homem está profundamente enraizado no temor de morrer. Segundo Aristóteles – e com ele, toda a tradição filosófica ocidental –, a coragem é a virtude do homem forte, capaz de superar seu medo em face dos perigos. Em *Ética a Nicômaco*, Aristóteles observa: "Evidentemente, tememos os perigos e, de modo geral, o que nos causa medo são os males."[14] Mas o homem deve ter o domínio de seu medo dando mostras de coragem: "A característica da coragem é suportar com persistência aquilo que é ou parece assustador ao homem, simplesmente por ser louvável enfrentar o perigo e desonroso evitá-lo."[15] Ora, o mais assustador dos males "é a morte, o termo último além do qual não há, segundo parece, nem bem nem mal".[16] Aristóteles analisa assim as circunstâncias em que o homem dá provas de coragem e, dentre essas, o exemplo privilegiado é a guerra. O homem corajoso, segundo Aristóteles, manifesta-se principalmente "na morte ocorrida durante uma guerra, em meio aos maiores e mais gloriosos perigos".[17] Aristóteles aceita como prova apenas as honras concedidas por toda parte à coragem militar. E conclui: "Podemos, assim, legitimamente declarar corajoso o homem que se mostra destemido em face de uma gloriosa morte e diante de perigos inesperados, suscetíveis de levar à morte; e esses se encontram particularmente na guerra."[18] E quando afirma que "a lei prescreve que cada um deve se comportar como homem de coragem", ainda está se referindo ao exemplo da guerra. A lei impõe como obrigação ao soldado "não deixar seu posto no combate, não fugir, não abandonar suas armas".[19] O homem que "sente medo excessivo" diante de perigos é um "covarde".[20]

Já, para Platão, a coragem era uma virtude essencialmente guerreira. Na *República*, Sócrates dirige-se a Adimante nestes termos: "Quem diria que uma cidade é covarde ou corajosa considerando outra coisa a não ser aqueles que vão à guerra e empunham as armas por ela?" A que responde Adimante: "Ninguém o diria se não fosse assim."[21] Séculos depois, na voz de Zaratustra, Nietzsche afirmará igualmente a primazia da coragem guerreira sobre as demais virtudes: "A guerra e a coragem fizeram muito mais coisas grandiosas do que o amor ao próximo."[22] Hegel, como veremos adiante, irá afirmar o mesmo. Assim, desde sempre, somos habituados a pensar que o homem corajoso é aquele que supera o medo para correr o risco de morrer, recorrendo à violência na defesa de uma causa justa. De um homem que dá mostras de coragem em face dos perigos, diz-se que é *aguerrido*, ou, mais exatamente, que se tornou capaz de enfrentar os riscos da guerra sobrepujando o medo.

Mas, na verdade, o desafio daquele que decide empregar a violência não é o de matar em vez de ser morto? O homem que escolhe a violência corre o risco de ser morto, mas não quer tomar conhecimento disso; para ser mais exato, ele sabe, mas não quer acreditar, porque está totalmente preocupado com a vontade de matar e quer se convencer de que sairá vitorioso em sua luta mortal com o adversário. Num diálogo imaginário com um general, o filósofo Alain declara ao homem de guerra: "Visto que o destino dos cidadãos é afinal arriscar tudo, até a própria vida, não escolherão eles a paz correndo todos os riscos? Pois, afinal, em qualquer projeto de guerra há o risco de morte. Que risco pior do que este poderia haver num verdadeiro e franco projeto de paz?" Ao que o general lhe responde: "Como reza o artigo um de nossa cartilha, temos certeza de que iremos vencer."[23] Assim, para o homem que opta pela violência, o risco de ser morto encontra-se encoberto pela certeza de vencer. De fato, esse risco é real diante de um confronto com um adversário que está tão determinado a matar para não morrer quanto certo de vencer, mas cada um finge ignorá-lo e prefere não pensar no assunto.

Considerando-se que todos são mortais, os homens não deveriam demonstrar compaixão uns pelos outros? Na realidade, precisamente porque são mortais, os homens dão provas de crueldade uns para com os outros. O homem mata, não apenas porque não quer ser morto, mas porque não quer morrer: ele mata para vencer a morte. Matamos, afirma Simone Weil, "porque nos sentimos imunes à morte que infligimos"[24]; matamos para nos "vingar de ser mortais".[25] Não resta dúvida, aquilo que para o homem justifica a violência é ela lhe parecer ser o único meio de se proteger da morte.

Em seu excelente livro intitulado *Massa e poder*, Elias Canetti analisa profundamente a "aspiração à sobrevivência"[26] que se encontra nos recônditos do ser humano. "A forma mais degradante de sobreviver consiste em *matar*. [...] Queremos matar o homem que barra nosso caminho, contraria-nos, ergue-se à nossa frente como inimigo, resistente. Queremos aniquilá-lo para sentir que ainda existimos e ele não mais. [...] Esse instante de confronto com o assassinado enche o sobrevivente de uma força singular, sem comparação com outra qualquer. Não existe outro instante melhor que este para se repetir."[27] Assim, sobrevivendo àqueles que mata em batalha, o homem experimenta enorme satisfação por sentir-se invulnerável, de algum modo, imortal. "O sobrevivente contempla feliz", ressalta Canetti, "aquele amontoado de mortos em torno dele, e sente-se um privilegiado. [...] Os mortos jazem impotentes e, entre eles, o vencedor se levanta: é como se a batalha tivesse sido travada para que ele sobrevivesse. Quanto a ele, desviou a morte para cima dos outros".[28] O que confere prestígio ao guerreiro e concede-lhe estatura de herói, motivo pelo qual é admirado e invejado por outros homens, é o fato de ter sobrevivido a todos que matou, e também a todos que foram mortos a seu lado; é o fato de ter sobrevivido tanto a seus inimigos quanto a seus amigos.

Não deveríamos nos admirar de que os homens, no transcorrer de anos e séculos, não tenham tomado consciência da dimensão de todos os sofrimentos, destruições e mortes que resultaram das guerras, de não terem se revoltado com a fatalidade da violência que eles próprios impuseram à sua história, de não terem decidido a acabar com ela? Como é possível que nada tenham aprendido com o passado e que tenham estado sempre prontos a recomeçar? Enfim, não é justamente por só conhecerem a guerra através da memória dos sobreviventes que não encontram motivos para se lamentar? Os sobreviventes são necessariamente os que discursam por ocasião das cerimônias organizadas diante dos monumentos dedicados aos mortos. Para um minuto de silêncio em memória aos mortos, quantas horas de solenidades em homenagem aos sobreviventes? Não resta dúvida de que a recordação dos mortos ocupa a memória dos sobreviventes, mas estes têm todas as razões para considerar que a sorte lhes foi muitíssimo favorável. Na realidade, de forma mais ou menos consciente, ao prestar homenagem aos mortos, os sobreviventes homenageiam unicamente a si mesmos; orgulham-se de terem sobrevivido e sentem uma grande satisfação. Desse modo, o narcisismo dos sobreviventes oblitera as mazelas das vítimas da guerra. É a memória dos sobreviventes e não a recordação dos mortos que se perpetua de século em século e que constitui a memória coletiva dos povos. Sem dúvida, essa é a razão de não guardarem má recordação dos horrores da guerra e de não sentirem a necessidade de deslegitimar a violência.

A história é tão-somente a história dos sobreviventes. Como evidencia Emmanuel Levinas: "Escritas pelos vencedores, meditadas enfocando apenas as vitórias, nossa história ocidental e nossa filosofia da história relatam a realização de um ideal humanista, ignorando os vencidos, as vítimas e os perseguidos, como se não tivessem nenhum significado. [...] Humanismo de arrogantes! A denúncia da violência corre o risco de se transformar em instauração de uma violência e de uma arrogância: de uma alienação e de um estalinismo. A guerra contra a guerra perpetua a guerra, suprimindo-lhe a consciência de ter agido mal." Levinas conclui, no entanto, de modo singular, demonstrando um otimismo que temos alguma dificuldade em compartilhar: "Nosso tempo não tem mais necessidade de ser convencido do valor da não-violência."[29] De nosso ponto de vista, nosso tempo tem ainda tudo para aprender a respeito da não-violência.

Os violentos invocam o julgamento da história que os justificaria. Mas o julgamento da história não existe; são os sobreviventes que julgam a história. A história não é juiz, apenas pode ser julgada, e o julgamento é realizado pelos vencedores. A história parece dar razão aos violentos, mas é apenas a história dos violentos. Já a história das violências, ainda deve ser escrita e, para tanto, caberá levar em consideração a opinião das vítimas.

A ILUSÃO DE MATAR PARA VENCER A MORTE

O psiquiatra e filósofo italiano Franco Fornari, em sua obra *Psicanálise da situação atômica*, afirma que assumimos a vida e a morte com "uma espécie de má-fé".[30] Recusamos reconhecer "a imanência da morte em nós" e "fazemos uma representação da morte como um fato exterior a nós mesmos"[31]: "Trapaceamos no jogo da vida e da morte, que disputam nossa existência, mantendo escondidas as cartas da morte."[32]

A angústia da morte gera em nós o medo do outro, desse desconhecido, estranho, indesejável e intruso. Por conseguinte, consideramos o outro como um inimigo e atribuímos-lhe a intenção de nos matar, mesmo quando não manifesta qualquer hostilidade em relação a nós. O medo cria o perigo com mais freqüência do que o perigo cria o medo. O homem geralmente traz de volta à memória situações em que, criança ainda, os barulhos inofensivos da noite faziam-no temer o pior. Assim, visto que o outro é transformado naquele que encarna a ameaça de morte que paira sobre nós, fomentamos a ilusão de escapar à morte, matando-o. Fornari afirma que "afastando a morte de si, os homens matam na medida em que, tendo colocado a morte fora deles, vêem-na como a agressão de um inimigo que quer matá-los. É por isso que cada crime se vê instigado pela ilusão de poder vencer a morte, matando o inimigo".[33]

Fornari menciona as contribuições de Freud no texto intitulado *Considerações atuais sobre a guerra e sobre a morte*, escrito no início da Segunda Guerra Mundial, em que o psiquiatra austríaco observa: "Quando uma decisão tiver colocado fim ao selvagem confronto desta guerra, cada combatente vitorioso retornará exultante para seu lar, encontrará sua mulher e filhos, sem se atormentar pela lembrança dos inimigos que terá morto na luta corpo-a-corpo ou com uma arma de longo alcance."[34] Desse modo, o homem civilizado não tem nenhum sentimento de culpa ante o homicídio.

Freud ressalta ainda que o mesmo não ocorria com o homem primitivo: "O selvagem não é de modo algum um assassino impenitente. Quando regressa vencedor dos locais da guerra, não tem o direito de entrar em sua aldeia, nem tocar sua mulher antes de ter expiado seus homicídios guerreiros por meio de penitências muitas vezes longas e árduas."[35] Freud conclui destacando que o homem primitivo dava assim provas de uma "delicadeza moral que se perdeu entre os homens civilizados".[36]

O filósofo chinês Lao Tsé também exprime, no capítulo 31 do *Tao Te King*, a mesma obrigação de guardar luto por aquele que, compelido pela necessidade, teve de recorrer à violência contra seu adversário:

> Armas, por mais brilhantes que sejam, são instrumentos
>   de infortúnio apenas;
> Aqueles que vivem têm-lhes horror.
> Eis porque o homem do Tao não se serve delas [...]
> Para o nobre, não existem armas que sejam venturosas:
> O instrumento de infortúnio não é seu instrumento.
> Recorre a elas contra sua vontade, quando necessário,
> Pois a quietude e a paz lhe são supremas;
> Mesmo na vitória não se rejubila;
> Pois para se rejubilar, é preciso sentir prazer em matar.
> E aquele que se compraz com o massacre dos homens,
> Que pode realizar no mundo dos homens? [...]
> Luto e lamentação pelo massacre dos homens,
> Rito fúnebre na presença do vencedor.

Essas considerações de Lao Tsé e Freud sobre a obrigação do luto para o homem que assassina seu adversário não devem ser examinadas com a atitude leviana conferida habitualmente às anedotas edificantes relativas a usos e costumes de tempos idos. É importante não só tratá-las com seriedade, como também observar seu significado literal. O homem realmente "civilizado", quando pego na armadilha da necessidade que o leva a matar seu adversário, não tem satisfação em cantar tal vitória, não procura se desculpar apresentando uma justificativa qualquer, *mas quer usar luto por aquele que morreu por suas mãos*. As asserções de Lao Tsé e de Freud são irrecusáveis: após o homicídio do inimigo, a "civilização" exige o porte do luto, enquanto a "selvageria" incita a festejar a vitória, pois para cantar vitória "é preciso sentir prazer em matar".

AS MULHERES POR DETRÁS DA GUERRA

A guerra é negócio para homens. Não significa que as mulheres não sejam atingidas por ela; ao contrário, atinge-as diretamente, embora sejam mantidas por detrás da guerra, ou, mais exatamente, foram mantidas por detrás dela, na maioria das vezes invisíveis, da mesma maneira como foram mantidas por detrás dos homens. Provavelmente, as mulheres sofreram com a guerra mais do que os homens, mas seus sofrimentos e lágrimas eram resignados, silenciosos, como suas vidas. Embora tenham abominado a guerra, não protestaram contra ela. Ainda em nossos dias, as mulheres sofrem a violência dos homens sem ousar revoltar-se. As mulheres foram dominadas e oprimidas pelos homens e, na maioria das vezes, foram-lhes submissas. Geralmente, aceitaram as leis dos homens e, portanto, as leis da guerra.

Assim, as virtudes guerreiras, que transformam indivíduos em heróis, pertencem aos homens e parecem faltar às mulheres, como se não fossem dotadas das qualidades exigidas para empunhar a espada e desafiar a morte nos campos de batalha, como se não fossem dignas de partilhar a glória dos guerreiros e devessem se reservar para o repouso e consolo deles. Mas ao recusar submeter-se ao poder dos homens, as mulheres também iriam se recusar a imitar-lhes a violência? Nada seria pior se, em nome da igualdade, as mulheres reivindicassem um lugar na guerra. Teriam as mulheres uma repugnância "natural" em causar a morte, uma vez que "dão a vida" a seres humanos? Pelo estatuto biológico, teriam elas uma disposição "natural" para recusar a violência e optar pela não-violência? A violência seria essencialmente masculina e a não-violência essencialmente feminina? Talvez seja mais acertado dizer que a violência é essencialmente masculina e que a não-violência é essencialmente masculina *e* feminina. Certamente, também não é infundado esperar que, ao se libertar do jugo dos homens, as mulheres possam dar uma contribuição decisiva à cultura da não-violência. Além disso, é importante que o homem libere o elemento feminino constitutivo de seu ser.

SENTIMENTO DE CULPA E RESPONSABILIDADE

O homem mata para escapar à angústia da morte; entretanto, ao matar, depara-se com a angústia do homicídio. Por isso, ao matar seu inimigo, o homem tem necessidade de justificar seu homicídio para negar o sentimento de culpa que dele se apossa. Como conseqüência do processo de justificação, o homem comete a violência sem senti-la como tal. Pode matar sem ter impressão de ser violento.

Na realidade, a incontornável necessidade que o homem sente para justificar sua violência revela que tem consciência de que ela não é justa. Uma vez que se sente culpado, tem necessidade de se desculpar e proclamar sua inocência, justificando-se. Recorrerá a subterfúgios que irão produzir uma deformação e um enrijecimento de sua consciência moral e, assim, poderá continuar a agir sem sentir culpa. Todos os sistemas de legitimação da violência não são nada além do que sistemas de defesa do homem, para proteger-se do sentimento de culpa que experimenta diante de sua própria violência.

Dizer que a violência fere a humanidade daquele que a exerce não significa restringir-se à afirmação de um princípio metafísico abstrato, mas exprimir uma realidade psicológica inscrita na experiência efetiva do homem violento. A violência traumatiza literalmente (traumatizar, etimologicamente, significa ferir) aquele que a ela se entrega. O homem fere a si mesmo com sua própria violência, fere-se no âmago de seu ser e necessita revestir-se com uma espessa carapaça para não sentir o sofrimento. O sentimento de culpa, menos ou mais reprimido e menos e mais admitido, do homem que usa de violência contra seu semelhante provoca-lhe angústia. As justificativas da violência, que lhe são oferecidas pela ideologia dominante, têm por objetivo confortá-lo e tranqüilizá-lo. Se interiorizar essas justificações, poderá convencer-se de que não fez nada além de seu dever e não apenas ter a consciência tranqüila, como sentir-se orgulhoso com a tarefa que acaba de executar. Em contrapartida, se, apesar de tudo, tiver consciência de que essas justificativas não são nada mais do que propaganda e de que não pode aceitá-las passivamente, ele se encontrará sozinho diante de sua atrocidade, atormentado por um sofrimento que pode invadi-lo por completo. O sofrimento provocado pelo trauma psíquico sofrido pode tornar-se mortal ou então enlouquecê-lo. Na guerra existem feridas que não são ostentadas no peito. Assim, os agentes e as vítimas da violência encontram-se encerrados dentro do mesmo processo de aviltamento e de destruição.

Por sentir-se culpado perante a vítima de sua própria violência, o homem sente necessidade de projetar a culpa sobre a vítima. Para inocentar-se, o indivíduo projeta o sentimento de culpa sobre seu inimigo. Ele é o responsável, é ele o culpado: "A culpa é dele." Primeiro: "Foi ele que começou!" Sempre é o outro que começa. A violência sempre é uma resposta à violência do *outro-que-começou*. Portanto: "Ele tem aquilo que merece"; "Ele não deveria ter começado"; "Bem feito para ele". Ora, ora! Não é isso exatamente, não é nada bem feito. Exercer violência, nunca é agir bem, nunca é fazer o bem. Que o outro tenha começado, não é motivo para continuar, pois se o outro fez mal em começar, não há razão para continuar. Se prossigo, ele vai necessariamente re-começar, re-dobrando a violência. E seremos, tanto um quanto outro, transportados numa espiral de violências sem fim.

A legitimação do homicídio que o indivíduo está para cometer é acompanhada necessariamente da criminalização daquele que está decidido a matar. A tese da legítima defesa encontra aqui seu fundamento. Sempre é para se defender daquele que quer matá-lo que o indivíduo se torna homicida. É obrigado a matar para não ser morto e poder, assim, continuar a defender os valores "sagrados" de sua causa. Por conseguinte, o homicídio não é mais sentido como um delito, mas sim como um ato de coragem que merece ser reconhecido como tal. Essa mudança, essa inversão de sentido do ato homicida caracteriza a perversão moral do homem alienado por aquilo que denominamos "ideologia da violência".

O sentimento de culpa não deve lançar o indivíduo na exacerbação doentia, mas levá-lo a tomar consciência de seu erro, a fim de que invente um novo comportamento que respeite a dinâmica da vida que existe nele. O sentimento de culpa diante da violência dá origem ao sentimento de responsabilidade pessoal do indivíduo; deve gerar uma necessidade de reparação e não de justificação.

Geralmente, o indivíduo não recorre à violência de maneira isolada, mas junto ao grupo social a que pertence. Conseqüentemente, a legitimação da violência lhe é ratificada por essa comunidade que não só a justifica, como honra, glorifica e sacraliza, invocando a defesa de seus valores, direitos e interesses. Na maioria das vezes, o indivíduo aliena sua responsabilidade pessoal transferindo-a à coletividade. A partir do momento em que esta justifica o homicídio, apresentando-o como último recurso de defesa do homem civilizado contra os bárbaros, o indivíduo não se sente responsável por sua violência. Em vez de sentir culpa, sente-se orgulhoso por ela.

Dos processos de legitimação da violência decorre outra conseqüência: uma vez que não experimenta mais a violência como tal, o homem perde a possibilidade de exercer controle sobre a própria violência. Uma vez justificada, a violência não encontra limites ao seu desenvolvimento. Além disso, a legitimação da violência provoca uma reação em cadeia pela qual todas as violências são legitimadas. Em suma, o homem não julga a violência como é de fato, mas de acordo com a representação que dela faz. Nesta representação, a violência parece-lhe um meio justo e legítimo para combater a injustiça, de modo que não sentirá qualquer repugnância em matar. As justificativas da violência não são nada mais do que "derivações" (no sentido que Vilfredo Pareto atribuiu a este termo), isto é, construções lógicas superficiais que dissimulam os sentimentos, os desejos e as paixões que constituem verdadeiros impulsos para a ação dos indivíduos e dos grupos sociais; o objetivo é dar uma aparência lógica a ações não-lógicas. Para justificar sua violência, o homem fabrica e produz artifícios. O homem violento é um falsificador.

Para garantir sua influência sobre as mentes, a violência apóia-se numa propaganda. A violência deve ser revestida de prestígio e, como evidenciou Simone Weil, "nada é tão vital para uma política de prestígio quanto a propaganda".[37] É evidente que, para justificar a violência, apenas se pode invocar razões infundadas, mas, esclarece Simone Weil, "pretextos manchados de contradições e de mentira são, no entanto, bastante plausíveis quando apresentados pelos mais fortes. [...] Bastam para fornecer uma desculpa às adulações dos covardes, ao silêncio e à submissão dos desafortunados, e permitem ao vencedor esquecer o fato de que comete atos criminosos".[38] Os falsos pretextos são muito úteis à violência, visto que reprimem o pensamento que desejaria formular uma objeção de consciência: "A arte de manter as aparências suprime ou diminui o arrebatamento que seria suscitado pela indignação e permite ao próprio indivíduo não se deixar esmorecer pela hesitação."[39] Portanto, a propaganda tem como função dar razão aos que exercem a violência, uma vez que "é preciso estar realmente convicto de estar sempre com a razão, de ser detentor não só do direito do mais forte, mas também do direito puro e simples, mesmo quando não é bem assim".[40] A própria essência da propaganda consiste na mentira que imputa ao inimigo todas as falhas, danos e crimes.

Ao mesmo tempo, a propaganda tem como finalidade convencer os membros de um grupo de que possuem qualidades que outros não possuem. De acordo com Raymond Rehnicer: "De fato, a luta dentro de uma mesma espécie só se torna possível quando cada grupo beligerante busca sua força de sobrevivência na convicção firme e inabalável da própria superioridade em relação aos outros grupos."[41] A propaganda tem o efeito de criar e manter o "espírito de unidade", que assegura a coesão do grupo. Fortalecidos por essa pretensa superioridade, os membros do grupo ficarão ainda mais convictos de que é legítimo, e até necessário, combater até à morte os outros grupos, a fim de garantir, para o seu, a segurança e a prosperidade.

A SUBMISSÃO À AUTORIDADE

O homem que exerce a violência se encontra, geralmente, não apenas inserido, mas encerrado em relações de dominação e de submissão, de mando e de obediência. Com muita freqüência, ao obedecer às ordens da autoridade aceita como legítima pela coletividade a que pertence, o indivíduo comete atos violentos. Por disciplina, o homem se torna carrasco; por obedecer a ordens, torna-se assassino. Para o sujeito obediente, o preceito universal da consciência moral "Não matarás" encontra-se encoberto pelo comando da autoridade: "Matarás".

Inúmeras experiências mostraram que o homem é capaz de infligir violências particularmente cruéis a outros homens indefesos, simplesmente pela submissão à autoridade. Esta é uma descoberta cujas conseqüências estamos longe de alcançar, notoriamente em relação a uma ética do exercício do poder. Entre as experiências, a realizada pelo psicossociólogo americano Stanley Milgram, relatada em seu livro *Submissão à autoridade*, talvez seja a mais significativa. Com a finalidade de realizar uma pesquisa sobre a memória e, mais especificamente, sobre os efeitos da punição no processo de aprendizagem, um laboratório de psicologia recrutou, por meio de anúncios publicados na imprensa local, voluntários para participar do estudo. O pesquisador solicitou a cada participante que infligisse a um "aluno" punições cada vez mais severas, neste caso, descargas elétricas de intensidade progressiva, toda vez que cometesse um erro. Na realidade, o "aluno" não recebia qualquer descarga elétrica, mas deveria exercer o papel de ator e expressar sofrimento e protestos de forma cada vez mais veemente. A setenta e cinco volts, ele deveria gemer; a cento e cinqüenta volts, suplicaria para que a experiência fosse interrompida; a duzentos e oitenta e cinco volts, sua única reação seria um grito de agonia. Milgram relata que "para o sujeito, a situação não é um jogo, mas um conflito intenso e bem real. De um lado, o sofrimento manifesto do aluno incita-o a parar; de outro, o pesquisador, autoridade legítima diante da qual ele se sente comprometido, ordena-lhe continuar. Cada vez que hesita em aplicar uma descarga, recebe ordem de prosseguir. Para sair de uma situação insustentável, ele precisa, portanto, romper com a autoridade".[42] Os dados da análise revelaram que ninguém se recusou a participar da experiência, enquanto cerca de dois terços aceitaram continuar até o nível do choque elétrico mais elevado do estimulador. Milgram resume o resultado principal de seu estudo da seguinte forma: "Pessoas comuns, desprovidas de qualquer hostilidade, podem, simplesmente para desincumbir-se de uma tarefa, tornar-se agentes de um atroz processo de destruição. Além disso, mesmo quando já não lhes é mais possível ignorar os efeitos funestos das atividades profissionais, se a autoridade solicitar para agirem contra as normas fundamentais da moral, raros são aqueles que possuem recursos internos necessários para opor-lhe resistência."[43]

A obediência às injunções e às ordens da autoridade constitui um dos fatores principais do comportamento humano. De acordo com Hannah Arendt, "podemos constatar que o instinto de submissão a um homem forte ocupa na psicologia humana um lugar pelo menos tão importante quanto a vontade de poder e, de um ponto de vista político, talvez ainda mais significativo".[44] Dentre as regras sociais interiorizadas pelo indivíduo desde a mais tenra idade, o respeito à autoridade ocupa um lugar central e preponderante. Na educação da criança, tudo concorre para convencê-la de que a obediência é um dever e uma virtude e, por isso, a desobediência é uma ação condenável e um erro. Entretanto, esse condicionamento nunca é total e, ao se tornar adulto, o homem adquire uma relativa autonomia pessoal, estabelecendo algumas regras de conduta em função de determinados critérios morais que ele próprio escolheu. Mas, tão logo integre uma organização hierarquizada, seu comportamento se altera sensivelmente. Arrisca-se, então, a perder o essencial de suas aquisições pessoais; sua vida intelectual, moral e espiritual pode sofrer uma significativa regressão. O indivíduo encontra-se inserido numa situação de dependência em relação aos demais membros da coletividade e, mais ainda, em relação ao chefe. Segundo Freud, "mais do que 'um animal gregário', o homem é um *animal de horda*, isto é, um elemento constitutivo de uma horda conduzida por um chefe"[45], e prossegue: "O indivíduo renuncia a seu *ideal do eu* em favor do ideal personificado pelo chefe."[46] Na submissão do indivíduo à autoridade, existe concomitantemente uma parte de coerção, decorrente de múltiplas pressões, e uma parte de consentimento – no entanto, torna-se difícil avaliar a medida exata da contribuição de cada uma. A propensão do indivíduo à submissão se encontra fortemente reforçada pelas recompensas que gratificam a obediência e pelas punições que sancionam a desobediência.

O homem que exerce a violência por obediência à autoridade contenta-se geralmente em "fazer seu dever". Leva em conta apenas o indiscutível valor moral dessa regra de conduta, esforçando-se em ocultar a imoralidade daquilo que faz. *O valor moral da obediência predomina sobre a imoralidade da ordem.* O sujeito pode, assim, convencer-se de que faz bem em obedecer, embora o que faz seja um mal. E, enquanto obedece, está antes de tudo preocupado em executar, como deve ser, a ordem recebida, de modo a satisfazer a autoridade que lhe confiou a tarefa. A ocupação técnica tende a dissipar no sujeito obediente qualquer preocupação ética.

A obediência faz daquele que se submete às ordens da autoridade um simples instrumento. O sujeito obediente se reporta à autoridade para decidir sobre a conduta que deve adotar e avaliar sua legitimidade. Para o indivíduo submisso, a legitimidade da ordem recebida baseia-se na legitimidade da autoridade, e a legitimidade do ato ordenado baseia-se na legitimidade da ordem. Aquele que obedece, uma vez que age sob os auspícios da autoridade, não se sente responsável pelas conseqüências de seus atos e atribui toda responsabilidade à própria autoridade. Assim, o homem é capaz de renunciar a qualquer juízo em relação a sua conduta, sob pretexto de obedecer a ordens de seus superiores. Segundo Stanley Milgram: "O homem predispõe-se a aceitar as definições da ação fornecidas pela autoridade legítima. Em outras palavras: embora o sujeito execute a ação, permite, entretanto, que a autoridade determine seu significado. É esta abdicação ideológica que constitui o fundamento cognitivo essencial da obediência."[47]

O homem encontra na submissão certa segurança que terá de abandonar ao escolher trilhar os caminhos abruptos da desobediência ostensiva.

Primeiramente, a obediência garante que o indivíduo permaneça integrado ao grupo, à comunidade, à sociedade. Romper com a autoridade equivale a excluir-se da coletividade onde encontra os meios de viver com relativo conforto; recusar-se a obedecer significa seguramente sofrer todos os dissabores da ex-pulsão e da ex-clusão. Em seguida, e principalmente, ao se submeter à autoridade, o indivíduo tem o sentimento de ser protegido por ela. Mais do que isso, ele tem de certa maneira o sentimento de participar do poder a que se submete. Nas palavras de Erich Fromm, "minha obediência me mantém integrado ao poder que venero, o que me dá uma impressão de força".[48] Por conseguinte, romper com o poder significa encontrar-se sem poder, sozinho, abandonado, frágil, impotente, pelo menos até que o poder seja dissolvido, o que pode levar muito tempo. E ninguém tem garantias de sobreviver ao poder que contesta e que se prepara para destruí-lo. Entretanto, do ponto de vista da exigência moral, não resta qualquer dúvida: quando há conflito entre a exigência da consciência e a obrigação da ordem, o indivíduo deve romper com a autoridade e recusar-se a obedecer. A objeção de consciência é, portanto, a única via que permite ao indivíduo preservar sua autonomia, responsabilidade e liberdade.

CAPÍTULO 3

A NÃO-VIOLÊNCIA COMO EXIGÊNCIA FILOSÓFICA

Quando o homem interpreta a violência como perversão radical de sua relação com a humanidade, com a própria humanidade e com a humanidade do outro, descobre que deve contrapor-lhe um *não* categórico. Essa recusa em reconhecer a legitimidade da violência instaura o conceito de não-violência.

Quando o homem experimenta a violência, nele e no outro, descobre a exigência da não-violência que traz em si. É claro que essa solicitação da razão, essa exigência da consciência, essa reivindicação do espírito estão presentes no homem antes que se depare com a violência, mas é após ter experimentado a violência que ele toma consciência de sua desumanidade, irracionalidade e *nonsense*. *Consideramos a exigência da não-violência anterior e superior ao desejo de violência.* Mas ao se defrontar – dolorosamente – com a realidade da violência é que o homem adquire a idéia da não-violência. Ele então compreende que só é possível construir sua humanidade e reivindicar sua identidade, conquistar sua verdade e adquirir sua autenticidade, situando-se resolutamente na dinâmica da não-violência. A não-violência não é a conclusão de um raciocínio, não é uma dedução, mas sim uma *opção da razão*. O homem compreende que só é possível dar sentido à sua vida recusando-se a ceder à solicitação da violência. Dizer não à violência, afirmando que a exigência da não-violência instaura e estrutura a humanidade do homem, significa recusar a subserviência exigida pela violência e permanecer senhor de seu destino. Não se trata apenas de recusar-se a legitimar a violência, é preciso também deslegitimá-la.

A NÃO-VIOLÊNCIA, PRINCÍPIO DA FILOSOFIA

Não há possibilidade de pensar o homem em sua relação com a violência – violência que se inscreve na relação com os outros homens – sem conceber e afirmar a exigência de não-violência. A opção pela não-violência se apresenta como o acontecimento primordial que inaugura o conhecimento filosófico. A arquitetura que estrutura a filosofia simultaneamente como ontologia – conhecimento do ser –, como ética – conhecimento do bem –, como metafísica – conhecimento do absoluto –, assenta-se na exigência da não-violência. É essa exigência que dá sentido e transcendência à vida do homem. O primeiro fundamento da ética, de acordo com a concepção de Simone Weil, consiste na obrigação de "esforçar-se a ponto de dizer-se não-violento".[1]

A não-violência não é uma filosofia possível, nem uma possibilidade da filosofia. *Ela é a estrutura da filosofia.* Nenhuma filosofia é possível sem afirmar a incontestabilidade da exigência da não-violência, sem afirmar que ela é a expressão irrecusável da humanidade do homem, que é constitutiva do humano no homem. Desconhecer essa exigência ou, pior ainda, recusá-la, é negar a possibilidade humana de invalidar a lei da necessidade, é privar o homem da liberdade de livrar-se da fatalidade para se tornar um ser racional.

A não-violência torna-se, então, o princípio da filosofia, isto é, sua proposição primeira e diretiva, seu começo e seu fundamento. Em outras palavras, a investigação filosófica, cuja ambição é aproximar-se da sabedoria que dá sentido à vida do homem, encontra sua base no *princípio de não-violência*. Este princípio não é estabelecido *a priori*, mas por meio da re-flexão e na re-flexão, e é universal.

Toda filosofia que não deslegitima a violência e não opta pela não-violência não cumpre seu objetivo. Pois a violência, totalmente construída pelas mãos do homem, que acumula destruições, sofrimentos, crueldades e mortes na história, é certamente o escândalo deste mundo, e toda filosofia que não a conteste radicalmente dá, sem dúvida, livre curso à sua presença impetuosa na história. Mesmo que, à revelia, pactue com as ideologias que incitam ao crime na defesa de causas justas, tornando-as detestáveis, ela dá credibilidade às propagandas que justificam o homicídio – desenvolvendo uma retórica que, por meio de todas as dissimulações possíveis da verdade, fornece bons pretextos às piores maquinações – e afiança os incontáveis massacres que regularmente cobrem de sangue a terra dos homens.

Paradoxalmente, o homem que optou pela não-violência será censurado por mostrar-se intolerante com aqueles que não fizeram a mesma escolha. A tolerância não deveria ser uma das dimensões essenciais da não-violência? Se a tolerância é o respeito ao outro, a não-violência implica efetivamente em maior respeito ao interlocutor. Mas esse respeito não exclui o confronto de idéias, ao contrário, exige-o. Não é verdade que todas as idéias são respeitáveis. Se a violência é execrável, as próprias idéias que a caucionam e justificam são execráveis. Na própria base da convicção do indivíduo que optou pela não-violência há uma conscientização de que a violência é intolerável. O indivíduo não pode, portanto, deixar de estar em profunda discordância com aqueles que a toleram nem calar essa discordância. Na verdade, qualquer tolerância em relação à violência, assim como em relação às idéias e às ideologias em que essa tolerância está baseada, já lhe parecem uma cumplicidade objetiva com a violência que mutila e flagela a humanidade dos homens. É da natureza de qualquer discordância ser conflitante. É claro que se trata de um conflito de idéias e não de pessoas, mas seria inútil ocultar que as idéias também implicam pessoas. Aquele que optou pela não-violência não poderia se furtar a esse conflito. Não apenas deve aceitá-lo e assumi-lo, como também, na maioria das vezes, não poderá evitar provocá-lo. Assim, a exigência de não-violência pressupõe a virtude da intransigência. Por isso, a opção pela não-violência exige grande rigor da inteligência na recusa das facilidades da complacência e implica certa severidade.

É geralmente invocando a necessidade que o homem afirma precisar recorrer à violência. Mas a justificação da violência pela necessidade é a prova de que a violência não tem justificação humana. Pois o homem só consegue realizar sua humanidade e conquistar sua liberdade sobrepujando a necessidade. É precisamente porque a violência traz a marca inalterável da necessidade que ela é desumana. Colocando-se a serviço da violência, o homem se submete à cadeia da necessidade e, com isso, aliena sua humanidade e perde sua liberdade. A necessidade é aquilo de que o homem deve aprender a desapegar-se para conquistar a dignidade de ser livre. Necessidade não equivale à legitimidade. Na *República* de Platão, Sócrates fustiga o sofista que engana o povo "denominando justo e belo o necessário, porque não viu – e não é capaz de mostrar aos outros – como a natureza do necessário, na realidade, difere da natureza do bom".² Em suas *Intuições pré-cristãs*, Simone Weil prioriza a distinção estabelecida por Platão entre o necessário e o bem: "Há uma infinita distância entre a essência do necessário e a do bem."³ Mesmo que a violência pareça necessária, a exigência da não-violência permanece; *a necessidade da violência não exclui a obrigação da não-violência.*

O *AHIMSA*

O termo não-violência tem sua origem na palavra sânscrita *ahimsa*, utilizada nos textos da literatura budista e hinduísta e de que é sua tradução literal. É formada pelo prefixo negativo *"a"* e por *"himsa"*, significa a intenção de causar dano, de usar de violência com um ser vivo. *Ahimsa* é, portanto, a ausência de toda e qualquer intenção de violência, ou seja, é o respeito em pensamento, palavra e ação pela vida de todo ser vivo. Se nos restringirmos à etimologia, uma tradução possível de *a-himsa* seria *i-nocência*. As etimologias das duas palavras são, de fato, análogas; "i-nocente" vem do latim *in-nocens*, e o verbo *nocere* (fazer o mal, prejudicar), por sua vez, provém de *nex, necis* que significa morte violenta, homicídio. Assim, inocência é, no sentido real do termo, a virtude daquele que não é culpado de nenhuma violência homicida para com outrem. No entanto, atualmente, a palavra inocência evoca sobretudo a pureza suspeita daquele que não faz o mal, mais por ignorância e incapacidade do que por virtude. Não caberia confundir a não-violência com essa forma de inocência, porém, essa distorção do sentido da palavra não deixa de ser significativa: como se o fato de não fazer o mal revelasse uma espécie de impotência... A não-violência reabilita a inocência como virtude do homem forte e como sabedoria do homem justo.

O primeiro dos cinco preceitos legados por Buda diz respeito ao *ahimsa*: "o fato de não matar seres vivos".⁴ Em outro texto, Buda ensina que, dentre os oito caminhos que permitem ao homem libertar-se de todo e qualquer mau impulso e assim alcançar a sabedoria, há a "intenção correta", que abrange "a intenção de não causar dano"; "a fala correta", que implica "evitar a injúria"; e "a ação correta", que consiste em "evitar matar".⁵

Segundo Patanjali, o fundador da filosofia do *yoga*, *ahimsa* é a primeira exigência ética a ser observada por todo aquele que deseja alcançar a perfeição. Em outras palavras, o "refrear" da violência é o primeiro exercício a ser praticado por todo aquele que deseja manter um compromisso com o caminho da purificação. O ensinamento de Patanjali encontra-se no *Yoga sutra*, um texto curto composto de 195 aforismos distribuídos em quatro capítulos. Nada sabemos sobre a vida de Patanjali, sequer sabemos se viveu no século II a.C. ou no século IV de nossa era. A única certeza é que o ensinamento do *Yoga sutra* corresponde a uma sabedoria muito antiga. No livro II, Patanjali expõe "as regras de vida na relação com os outros": "a não-violência, a verdade, o desapego, a moderação, a renúncia às posses inúteis".[6] Essas regras de vida são universais, pois "não dependem nem da maneira de viver, nem do lugar, nem da época e nem das circunstâncias".[7] O que perturba a atitude do homem quando transgride essas regras de vida são seus pensamentos, e "os pensamentos, tal como a violência, seja a que se vive, provoque ou aprove, são causados pela impaciência, pela cólera e pela ignorância".[8] Se, por uma atitude interior, o homem vive num estado de não-violência, pode chegar a desarmar a violência dos outros: "Em torno daquele que assume uma postura de não-violência, a hostilidade desaparece."[9]

Embora a palavra *ahimsa* tenha uma forma negativa, seu significado é positivo, pois assinala o dever de se libertar do desejo de violência, que é inteiramente negativo. O significado de *ahimsa* é tão positivo quanto o da palavra sânscrita *arogya*, que designa "saúde" e cujo significado literal é "ausência de enfermidade". O *ahimsa* é mais do que uma proibição; é uma exigência. É um princípio.

A violência é de fato um erro de pensamento. O símbolo do pensamento justo é uma balança justa. E a balança simboliza igualmente a justiça. Um julgamento justo é um julgamento equilibrado. E o fundamento da justiça consiste num pensamento justo. Apenas um pensamento justo pode recusar a violência, deslegitimá-la e privá-la do direito de cidadania, que indevidamente foi-lhe atribuído pelas ideologias dominantes. Só um pensamento justo pode constituir a base da exigência de não-violência. Em sua etimologia, a palavra pensar (do latim *pensare*) significa primeiramente "pesar". O pensamento justo é a busca de um julgamento equilibrado. Qualquer desequilíbrio no julgamento é um erro de pesagem, um erro de pensamento. E o julgamento desequilibrado introduz um desequilíbrio no comportamento, na ação, que se manifesta pela violência. Em sua essência, a violência é desequilíbrio. O objetivo da não-violência é a busca de um equilíbrio através do próprio conflito.

Se nossa concepção inicial da palavra não-violência for negativa, é porque já temos uma percepção positiva da violência. Devido à sua forma negativa, a palavra não-violência foi considerada inadequada, cabendo então procurar outra que pudesse expressar de maneira positiva o respeito pela humanidade no homem. Na realidade, há um grande número de palavras disponíveis, dentre as quais a palavra "amor" ocupa o primeiro lugar. De fato, pode-se argumentar que o amor verdadeiro implica a exigência de não-violência. Mas a palavra amor possui uma multiplicidade de significados: na linguagem dos semanticistas, diz-se que é polissêmica (do grego *poly*, inúmeros, *semaínein*, significar). Os lingüistas demonstram que, quanto mais elevada a freqüência de uma palavra, mais ela é polissêmica. Na realidade, a palavra amor foi empregada tão amplamente que se desgastou. Na maioria das vezes, o ensinamento sobre o amor, através das diferentes tradições espirituais, tornou-se prisioneiro de uma retórica que não impediu os homens de se submeterem à lei da violência. Pelo contrário, quantas vezes o amor e a violência não se juntaram um ao outro na exaltação de uma causa necessariamente sagrada? Quantas vezes não se pregou a violência em nome do amor? "O amor", constata Simone Weil, "faz a guerra como a paz. O amor vai mais naturalmente à guerra do que à paz, impulsionado pelo fanatismo que institui a tirania. [...] A paz não será edificada pelo amor, mas pelo pensamento".[10]

Em geral, pode-se constatar que as espiritualidades, sejam ou não de inspiração religiosa, quiseram pregar o amor enquanto se mostravam coniventes com a violência. Ora, como destacou Henri-Bernard Vergote, só se poderia falar de espiritualidade em relação à não-violência. E, no entanto, enfatiza ele, "por não ter conseguido identificar na violência o outro absoluto do espírito, portanto de toda vida que o reivindicasse para si, em sua forma religiosa ou laica, uma certa 'espiritualidade' quase sempre transformou o inconsciente em cúmplice, fornecendo-lhe o álibi inesperado de uma legitimação que torna seu exercício menos brutal, porque aparentemente menos contestável. Poder-se-ia até mesmo considerar a hipótese de uma história da violência que não seria outra senão a história deste engano".[11]

ELOGIO À BONDADE

O amor, pela relação de estreita proximidade que anseia nutrir com o absoluto, encontra-se muitas vezes "obscurecido" pela violência. Por esse motivo, para abordarmos a exigência de não-violência, preferimos fazer o elogio à bondade. Com isso, não é nosso intuito contrapor a bondade ao amor, mas, ao contrário, afirmar de maneira clara que o amor verdadeiro se manifesta pela bondade que exclui toda violência. A filosofia da não-violência não postula a bondade natural, intrínseca do homem. O homem não é bom, mas pode ser bom. Não está em sua essência ser bom, mas sim a capacidade de ser bom. Isso implica que também está em sua essência poder ser perverso. Está na natureza do homem poder ser bom e/ou mau. Essa ambivalência caracteriza sua essência.

O homem faz a experiência da bondade, não quando ele próprio é bom – aliás, como poderia ter a certeza de sê-lo? –, mas quando encontra outro homem que dá provas de bondade em relação a ele. Sinto a bondade do outro pelo bem que ela me faz, pelo bem-estar que ela me proporciona. Pela bondade do outro, sinto-me bem, bem em meu corpo, bem com a vida. Pela bondade do outro, sinto a alegria de viver. Porque, ao expressar-me sua bondade, o outro me manifesta sua consideração, posso eu mesmo tomar-me em consideração: ele me dá, literalmente, toda sua consideração.

Logo, é à bondade que o filósofo vai preferir compor um hino, expressando-se no mesmo tom que Paulo de Tarso usou, outrora, para escrever um hino à caridade, na qual via o apogeu do amor. A bondade recusa todo gênero de discriminação em relação às pessoas; ela se mostra atenciosa com todos. A bondade faz justiça a todos, mas dá muito mais do que exige a justiça. A bondade acolhe o outro, o desconhecido, o estrangeiro com solicitude. A bondade é bene-volente; esforça-se para ser bem-fazeja. A bondade é magnânima. A bondade não se impacienta nem se encoleriza. A bondade não procura disputas com ninguém, não é provocadora. A bondade tem a força de não retribuir o mal com o mal, não se vinga. A bondade não faz uso de violência, pois a violência não é boa; a bondade é essencialmente não-violenta. A bondade é indulgente. A bondade regozija-se com a felicidade dos outros e sofre com sua infelicidade. A bondade é simpatia, é com-paixão. A bondade preocupa-se com o outro, ela desperta a solicitude (do latim *sollicitudo*, inquietude). A bondade é fiel; não se altera com o tempo. A bondade é um dom e nada exige em troca. A bondade é desinteressada; não espera nenhuma compensação, nenhuma recompensa, nenhuma remuneração. A bondade não se faz notar; foge à ostentação. A bondade age de imediato; não deixa para o amanhã aquilo que o presente lhe pede. A bondade toma a defesa dos mais fracos e dos mais desfavorecidos, resiste às pretensões dos poderosos e às presunções dos ricos. Mas até no conflito, a que não foge, a bondade procura só a bondade. Enfim, "trato com bondade aqueles que têm bondade; trato com bondade aqueles que são desprovidos de bondade. Assim, é a bondade que ganha", como expressa Lao Tsé, na voz do sábio, no capítulo 49 do *Tao Te King*.

Ao apresentar-se como negação, a palavra não-violência expressa tão-somente uma condição necessária ao respeito pela humanidade no homem. Essa condição não é suficiente, mas é absolutamente necessária. É uma condição *sine qua non*, sem a qual é impossível definir uma atitude que respeite a vida humana. A questão apresentada ao homem pela violência é anterior a qualquer outra. É importante que o homem lhe dê uma resposta definitiva que seja uma recusa total. Qualquer hesitação, qualquer evasiva já é uma cumplicidade, uma confissão de fraqueza. Por isso, a palavra não-violência é o termo mais adequado, mais rigoroso e mais racional para expressar aquilo que ela deseja significar. É decisiva, pois exprime um princípio. A exigência de não-violência é um imperativo categórico: é necessário antes de tudo recusar qualquer cumplicidade pessoal com a violência – e a pior das cumplicidades é a da inteligência – para tentar decifrar os caminhos que levam ao pleno e total reconhecimento da humanidade no homem. De acordo com Georges Bernanos: "Para estar preparado para colocar sua esperança naquilo que não engana, é preciso antes desesperar daquilo que engana."[12] Portanto, para depositar nossa esperança nos meios que não enganam, é necessário primeiro desesperar da violência como meio de construir um mundo humano. A primeira exigência da justiça em relação ao outro é não lhe causar nenhum mal, nenhum dano.

Para Arthur Schopenhauer, o fundamento principal da atitude moral do homem perante outro homem é a "piedade"; esta, contrariamente ao sentimento misto de condescendência e desdém, tem sua raiz na compaixão pelo outro, essencial à consciência humana. Schopenhauer ressalta o caráter negativo da exigência contida na piedade: "A eficácia desse impulso moral real e natural é, pois, num primeiro nível, totalmente *negativa*. Primitivamente, inclinamo-nos todos à injustiça e à violência, pois nossas necessidades, paixões, cóleras e ódios se mostram à nossa consciência diretamente [...]; ao passo que os sofrimentos imputados ao outro por nossa injustiça e nossa violência só se mostram à nossa consciência por meios indiretos, com a ajuda da *representação*. [...] Este é o modo de ação da piedade, em seu primeiro nível: ela paralisa as forças inimigas do bem moral que habitam em mim, e com isso poupa aos outros as dores que eu lhes causaria, gritando-me: Pare! Ela instala meus semelhantes numa espécie de redoma, protegendo-os das agressões que, sem ela, atrairia meu egoísmo e minha maldade."[13] Assim, a justiça, que tem sua fonte na piedade, impõe apenas o que é negativo: exige que eu não inflija qualquer sofrimento ao outro, nem lhe cause dano. Num nível superior, a piedade age de maneira positiva e me incita a auxiliar o próximo. O mesmo ocorre com a bondade, que, segundo Schopenhauer, é a expressão superior da compaixão, que me impedirá, num primeiro momento, de prejudicar o outro, seja no que for, e, em seguida, me pedirá para socorrer todo homem que sofre.

Os ditames da consciência moral são mais imperativos e mais categóricos quando pressionam o homem a não fazer o mal do que quando aconselham-no a fazer o bem. É sempre assim: nossa certeza é maior em relação ao mal do que em relação ao bem, e, ao tomar consciência do mal, chegamos ao conhecimento do bem. Afirma Hans Jonas: "Nunca temos dúvidas em relação ao mal; quanto à certeza do bem, só a obtemos, via de regra, desviando-nos dele."[14]

Se a obrigação de não-violência não for uma certeza para o homem, o direcionamento de sua vida corre o risco de estar entregue apenas a incertezas. Assim, a obrigação de não querer a morte do outro é o primeiro "mandamento" da ética. "Se o mandamento", afirma Paul Ricœur, "não pode deixar de apresentar-se na forma de interdição, é precisamente por causa do mal: o *não* da moral responde a todos os aspectos do mal. Sem dúvida, esta é a razão última pela qual a forma negativa da interdição e inexpugnável".[15] No entanto, Ricœur, logo a seguir, ressalta que a interdição é apenas a expressão de uma afirmação que, na realidade, precede-a: "Na esfera da finalidade ética, na verdade, a solicitude enquanto interação mútua das auto-estimas é uma total afirmação. Esta afirmação, que se pode chamar de *originária* [ênfase nossa] é a semente escondida da interdição. É ela que, em última instância, arma nossa indignação, ou seja, nossa recusa da *indignidade* infligida a outrem."[16]

"NÃO MATARÁS"

A não-violência é a atualização na história humana da exigência mais profunda da consciência lúcida e responsável e, portanto, universal do homem que se exprimiu pelo imperativo, também ele formalmente negativo: "Não matarás", que se opõe a todas as razões que ordenam ao homem: "matarás" (não é relevante, aqui, que essa exigência tenha se revestido, por vezes, de uma forma religiosa; em contrapartida, é fundamental compreender os motivos pelos quais as religiões, ao longo de sua história, caucionaram tantos genocídios). A proibição do homicídio se impõe, pois o desejo de matar se encontra no homem. O homicídio é proibido porque é possível, e porque essa possibilidade humana é desumana. *A interdição é imperativa porque a tentação é imperiosa; e aquela se revela tanto mais imperativa quanto mais esta for imperiosa*. No entanto, o imperativo "Não matarás" não é um mandamento proveniente de fora e do alto e que se impõe à consciência por uma imposição externa; é uma ordem que o homem impõe a si próprio por uma exigência interna de sua consciência. É o homem autônomo que afirma a afirmação ética de não matar, o homem autônomo, ou seja, o homem livre.

A exigência "Não matarás" não pode aceitar qualquer exceção. Querer procurar pretextos – se procurados, indubitavelmente serão encontrados – para justificar uma exceção é negar a exigência. Mesmo quando a violência parece necessária ao homem, a interdição do homicídio continua imperativa e a exigência de não-violência permanece. A necessidade pode forçar o homem, mas ela não lhe dá nenhum direito. A necessidade de matar é uma des-ordem e não uma contra-ordem; ela não inocenta o homicida. *A necessidade de matar não anula a ordem de não matar*. Somente se os homens mantiverem firmemente esta posição, o mandamento de não matar vai liberá-los da necessidade de matar. Se a necessidade de matar exclui o mandamento de não matar, faculta-se ao homem, cada vez que ele pensa encontrar-se em situação de legítima defesa, alegar a necessidade de matar e, assim, justificar seu homicídio. Conhecemos a história: é exatamente a história da humanidade até os dias atuais...

João Paulo II priva de sua substância o mandamento "Não matarás" ao afirmar, em sua encíclica *O evangelho da vida*, que este "tem um valor absoluto quando se refere à *pessoa inocente*"[17]; com isso, contorna e torna inoperante a exigência ética de não-violência. Na verdade, a nosso ver, o outro homem que é nosso inimigo e contra o qual pretendemos defender nossos direitos, jamais é inocente; pelo contrário, invocamos sempre múltiplas boas razões para declará-lo culpado, a fim de exatamente nos inocentar de precisar matá-lo. A responsabilidade por esse homicídio cabe unicamente a ele. "A culpa é dele." É exatamente a essa conclusão que chega João Paulo II. Após ter reconhecido o direito à legítima defesa – ou seja, na realidade, o direito à legítima violência –, ele conclui: "Diante de tal hipótese, o desfecho mortal deve ser atribuído ao próprio agressor que a ele se expôs pela sua ação."[18] Orientado pela mesma lógica, reconhece a legitimidade da pena de morte. Claro, ele só a admite em "caso de necessidade absoluta", e acredita que atualmente, "em decorrência de uma organização sempre mais eficaz da instituição penal, esses casos passam doravante a ser raros ou inexistentes".[19] Porém, essa reserva quanto à aplicação da pena de morte importa pouco aqui. O mandamento "Não matarás" perde seu sentido a partir do momento em que se considera não implicar numa recusa absoluta da pena de morte. Literalmente, é uma questão de princípio.

Em seus *Diálogos filosóficos*, Confúcio enuncia reiteradas vezes a Regra de Ouro a ser observada por aqueles que desejam conquistar a virtude de humanidade, formulando-a desta maneira: "Não faça aos outros aquilo que não quer que lhe façam."[20] Vemos assim, uma vez mais, essa Regra de Ouro formulada de maneira negativa. Por sua vez, Jesus de Nazaré expressa na forma positiva a Regra de Ouro a ser observada pelos homens virtuosos: "Tudo o que quereis que os homens vos façam, fazei-lhes também vós."[21] E assim ele ensina toda a exigência do amor ao próximo. Tal como também sublinha Leon Tolstoi, "se não podemos fazer ao próximo o que desejaríamos que nos fizesse, pelo menos não lhe façamos o que não gostaríamos que nos fizesse"[22], tendo em vista que, acrescenta ele, "antes de fazer o bem, é preciso colocar-se fora do mal, em condições que permitam agir acertadamente".[23] Antes de sermos considerados responsáveis por todo o bem que não fazemos, já somos responsáveis por todo o mal que fazemos.

A reciprocidade das atitudes e dos comportamentos positivos nas relações entre os indivíduos e as comunidades é um dos fundamentos da justiça e da concórdia entre os homens. A reciprocidade – ou, mais especificadamente, a possibilidade da reciprocidade – é portanto um critério decisivo na conduta do homem moral. Este princípio de reciprocidade vem instaurar a lei da universalidade que deve orientar a ação do ser dotado de discernimento. Ora, justamente por isso, a violência não pode ser universalizada sem que, simplesmente, a vida se torne impossível. A Regra de Ouro pode ser formulada então da seguinte maneira: "Age com os outros de tal forma que eles possam agir do mesmo modo com quem quer que seja"; o que implica, primeiramente e antes de tudo, o seguinte imperativo categórico: "Não aja com os outros de tal maneira que, se os outros agissem de modo igual, a vida seria impossível." E isso exige, sobretudo, que cada um renuncie a praticar a violência ao outro. Enfim, só a não-violência pode consolidar a universalidade da lei moral a que os seres dotados de discernimento devem se pautar.

Mesmo a violência do outro não justifica minha violência, minha contraviolência. Que o outro seja violento em relação a mim, isso não me dá nenhum *direito* a recorrer à violência contra ele. Talvez eu possa invocar a necessidade, mas certamente não o direito. A exigência do "amor ao inimigo", formulada por Jesus de Nazaré[24], expressa com clareza que a exigência de não-violência continua válida em relação ao violento, ao agressor e ao assassino.

Quando Michel Serres tenta definir um saber válido para o homem contemporâneo, alicerça-o na recusa à violência: "Antes de organizar o bem do outro, o que geralmente resulta em provocar violência, ou seja, causar-lhe um mal, a obrigação *mínima* pede que se evite cuidadosamente causar-lhe este mal."[25] Serres reconhece que "a obrigação máxima" consistiria em amar não apenas o homem, desconhecido ou próximo, mas também toda a espécie humana, todos os seres vivos e todo o planeta Terra, mas, para se chegar a isso, é necessário primeiro lutar contra a violência que lança os homens na desventura. "O sentido nasce do mal e do problema com que nos esmaga [...] A moral, universal [...], por dizer respeito ao problema do mal, objetivo, e por se resumir à questão da violência, resume-se, por sua vez, no velho preceito: 'Não matarás', que conservamos, evidentemente, em sua fórmula única: 'Não te entregarás à violência'."[26]

De acordo com o *Livro dos mortos do antigo Egito*, para ser salvo, aquele que acaba de morrer deve fazer uma "confissão negativa", em que atesta não ter cometido nenhuma violência contra seus semelhantes:

Eis que trago em meu coração a Verdade e a Justiça,
    pois dele extirpei todo o Mal.

Não causei sofrimento aos homens.
Não usei de violência contra meus parentes.
Não troquei a Justiça pela Injustiça.
Não andei com pessoas más.
Não cometi crimes.
Não exigi que trabalhassem para mim de forma excessiva.
Não criei intrigas por ambição.
Não maltratei meus criados. [...]
Não privei o indigente de sua subsistência. [...]
Não permiti que um criado fosse maltratado por seu senhor.
Não causei sofrimento a ninguém.
Não provoquei fome.
Não fiz chorar os homens, meus semelhantes.
Não matei nem ordenei que matassem.
Não provoquei doenças entre os homens. [...]
Não tentei aumentar minhas propriedades, por meios ilícitos,
Nem usurpar os campos alheios.
Não manipulei o peso da balança nem seu fiel.
Não privei do leite a criança.
Não me apossei do rebanho nos pastos. [...]
Não obstrui as águas que deviam escoar.
Não danifiquei as barragens construídas sobre águas correntes.
Não extingui a chama de um fogo quando devia queimar.[27]

Quem opta pela não-violência se expõe ao risco de sofrer a violência do outro. Um dos fundamentos filosóficos da não-violência é: exercer a violência *constitui uma infelicidade muito maior para o homem do que sofrê-la*. A conseqüência última deste princípio é, do ponto de vista ético, antes ser assassinado que assassino, ser a vítima em vez de carrasco, ser morto em vez de matar, e que é preciso temer o homicídio mais do que a morte. Mesmo diante da morte, Sócrates aconselha permanecer fiel ao princípio segundo o qual "nunca é bom ser injusto, responder à injustiça com injustiça, nem nos vingarmos respondendo ao mal com mal".[28] Em *Górgias*, a uma pergunta de Polos se ele preferia sofrer uma injustiça em vez de cometê-la, Sócrates responde: "Nem uma coisa nem outra, mas caso eu tivesse de cometer uma injustiça ou sofrê-la, preferiria sofrer a injustiça em vez de cometê-la."[29]

Aristóteles reafirmará o mesmo princípio em *Ética a Nicômaco*: "Seja como for, cometer a injustiça é mais grave do que sofrê-la, pois o ato injusto iguala-se à maldade e merece censura. [...] Pelo contrário, a injustiça sofrida não comporta maldade nem injustiça."[30] Em nenhum momento, porém, Aristóteles deduzirá desse princípio a exigência de não-violência.

EMMANUEL LEVINAS: HUMANISMO DO OUTRO HOMEM

Emmanuel Levinas contesta a primazia atribuída à ontologia na tradição filosófica ocidental. A ontologia entende a existência como uma persistência no ser: "Ser consiste no esforço de ser, o fato de perseverar em seu ser."[31] O ser contenta-se, então, com uma re-flexão sobre a existência, que se torna um fixar-se em si próprio, um egoísmo. O ser se preocupa apenas em satisfazer suas necessidades, procura afirmar-se na posse e na dominação. Afirma Emmanuel Levinas: "Em todo meu esforço, há algo como uma desvalorização da noção de ser que, em sua obstinação de ser, encobre violência e mal, ego e egoísmo."[32]

A liberdade do homem que se preocupa apenas consigo mesmo perde-se no arbitrário: tudo lhe é permitido, mesmo o homicídio. Tal concepção da existência mantém o ser numa complacência em si e num desconhecimento do outro. A ontologia assim concebida é uma filosofia do poder, da dominação, da conquista, da violência e da guerra. Se a única preocupação do homem for perseverar no ser, ele se opõe inevitavelmente ao outro homem que surge à sua frente como um adversário. Para Emmanuel Levinas, "'ser ou não ser' provavelmente não é a pergunta a ser formulada"[33], pois "o ser nunca é – contrariamente ao que afirmam tantas tradições reconfortantes – sua própria razão de ser".[34]

O encontro com outro homem interrompe a solidão e o egoísmo do homem; o reconhecimento do outro é o acontecimento decisivo que marca o começo da existência humana do homem. Quando me aproximo, o outro solicita minha assistência (do latim *ad-sistere*: manter-se perto de), dirigindo-me um pedido; com isso, perturba minha quietude, coloca minha liberdade num impasse e abala minha consciência tranqüila.

O encontro com outro homem me faz descobrir seu rosto, e "o rosto é a própria identidade de um ser".[35] Através do rosto do outro homem emerge, simultaneamente, a vulnerabilidade do ser e sua transcendência. Sua vulnerabilidade, pois "o rosto em sua nudez de rosto revela-me a privação do pobre e do desconhecido";[36] sua transcendência, pois "o infinito me vem à mente na significância do rosto",[37] e "a idéia do infinito designa uma perfeição e uma nobreza, uma transcendência".[38]

A descoberta do rosto de outro homem em sua vulnerabilidade e em sua transcendência faz-me tomar consciência da possibilidade e, ao mesmo tempo, da impossibilidade do homicídio; esta conscientização é a afirmação de minha consciência moral. Segundo Emmanuel Levinas: "A relação com o rosto é, antes de tudo, ética. O rosto é aquilo que não se pode matar, ou, pelo menos, aquilo cujo *sentido* consiste em dizer: 'Não matarás'. O homicídio é um fato banal, é verdade: pode-se matar o outro; a exigência ética não é uma necessidade ontológica. A interdição de matar não torna o homicídio impossível, mesmo quando a autoridade do interdito é mantida em sã consciência do mal praticado – malignidade do mal."[39] Ao mesmo tempo que o outro "se oferece à ponta da espada ou à bala do revólver", ele opõe à força que ameaça atingi-lo, "não uma força maior [...], mas a própria transcendência de seu ser. [...] Este infinito, mais forte que o homicídio, já nos oferece resistência em seu rosto, é o seu rosto, é a *expressão* original, é a primeira palavra: 'Não cometerás homicídio'".[40] O olhar do outro, por sua expressão de resistência ao homicídio, paralisa meu poder e desarma minha vontade. Assim, "a idéia do infinito, longe de violar o espírito, condiciona a própria não-violência, ou seja, instaura a ética".[41] Para Emmanuel Levinas, a filosofia não começa com a ontologia, mas com a ética. A ética não é um ramo da filosofia, mas "a filosofia primeira".[42]

A afirmação essencial da ética é a exigência de não-violência que deve prevalecer na relação entre o homem e o outro homem. Afirma Levinas, "à noção do 'Não matarás', atribuo uma significação que não é a de uma simples proibição do homicídio caracterizado; prefiro formular uma definição ou uma descrição fundamental do acontecimento humano do ser, que é uma permanente prudência em relação ao ato violento e mortal para o outro"[43]; esclarece ainda: "'Não matarás', não é uma simples regra de conduta. Ela se apresenta como o princípio do próprio discurso e da vida espiritual."[44]

Não posso encontrar-me com o outro sem, de alguma maneira, iniciar uma conversa com ele. Encontrar o outro consiste em falar com ele: "Falar significa conhecer o outro ao mesmo tempo em que nos deixamos conhecer por ele. [...] Este *comércio* que a fala implica é precisamente a ação sem violência."⁴⁵ A linguagem é o ato do homem capaz de discernimento que renuncia à violência para entrar em relação com o outro. "Razão e linguagem são exteriores à violência. A ordem espiritual, são elas! E se a moral deve realmente excluir a violência, é necessário que um elo profundo una razão, linguagem e moral."⁴⁶

Ao aproximar-se para vir ao meu encontro, o outro homem interpela-me e solicita-me: ele apela à minha responsabilidade. Responder-lhe é responder por ele. Ao descobrir o rosto do outro, torno-me responsável por ele. Sem dúvida, eu poderia me desviar dele, mas, humanamente, não posso fazê-lo: "O rosto se impõe a mim sem que eu possa continuar surdo a seu apelo, nem esquecê-lo, sem que eu deixe de ser responsável por sua miséria."⁴⁷ Ao encontrar o outro homem, sou-lhe obrigado (do latim *ob-ligare*, estar ligado); ou seja, tenho obrigação de não deixá-lo só. Ao tornar-me responsável pelo outro, tenho acesso à dignidade de um ser único e insubstituível: minha responsabilidade é uma eleição. "Ser eu significa, conseqüentemente, não poder me furtar à responsabilidade. [...] Mas a responsabilidade que priva o eu de sua independência e de seu egoísmo [...] confirma a unicidade do eu. É o fato de que ninguém pode responder em meu lugar."⁴⁸ Assim o homem se torna ele próprio, não quando está re-fletindo sobre si, mas quando torna-se responsável pelo outro: "Trata-se de afirmar a própria identidade do eu humano a partir da responsabilidade."⁴⁹ O que instaura e estrutura a humanidade do homem é a responsabilidade por outro homem. É a responsabilidade que dá sentido, dignidade e grandeza à existência humana. Emmanuel Levinas não cessa de advogar a favor da inversão, da reviravolta que substitui o por-si da ontologia, pelo por-outro da ética.

Esta presença do outro homem ao meu lado vem incomodar-me, importunar-me; tira-me de meu conforto e obriga-me a deixar qualquer abrigo. Ao encontrar o outro, exponho-me a ele, passo a correr riscos, torno-me vulnerável. Mantendo-me em frente ao outro, exponho-me às feridas e aos ultrajes: "*Um* se expõe ao *outro* como uma pele se expõe àquilo que a fere, como uma face oferecida àquele que bate."⁵⁰ Contudo, o homem deve ter a coragem de enfrentar esses perigos: "A comunicação com o outro só pode ser transcendente como vida perigosa, como um belo risco a correr."⁵¹

Minha responsabilidade em relação ao outro se impõe a mim, qualquer que seja sua atitude para comigo. A relação com o outro é "não simétrica", dado que "sou responsável pelo outro sem esperar reciprocidade, mesmo que isso me custe a vida. A reciprocidade é da conta *dele*".[52] Nunca estou quite em relação ao outro e sempre chego atrasado ao encontro que tenho com ele. Minha responsabilidade para com o outro consiste em "ir até ele sem me importar com seu movimento em minha direção, ou, mais exatamente, em aproximar-me de tal maneira que, para além de todas as relações recíprocas que não deixarão de se estabelecer entre eu e o próximo, eu tenha sempre dado um passo a mais em sua direção".[53] Levinas reiteradas vezes refere-se a uma frase pronunciada por um dos personagens dos *Irmãos Karamazov*, de Dostoiévski, Marcel, o irmão do monge Zósima: "Cada um de nós é culpado perante todos, por todos, e por tudo, e eu mais que os outros."[54]

A responsabilidade para com o outro homem expressa-se essencialmente pela bondade para com ele. É pela bondade que o homem se torna um artesão da paz: "A paz não pode, portanto, identificar-se com o fim dos combates que cessam por falta de combatentes, pela derrota de uns e vitória de outros, ou seja, com os futuros cemitérios ou impérios universais. A paz deve ser a minha paz, numa relação que parte de um eu e vai em direção ao Outro, no desejo e na bondade em que o eu se mantém e existe sem egoísmo, simultaneamente."[55]

Emmanuel Levinas define, desse modo, uma nova ontologia que já não se baseia no autoconhecimento, mas na bondade para com o outro: ser significa ser-para-outrem, ou seja, ser bom. Enquanto a tradição filosófica ocidental estabelece os direitos do eu em face do outro, a filosofia de Levinas alicerça os privilégios do outro em relação ao eu. Os direitos do homem são, antes de tudo, os direitos do outro homem: caridade bem ordenada inicia-se com o outro. É na bondade para com o outro que o eu se afirma e se constrói como ser humano. A bondade é a verdadeira resposta à solicitação do rosto do outro. É a bondade que coloca o homem em relação com o infinito expresso no rosto do outro: "Aventura absoluta, numa imprudência primordial, a bondade é a própria transcendência."[56] No movimento da bondade, o eu perde o interesse por si mesmo para se preocupar primeiro com o outro. A bondade é desinteresse: "A bondade consiste em posicionar-se dentro do ser de tal modo que o Outro conte mais do que eu mesmo."[57] Diante dessa perspectiva, Levinas define a filosofia não mais como amor à sabedoria, mas como "a sabedoria do amor a serviço do amor".[58]

Ao tornar-me responsável pelo outro, torno-me responsável por sua morte: "O temor da morte do outro está certamente na base da responsabilidade pelo outro."[59] Ao descobrir o rosto do outro, em sua nudez e vulnerabilidade, tomo consciência de que está exposto à morte e inquieto-me por ele. A não-indiferença pela morte do outro é uma das manifestações de minha bondade em relação a ele. E "esta inquietude pela morte do outro passa à frente da preocupação com minha pessoa".[60] Portanto, existe no homem "a vocação de um existir para o outro mais forte do que a ameaça de morte".[61] Essa vocação, Levinas chama-a de vocação à "santidade". A partir do momento em que o homem teme mais a morte do outro do que a própria morte, prefere morrer a matar. Assim, o homem cumpre sua humanidade decidindo-se a "existir para o outro, ou seja, a questionar-se e a temer o homicídio mais do que a morte".[62] Correndo o risco de morrer para não matar, o homem dá à sua vida um sentido que a própria morte não pode extinguir. A responsabilidade pelo outro, quando expressa pela bondade, dá um sentido à vida que confere um sentido à própria morte, um "sentido que não se mede pelo ser ou pelo não ser, pois o ser se determina, pelo contrário, a partir do sentido".[63]

No que concerne à responsabilidade do homem para com o outro homem e ao caráter imperativo do mandamento "Não matarás", as reflexões de Levinas constituem, segundo nos parece, um aporte extremamente precioso à fundamentação de uma filosofia da não-violência. Certamente, várias afirmações de Levinas mereceriam discussão. É difícil compartilhar de todas as suas idéias; por exemplo, quando cristaliza a relação de si próprio com o outro numa situação totalmente assimétrica e de total não-reciprocidade. Neste aspecto, Paul Ricœur encontra-se respaldado ao formular a Levinas a seguinte pergunta: "Não será preciso que a voz do Outro que me diz 'Não matarás' transforme-se na minha, a ponto de tornar-se minha convicção?"[64] E se, de fato, acolho, reconheço e interiorizo a voz do outro que me fala através de seu rosto, passo então a estabelecer com ele uma comunicação, um diálogo, logo, uma reciprocidade. Por conseguinte, o eu não se mantém numa atitude de pura "passividade", como defende Levinas. Mas, embora seja conveniente manter uma certa reserva em relação a algumas de suas formulações, isso não significa, pelo menos a nosso ver, questionar a verdade de suas intuições. Estas, se quisermos apreendê-las devidamente, conduzem-nos ao centro da verdadeira filosofia; ou seja, a uma verdadeira "sabedoria de amor", a uma verdadeira sabedoria da bondade. (Mais adiante, teremos oportunidade de rever algumas proposições de Levinas, e interpelá-lo sobre a *ação* não-violenta, sem que possa, segundo entendemos, nos dar uma resposta satisfatória a essa questão.)

CAPÍTULO 4

O HOMEM NÃO-VIOLENTO DIANTE DA MORTE

Segundo Tomás de Aquino, "a virtude da força tem por função manter a vontade humana na linha do bem moral, apesar do temor de um mal corporal. [...] Ora, o mais terrível dos males corporais é a morte que tira todos os bens".[1] Para ele, "a força tem a função de fortalecer a alma contra os perigos de morte".[2] Desse modo, ele afirma que o ato principal da virtude da força não é atacar, mas suportar: "Suportar é mais difícil que atacar",[3] pois aquele que suporta o ataque do adversário sem devolver os golpes enfrenta o medo da morte, enquanto aquele que ataca o adversário apenas o afasta. Tomás de Aquino ressalta ainda: "Para quem ataca, o perigo permanece afastado, enquanto está presente para quem sofre o ataque. [...] Aquele que agüenta o choque não teme, embora tenha presente um motivo para temer, mas aquele que ataca não tem nenhum motivo de temor presente em sua mente."[4] Ao comentar as asserções de Tomás de Aquino, Jacques Maritain assinala: "A força que ataca tende a destruir o mal por meio de um outro mal físico infligido aos corpos. Por isso, o mal, por menor que seja, continuará passando de um para outro, interminavelmente. [...] A força que suporta tende a anular o mal, recebendo-o e esgotando-o no amor, absorvendo-o na alma, na forma de dor consentida; ali, ele detém-se, não irá mais longe."[5]

Ocorre exatamente o inverso com o homem que escolhe a não-violência, pois este tem consciência de que, recusando-se a matar, arrisca-se a ser morto. Não que esse risco seja necessariamente maior para o homem não-violento do que para o homem violento. É possível, e até provável, que o risco seja menor para o primeiro do que para o segundo. Mas, de qualquer modo, a verdadeira diferença não reside nessa questão. A diferença está efetivamente em que o homem não-violento enfrenta diretamente o risco de morrer, sem que lhe seja possível recorrer a um subterfúgio. Também ele sente medo da morte – como poderia ser diferente? –, mas, ao escolher a não-violência, optou por confrontá-lo e tentar vencê-lo sem trapacear. Por isso, apenas aquele que aceita morrer pode correr o risco de ser morto sem ameaçar matar. Conforme assinala Simone Weil: "Quem sabe com toda a alma que é mortal, e o aceita com toda a alma, não mata."[6] A verdadeira sabedoria, a verdadeira liberdade, consiste em poder enfrentar a morte sem temor, em poder dizer o que Sócrates disse quando foi condenado à morte: "Não me preocupo absolutamente com a morte, minha única preocupação é nada fazer que seja injusto ou ímpio."[7] Ao tornar-se livre em relação à morte, o homem torna-se livre em relação à violência; ao ter a angústia da morte sob controle, conquista a liberdade da não-violência. Mas aceitar morrer em vez de matar não significa aceitar a morte. É exatamente o oposto. Para protestar realmente contra a morte é preciso, antes de tudo, recusar-se a matar.

Com freqüência, grandes correntes espiritualistas adotaram a linguagem da filosofia para exprimir que o amor por outros homens implica superar o medo da morte. Como evidencia Guy Riobé, um autêntico místico cristão: "O verdadeiro amor pelos homens implica sermos nós o próximo do outro, reconhecendo-o como outro, diferente de nós, como distinto de nós, em seu mistério inviolável. O encontro fraterno de dois seres envolve sempre um desafio à morte; há sempre um muro de separação a transpor; e esse encontro só alcança sua verdadeira perfeição na resposta vitoriosa a esse desafio. É evidente que o desafio atinge proporções extremas quando um homem precisar encontrar-se fraternalmente com um inimigo ou, de forma mais geral, quando os homens tiverem de transpor os muros de separação que ergueram entre seus povos ou entre os universos culturais a que pertencem."[8]

Na lógica da violência, aceitar morrer por uma boa causa significa primeiramente querer matar por ela. Segundo a lógica da não-violência, trata-se igualmente de aceitar morrer por uma boa causa; trata-se, entretanto, de aceitar morrer para não matar, porque a vontade de não matar precede a vontade de não morrer, porque o temor de matar é mais forte do que o medo de morrer. O medo da morte se torna então o medo da morte do outro. *A transcendência do homem está na possibilidade de preferir morrer para não matar, em vez de matar para não morrer*, porque a dignidade de sua vida tem mais valor aos seus olhos do que a própria vida. Uma vez que dá sentido à vida do homem, o risco da não-violência vale realmente a pena: vale a pena sofrer e, se for o caso, morrer.

Quando se torna vítima de um complô dos poderes aliados contra ele, Jesus de Nazaré enfrenta a morte com a atitude de não-violência total. Ao saber que vai ser preso e entregue aos justiceiros, sente "tristeza e angústia",[9] consegue, porém, vencer tanto uma quanto a outra. Quando um de seus companheiros quer recorrer à violência para defendê-lo, ele lhe pede para embainhar a espada.[10] Em seguida, com enorme determinação, enfrenta seus acusadores que o condenarão à morte. Jesus morre, assim, em perfeita consonância com o conselho que havia deixado aos amigos: "Nada temam daqueles que matam o corpo e depois disso nada mais podem fazer."[11]

Se Jesus de Nazaré age assim perante a morte é porque, para ele, como evidencia René Girard, "a decisão de não-violência não poderia constituir um compromisso revogável, uma espécie de contrato cujas cláusulas seriam obrigatoriamente respeitadas à medida que as outras partes as respeitassem".[12] É, pois, para manter-se fiel à exigência de não-violência que Jesus aceita morrer em vez de recorrer à violência: "Será preciso morrer porque continuar a viver significaria submissão à violência."[13] René Girard assinala, dessa forma, aquilo que constitui a própria essência da sabedoria de Jesus: "Não se deve hesitar em dar a própria vida para não matar, para sair, desse modo, do círculo de homicídio e de morte."[14] Portanto, é necessário tomar ao pé-da-letra o preceito segundo o qual "aquele que quer salvar sua vida, perdê-la-á"[15], pois "precisará de fato matar seu irmão, e isso significa morrer no desconhecimento fatal do outro e de si mesmo".[16] Quanto àquele que aceita perder sua vida, "é o único a não matar, único a conhecer a plenitude do amor".[17]

Correr o risco da não-violência é desejar correr totalmente o risco da vida. A beleza da vida, sua grandeza e nobreza, consiste em correr o risco da morte e superá-lo a cada momento. Se a morte está presente, ao nosso lado, no início da vida, em vez de nos conscientizarmos de que nos aproximamos dela a cada instante, não deveríamos, ao contrário, ter a consciência de que, a cada instante, nos distanciamos dela? Cada instante de vida é uma vitória sobre a morte. O próprio sentido da vida é vencer a morte a cada instante. A morte, na realidade, não é presente, mas sempre futura. Cada dia que passa, ela é adiada. Ainda temos, portanto, tempo para viver. É ao escolher a não-violência, preferindo o risco de morrer ao risco de matar, que o homem afirma o sentido transcendente da vida. A violência revela-se, então, como a negação da transcendência da vida.

A violência e a não-violência são analisadas e julgadas através do prisma deformador da ideologia da violência: a morte daquele que perde a vida num combate violento é atribuída à bravura, à honra e ao heroísmo, ao passo que se atribui ao insucesso e à ineficácia a morte daquele que morre num combate não-violento. De um lado, considera-se que o insucesso da violência não serve de argumento para comprovar sua ineficácia, mas comprova que a vitória exige mais violência, e, de outro, que o insucesso da não-violência é um argumento que comprova sua ineficácia e demonstra que só a violência possibilita conseguir a vitória.

O mais trágico da opção pela não-violência não é morrer para não matar, é não matar quando a violência talvez permitisse a meu próximo mais próximo não morrer. O homem alcança, aqui, o limite último da exigência da não-violência. Contudo, convém não esquecer que aquele que optou pela violência pode igualmente se deparar com uma situação tão trágica como esta, pois sua ação corre o risco de provocar uma violência ainda maior que venha a causar a morte de seu próximo mais próximo. Mas, ainda neste caso, mesmo conhecendo este risco, o homem violento acredita que poderá escapar dele, ao passo que o homem não-violento deve enfrentá-lo com total conhecimento de causa.

A NÃO-VIOLÊNCIA É UMA ATITUDE CORPORAL

Não basta só a razão, é preciso que o corpo também se decida pela não-violência. A pessoa que tem medo da violência, ou seja, que tem medo da morte, é um ser encarnado, carnal, corporal. O medo é corporal e, para dominá-lo, a pessoa deve ter o controle de seu corpo. As técnicas que permitem ao indivíduo conhecer melhor seu corpo e ter um melhor domínio dele são, em nosso caso, muito úteis para trilhar o caminho da não-violência. Na ação não-violenta, é o corpo que se aventura e se coloca na linha de frente, expõe-se aos golpes, desafia a violência e enfrenta a morte. Se o corpo for demasiado recalcitrante, se ficar paralisado e retesado pelo medo, será difícil ter lucidez para controlá-lo. É importante que o corpo se prepare, eduque-se e exercite-se para poder ter o controle de suas emoções e medos.

A não-violência é, assim, uma atitude corporal e, ao mesmo tempo, racional. Todo pensamento é inseparável de sua expressão corporal. O pensamento do sujeito encarnado enraíza-se em seu corpo, e é na ação não-violenta que ele efetiva a experiência corporal da não-violência. É na ação não-violenta que o homem carnal pode pensar a não-violência, e não conseguirá ter uma idéia lúcida e precisa da não-violência, se esta não se enraizar numa experiência corporal da ação não-violenta.

A filosofia é sempre uma re-flexão, ou seja, um voltar-se sobre si mesmo, sobre a própria experiência, a própria ação. E, se o filósofo não tem a experiência corporal da ação não-violenta, como poderia ele elaborar um pensamento racional da não-violência? É preciso ter experimentado no próprio corpo que a ação não-violenta é possível – o que não significa que seja sempre vitoriosa – para chegar a uma concepção clara da filosofia da não-violência. Não basta ter passado pela experiência da violência para compreender a não-violência, é preciso ainda passar pela experiência da não-violência, isto é, da ação não-violenta. Indubitavelmente, a não-violência não pode ser pensada se não for vivida. Assim, a filosofia da não-violência só passa a ser inteligível através da experiência da ação não-violenta. Se o filósofo se eximir da ação não-violenta, verá apenas seus limites – do mesmo modo que aquele que se mantém do lado de fora de uma casa não consegue ver senão as fachadas –, constatará apenas suas fragilidades e será incapaz de compreender a dinâmica interna que lhe dá força.

Diante disso, poderia o filósofo refletir sobre a não-violência sem ser ele próprio um "militante"? Mas o homem racional desconfia do militante. Este, não é mal visto por ser um ativista? Pelo fato de tomar partido, não o censuramos de cair na intolerância? Não seria suspeito de ter idéias excessivamente intransigentes para ainda ser capaz de refletir? Evidentemente, é consenso que o militante é um homem de convicção, mas, paradoxalmente, é por isso mesmo que se colocam em dúvida que possa ser um homem de reflexão. Como se o fato de agir com convicção não lhe permitisse ter o distanciamento necessário à reflexão, como se fosse preferível não agir para poder refletir melhor. [...] Não caberia, aqui, um questionamento a respeito da imagem do filósofo que, para refletir, mantém-se isolado dos conflitos da cidade? Como se o fato de não se comprometer, de não tomar partido o levasse a refletir melhor. [...] Não caberia, ao contrário, afirmar que se a filosofia é uma re-flexão sobre a ação, o filósofo não pode deixar de agir e que, nesse sentido, não pode deixar de ser um militante? Acreditamos, efetivamente, ser necessário proceder a uma reabilitação filosófica da militância. Não deixa de ser significativo que o vocábulo *militante* tenha a mesma raiz etimológica que a palavra militar (do latim *miles*; soldado): do mesmo modo que o *militar* pratica a arte do combate armado, o militante não-violento pratica a arte da luta não-violenta.

AS QUATRO VIRTUDES CARDEAIS

A verdadeira coragem do homem forte – e a coragem, como sugere seu sentido etimológico, é própria do homem: a palavra latina *virtus*, de que é a tradução, tem sua raiz em *vir*, cujo significado é "homem" – consiste em estar pronto a correr o risco da não-violência em vez de arriscar-se pela violência. A coragem é uma das quatro virtudes cardeais a que se deve apoiar, tal como em "gonzos" – *cardeal* vem da palavra latina *cardo*, que designa o gonzo de uma porta –, a vida do homem moral que procura moldar seus pensamentos e atos às exigências do bem. E, de fato, o homem que se torna violento "sai dos gonzos", sai de seu eixo. Bem mais que a cólera, a violência é uma insânia. As três outras virtudes cardeais: a prudência, a temperança e a justiça constituem também fundamentos da atitude não-violenta do homem moral. Segundo Aristóteles, "a prudência é uma disposição, acompanhada de justa razão, voltada à ação e diz respeito ao que constitui o bem e o mal para o homem".[18] "As pessoas prudentes", esclarece ainda, "caracterizam-se pela capacidade de deliberar sabiamente; a sábia deliberação é a retidão do julgamento consoante a utilidade e pertinente a algum objetivo devidamente avaliado pela prudência".[19] A violência, na verdade, é sempre uma im-prudência, e existe um nexo orgânico entre a virtude da prudência e a exigência de não-violência. Quanto à temperança, Aristóteles afirma que "ela constitui um justo meio no que se refere aos prazeres".[20] "Nossa faculdade de desejar", afirma ele, "deve moldar-se às prescrições da razão. Assim, no homem temperante, é necessário que haja uma concordância entre essa faculdade e a razão. Na verdade, ambas se propõem o mesmo objetivo, que é o bem".[21] Quanto à justiça, Aristóteles define-a como "a disposição que nos torna susceptíveis de executar atos justos, levando-nos a realizá-los efetivamente e a desejar realizá-los".[22]

No entanto, devido a um mal-entendido trágico entre a história e a geografia, as virtudes cardeais nasceram no exílio, em terras de violência. Durante séculos, as pessoas armadas obrigaram-nas a falar sua língua, a partilhar suas crenças, a submeter-se a suas ideologias, a adotar seus usos e costumes, a apoiar suas causas. Mas, atualmente, reivindicam o reconhecimento de sua verdadeira identidade e pedem que as deixem ir viver em terras de não-violência. É urgente providenciar seu repatriamento.

O PERDÃO

É preciso convir que o perdão não tem boa reputação. Muitas vezes, reveste-se de uma conotação religiosa que turva seu sentido, associando-o à obscura noção de pecado. As religiões históricas – e, em particular, o cristianismo – desenvolveram toda uma retórica sobre o perdão dos pecados que, de modo algum, aplicava-se à história dos homens. É, pois, uma tarefa difícil, mas ao mesmo tempo necessária, legítima e fecunda, repatriar a atitude do perdão ao seu âmbito apropriado, o da filosofia.

A importância decisiva da exigência ética do perdão nas relações humanas se evidencia por aquilo que sua negação implica fatalmente: o encadeamento implacável das vinganças e retaliações. A vingança é estrita reciprocidade, pura imitação da violência do adversário. Em primeiro lugar, o perdão vem romper com a reciprocidade e a imitação. Enquanto o ressentimento, o rancor e o ódio aprisionam o indivíduo aos grilhões do passado, o perdão leva-o a se libertar deles, permitindo-lhe entrar no futuro. Segundo Vladimir Jankélévitch, "o perdão rompe o último laço que nos mantinha presos ao passado, que nos mantinha na retaguarda, retinha-nos em baixo, permitindo que o futuro chegue e acelerando, com isso, sua vinda. O perdão confirma efetivamente a direção geral e o sentido de um devir que coloca a tônica em seu futuro".[23] A vingança prolonga e repercute no futuro as conseqüências destruidoras de um ato maléfico cometido em circunstâncias que não mais existem. A vingança é inoportuna, intempestiva, anacrônica e vem sempre fora de hora.

Aquele que perdoa não desconhece o desejo de vingança, mas decide sobrepujá-lo e vencê-lo. A decisão de não se vingar só pode ser tomada porque o desejo de se vingar está ali, bem presente em nós, e quer ter o comando de nossa decisão. É por isso que o perdão requer uma grande coragem. Como a vingança é desejável, o perdão é um dever difícil. O perdão não é fruto de uma inclinação, não está enraizado num sentimento, mas numa decisão da vontade; é um ato, uma ação e, segundo Jankélévitch, "um acontecimento"[24] que chega à história para mudar seu curso. De acordo com Hannah Arendt, "o perdão é a única reação que não se limita a re-agir, mas que atua de forma inesperada, não condicionada pelo ato que a provocou e libera das conseqüências do ato simultaneamente aquele que perdoa e aquele que é perdoado".[25]

O perdão não perde a memória do passado – o esquecimento não é uma virtude e sim uma distração –, mas orienta-se resolutamente para o futuro. Existe um "dever de memória" do passado que é um dever de vigilância em relação ao futuro, mas é preciso, do mesmo modo, estar atento para que a memória do mal não seja um empecilho ao futuro. De acordo com Emmanuel Levinas, "o esquecimento anula as relações com o passado, ao passo que o perdão mantém o passado perdoado no presente purificado. O ser perdoado não é o ser inocente".[26] O perdão não destrói a recordação mas é uma aposta no futuro. Pode-se perder a aposta mas nem por isso seu sentido se perde. O perdão é incondicional, portanto sem garantias. O perdão é um dom, por isso não é merecido nem pode ser recuperado. Para se tornar efetiva no devir histórico, a decisão de perdoar precisa ser permanente. Quando um dos companheiros de Jesus pergunta-lhe se deve perdoar até sete vezes as ofensas que seu irmão lhe infligir, Jesus responde: "Não te digo para perdoar até sete vezes, mas até setenta vezes sete."[27] Enquanto a vingança é uma forma de desespero, o perdão é inteiramente vitalizado pela esperança de recomeçar. Recusar a vingança e oferecer o perdão ao oponente não equivale a renunciar à justiça. Isso pressupõe que vingar-se não é fazer justiça, o que de fato teremos de admitir. Pelo contrário, perdoar é abrir o caminho da justiça.

O dever do perdão situa-se no próprio núcleo da exigência de não-violência. Efetivamente, perdoar será sempre perdoar uma violência. Perdoar é decidir unilateralmente romper a cadeia interminável das violências que se justificam umas às outras, é recusar continuar indefinidamente a guerra, é querer fazer a paz com os outros, como consigo mesmo. Na verdade, aquele que só pensa em se vingar nunca está em paz. Perdoar significa pacificar o próprio futuro, recusando-se a continuar prisioneiro de um ciclo perpétuo de violências. A vingança torna a vida realmente impossível e a morte bem provável.

Entretanto, a recusa à vingança não é de todo fruto do perdão: este precisa ainda reconstruir uma nova relação entre o ofendido e o ofensor. Convém, aqui, estabelecer uma distinção entre o perdão pessoal, quando a própria ofensa se insere diretamente numa relação de pessoa a pessoa, e o perdão impessoal, quando a ofensa se situa numa relação de uma coletividade com outra, isto é, numa relação social ou política. Numa relação pessoal, trata-se de perdoar o próximo; já numa relação política, trata-se de perdoar quem está distante. Tanto num caso como no outro, o perdão torna possível, quando não a reconciliação, pelo menos a conciliação; em outras palavras, permite restabelecer ou estabelecer relações de justiça. Mas, para que estas se efetivem, é importante que a pessoa que causou o mal reconheça suas responsabilidades, insira-se na história do perdão e participe, ela própria, de sua dinâmica.

Na realidade, os grandes massacres da história não foram provocados por rancores pessoais, mas por ódios coletivos. Portanto, são principalmente estes que devem ser extintos, e só mediante a ação do perdão pode-se chegar a esse resultado. O perdão revela-se, então, como um momento decisivo da ação política, cuja finalidade é liberar a história do mecanismo cego da violência.

CAPÍTULO 5

PRINCÍPIOS DA AÇÃO NÃO-VIOLENTA

A violência é também um método de ação que pode parecer necessário aos homens de boa vontade para defender a ordem estabelecida quando esta garante a liberdade, e para combater a desordem estabelecida quando esta mantém a opressão. Mas mesmo que a ação seja realmente necessária, será que a violência também é? Não resta dúvida de que, por mais detestável que seja a violência, sua recusa não deve levar à inatividade e deixar campo livre à violência dos malfeitores. É por isso que *a violência não merece apenas uma condenação, ela exige uma alternativa*. Portanto, é imprescindível encontrar um "equivalente funcional" à violência, isto é, um método de ação não-violento que permita enfrentar a opressão e a agressão. Enquanto a "exeqüibilidade" desse método não for estabelecida, a exigência filosófica de não-violência continuará afastada pela necessidade técnica da violência. Por outro lado, enquanto a exigência filosófica de não-violência não for claramente afirmada, continuaremos a aceitar a violência e nenhum outro método de ação será procurado, o que constitui condição suficiente para que nenhum seja encontrado. À exigência filosófica vem se somar, assim, o realismo político na mobilização efetiva dos meios de uma estratégia de ação não-violenta. Esses meios, ao mesmo tempo que exercem uma força coercitiva concreta sobre o adversário, devem permitir solucionar humanamente os inevitáveis conflitos dos homens, sem recorrer à violência mortal.

A NÃO-VIOLÊNCIA ROMPE O EQUILÍBRIO DAS ARMAS

A extrema dificuldade em perceber a pertinência do conceito de ação não-violenta deve-se principalmente ao fato de estarmos habituados a conceber o enfrentamento entre dois indivíduos ou entre dois grupos como um combate de "armas iguais", em que os dois adversários dispõem dos mesmos meios ou, pelo menos, de meios equivalentes. Ora, justamente por isso, na medida em que um dos adversários renuncia ao emprego dos meios violentos utilizados pelo outro, a luta parecerá totalmente desigual e o desequilíbrio das forças deixa entrever a vitória imediata e definitiva daquele que está armado. Em outras palavras, só conseguimos imaginar um combate se ambos os adversários puderem dispor de meios simétricos. Qualquer assimetria, qualquer dessimetria das armas é imediatamente interpretada como uma desvantagem insuperável, como uma inferioridade absoluta de quem está menos armado em relação àquele que está mais armado.

Ora, o conceito de ação não-violenta implica por si mesmo uma dessimetria entre os meios do agressor e os do agredido. Essa única consideração já modifica nossos parâmetros e nos desorienta. Aquele que escolhe a não-violência parece-nos completamente desarmado em face daquele que não hesita em escolher a violência. Parece-nos que tem toda possibilidade de ser vencido. Com certeza, à semelhança do cordeiro que enfrenta o lobo, ele está condenado a morrer. Não resta dúvida de que, se considerarmos apenas os instrumentos técnicos de que dispõe o homem armado, mas não o homem não-violento, este não tem condições de resistir àquele. De um ponto de vista puramente teórico, a violência pode ser exercida sem limites pelo homem armado sobre o não-violento. Essa eventualidade não pode ser excluída, visto que é tecnicamente possível. Entretanto, ela é abstrata e poderá não se concretizar. A experiência mostra que talvez não seja a mais provável. Para avaliar as probabilidades de passagem às vias de fato do homem armado, não basta levar em conta somente os fatores técnicos, é preciso considerar também os fatores humanos, psicológicos, éticos, sociais e políticos. Na realidade, estes são suscetíveis de impor ao homem armado limites os quais não pode ultrapassar sem grandes inconvenientes para si mesmo. Uma violência sem limites seria cega em todos os sentidos da expressão: seria um escapismo que não corresponderia a nenhum objetivo racional. Por isso, embora seja tecnicamente possível, ela não é necessariamente a mais provável.

Cada um se arma para se defender do outro; no entanto, cada um considera igualmente as armas do outro como uma ameaça. Assim, o armamento de um necessita e justifica o armamento de todos. Entretanto, se cada um se armar somente para a própria defesa, de onde vem exatamente a ofensa?

Na realidade, o fato de nos armarmos, considerado por nós como uma proteção contra nosso adversário, provavelmente será visto por ele como uma provocação. Por outro lado, a incessante busca pela igualdade de armas e pelo equilíbrio das forças provoca uma corrida ao armamento que não tem fim. Daí resulta uma busca de um equilíbrio em patamares cada vez mais elevados; com isso, este se torna cada vez mais instável e arrisca-se a ser rompido até sob efeito da lei da gravidade. A procura pela igualdade das armas por si mesma favorece o desencadear da violência. A *estratégia* da ação não-violenta exige a mobilização de mecanismos de controle dos conflitos, suscetíveis de desativá-los e fazê-los evoluir para uma solução pacífica.

Aquele que renuncia à posse de armas não exerce qualquer ameaça a um potencial adversário. Este não tem, portanto, nenhum motivo para temer uma agressão, visto que se encontra desprovido do argumento da legítima defesa, que sempre serve para justificar o uso de armas. Nele, encontra-se distendida a mola que arma a vontade daqueles que estão prontos a atacar, em resposta a qualquer provocação. Portanto, o risco de que seja o primeiro a recorrer às armas para prevenir qualquer agressão, sob o pretexto de que o ataque é a melhor defesa, encontra-se consideravelmente reduzido ou nulo. Na ocorrência de um conflito, haverá possibilidade de se dispor de tempo para negociações que possam avaliar corretamente os pontos divergentes, bem como analisar os possíveis termos de um acordo entre as duas partes. Nesse aspecto, é imprescindível que aquele que renunciou às armas da violência mostre claramente sua determinação em resistir, empregando todos os meios da ação não-violenta. Isso deve levá-lo a enfrentar a chantagem das armas exercida pelo adversário, dissuadindo-o da decisão de recorrer a seu uso. É evidente que a probabilidade de uma agressão não é nula – não se pode pensar simplesmente que o adversário "não ousará" –, mas talvez não seja a mais forte.

"QUEM QUER O FIM, QUER OS MEIOS"

"Os fins justificam os meios", diz o provérbio, e isso equivale dizer que os fins justificam todos os meios. É evidente que os meios são justos somente quando os fins são justos. Mas não basta que o fim seja justo para que os meios o sejam igualmente. É necessário também que os meios sejam condizentes com o fim, coerentes com ele. Mesmo que para alcançar um fim justo tenha sido empregado o meio da violência, este contém em si mesmo uma parte irredutível de injustiça que está presente no fim. Se a escolha dos meios vem depois do fim almejado, nem por isso é secundária; ao contrário, é primordial para se obter efetivamente o fim proposto. Não resta dúvida de que só colhemos o que semeamos, e quem semeia a violência colhe a morte.

Os meios da violência não apenas pervertem o fim como acabam tomando seu lugar. O homem que escolhe a violência abandona o fim que havia inicialmente invocado para se entregar à luta e não se preocupa mais com ele, pois passa a pensar apenas no meio. O meio se torna a primeira de suas preocupações e o fim, a segunda, isto é, a última. É claro que evocará ainda o fim no decorrer de sua propaganda, mas será apenas para justificar o meio. Logo, o meio não está a serviço do fim, mas o fim a serviço do meio. Para Simone Weil, "é esta inversão na relação entre o meio e o fim, é esta loucura fundamental que explica toda a insensatez e atrocidade ao longo da história".[1]

Justificar os meios pelo fim significa fazer da violência um simples meio técnico, uma ferramenta, um instrumento que deve ser julgado pelo critério único da eficácia. A violência não seria nem boa nem má, mas simplesmente menos ou mais eficaz. Então ela sai do campo da ética para entrar no do pragmatismo. A violência é, assim, eticamente neutra e só a probabilidade de seu êxito ou de seu malogro permite avaliar sua utilidade. A decisão que comanda a ação deixa de ser uma *opção* e passa a ser apenas um *cálculo*.

"Quem quer o fim, quer os meios", diz outro provérbio que, interpretado adequadamente, expressa melhor que o precedente a verdadeira sabedoria popular. Quem quer a justiça quer efetivamente meios justos. Quem quer a paz quer efetivamente meios pacíficos. A ação é que é importante, não a intenção do agente. Ora, o fim é precisamente da ordem da intenção, só os meios são da ordem da ação. Nada é mais perverso do que uma moral da intenção que julga a ação unicamente pela qualidade de sua intenção.

Não resta dúvida de que é totalmente improcedente considerar a ação do homem apenas como um meio para alcançar um fim que lhe seria exterior. *A ação humana já tem sentido em si mesma e não somente em seu resultado.* Este não pode ser conquistado "a qualquer preço", isto é, qualquer que seja o preço. É preciso, ao contrário, "olhar o preço", é preciso ficar atento. Em outras palavras, o primeiro resultado da ação é a própria ação e, por isso, deve ser considerada como um fim em si. A ação política não atua com instrumentos para fabricar objetos, atua para construir o presente dos homens;

por isso, seu sentido está primeiramente na própria ação, ou seja, em seus meios e não em seu fim. Fazer o bem já é um bem em si, independentemente do êxito ou fracasso da ação. Isto não quer dizer que seja indiferente o fato de a ação ter sucesso ou fracassar – ao contrário, é indispensável fazer tudo para que seja bem-sucedida. A eficácia não pode, porém, ser o critério determinante da decisão.

Chegado o tempo da ação, somos senhores somente dos meios mobilizados, não do fim almejado ou, mais exatamente, somos senhores do fim somente por intermédio dos meios. O fim se refere ao futuro, só os meios dizem respeito ao presente. Portanto, é necessário que os meios sejam "o começo do fim". No entanto, continuamente aceitamos o impulso de abandonar o presente para absorver-nos com o futuro. Segundo Pascal, "nunca nos fixamos no presente. Antecipamos o futuro como se fosse demasiado lento a chegar, como para apressar sua vinda. [...] Vagamos por tempos que não são nossos, e não pensamos no único que nos pertence. [...] Procuramos garantir o presente pelo futuro, e pensamos em organizar as coisas que não estão em nosso poder, em vista de um futuro ao qual não temos qualquer certeza de chegar. [...] Dessa forma, em vez de viver, ficamos à espera de viver".[2] Assim, o homem da violência se perde no futuro. Promete a justiça, promete a paz, mas sempre para amanhã. Dia após dia, ele renova a mesma promessa, transferindo a justiça e a paz para o dia seguinte. E assim sucessivamente até o fim da história. E cada dia presente se enche de violências e sofrimentos, destruições e mortes. O presente do homem não pode ser considerado um simples meio de alcançar um futuro que seria seu fim: ele é por si mesmo seu próprio fim.

Desse modo, o homem violento sacrifica o presente por um futuro incerto, abrigando-se atrás de uma ideologia que o leva a preferir a abstração do amanhã à realidade do hoje. Por isso, aceita recorrer a meios que contradizem radicalmente o fim que pretende alcançar, mas cuja realização se encontra incessantemente adiada a um futuro hipotético. O homem da não-violência tomou consciência de que é essencialmente do presente que deve prestar contas, e é no presente que concentra toda sua atenção. Portanto, ele procura os meios que, desde o presente, já contêm em si mesmos a realização efetiva do fim almejado. "A verdadeira generosidade em relação ao futuro", observa Albert Camus, "consiste em dar tudo ao presente".[3]

Quando, em 1978, Vaclav Havel quis expressar a filosofia política que dava sustentação à resistência dos dissidentes contra a ordem totalitária do império soviético, afirmou que ela exigia a recusa a qualquer recurso à violência para transformar a sociedade. Para ele, a razão principal que justificava tal escolha era exatamente porque os dissidentes queriam conquistar imediatamente a dignidade de homens livres, vivendo já naquele momento os valores que dão um sentido à existência, e porque não pretendiam usar armas para garantir um futuro hipotético que lhes permitiria, bem mais tarde, contudo, viver segundo esses valores. "Essa reviravolta", afirma Havel, "de uma visão política abstrata do futuro em proveito do indivíduo concreto e de sua defesa ativa, 'aqui e agora', vem acompanhada naturalmente de uma aversão reforçada a qualquer forma de violência 'em nome de um futuro melhor'".[4]

No entanto, para que os meios mobilizados permitam atingir o fim almejado, não é suficiente que sejam não-violentos, é preciso ainda que sejam "eficazes". Mas o que é a eficácia? E qual é a eficácia da eficácia? Quais são os critérios que permitem avaliar e julgar a eficácia de uma ação? A concepção da eficácia defendida pela ideologia dominante está vinculada diretamente à idéia de violência. *O paradigma da eficácia é a eficácia da violência.* Dessa maneira, não podemos imaginar uma eficácia que não seja violenta; através do prisma deformador da ideologia da violência, percebemos, ao mesmo tempo, a eficácia da violência e a violência da eficácia. E, no entanto, por si mesma, a violência, que é uma insânia, é um fator de ineficácia. Se a finalidade do homem é dar sentido à sua existência e à sua história, a ação eficaz é a que lhe permite concretizar esse sentido. A eficácia da não-violência consiste primeiro, e finalmente, em dar sentido à ação humana. A estratégia da ação não-violenta deve, portanto, encontrar os meios táticos que permitam realmente reduzir e, na medida do possível, eliminar as violências de opressão e agressão. *Mesmo no caso de um possível fracasso, a ação não-violenta deve visar a vitória, que não a leve, porém, a perder seu sentido.*

O PRINCÍPIO DE NÃO-COOPERAÇÃO

Freqüentemente, nos conflitos sociais e políticos, a parte que detém o poder, e então se encontra em posição de força, não aceitará a intervenção de um mediador qualquer. Vai alegar a legitimidade de seu poder – faz parte da natureza do poder, mesmo do mais detestável, afirmar a própria legitimidade – para manter seus atributos e prerrogativas. Nessas condições, a parte oponente, vítima da injustiça do poder, não terá outra saída exceto agir diretamente para mudar a relação de força existente, a fim de defender seus direitos.

A não-cooperação é o princípio essencial da estratégia da ação não-violenta, consubstanciada na seguinte análise: numa sociedade, o que constitui a força das injustiças da desordem estabelecida é a cumplicidade, isto é, a cooperação voluntária ou passiva da maioria dos cidadãos com as ideologias, instituições, estruturas, sistemas, regimes e leis que geram e mantêm as injustiças. A resistência não-violenta visa romper essa cumplicidade, por meio da organização de ações coletivas de não-cooperação.

Étienne de La Boétie (1530-1563) foi um dos primeiros a defender notoriamente a eficácia potencial de uma política de não-cooperação em seu *Discurso da servidão voluntária*. Constatando que o poder de um tirano baseia-se inteiramente na cumplicidade voluntária do povo, pede que lhe expliquem "como pode suceder que tantos homens, tantas cidades, tantas nações por vezes suportem tudo de um único tirano que apenas tem como poder aquele que lhe foi outorgado, que só pode prejudicá-los na medida em que aceitam suportá-lo, e que não poderia causar-lhes mal algum se não preferissem sofrer em suas mãos, em vez de contradizê-lo".[5] Na realidade, é o próprio povo que oferece ao tirano os meios de que necessita para oprimi-lo. Dirigindo-se às vítimas da tirania, prossegue La Boétie: "O que ele tem a mais que vocês são os meios que vocês lhe fornecem para se destruírem. [...] Como poderia ter tantas mãos para feri-los, se não fosse as suas? [...] Teria ele algum poder sobre vocês, se não fosse por meio de vocês mesmos? [...] Que mal poderia ele lhes fazer, se vocês não acobertassem o ladrão que os rouba, se não fossem cúmplices do assassino que os mata e se não fossem traidores de si mesmos?"[6] Portanto, basta que os súditos do tirano parem de lhe dar sua cooperação para que a tirania desmorone. "Vocês podem livrar-se disso", afirma La Boétie, "mesmo sem tentar fazê-lo, apenas mostrando este desejo. Decidam-se a não mais serem subservientes e serão livres. Não quero que o ataquem, nem que o façam desequilibrar-se: deixem de apoiá-lo e vão vê-lo como uma gigantesca estátua que, quando retirado seu pedestal, sucumbe com o próprio peso, fazendo-se em pedaços".[7] Os tiranos são capazes de todas as atrocidades enquanto podem contar com a cooperação dos súditos, "mas se não houver cooperação alguma, se deixarmos de lhes obedecer, mesmo sem ser combatidos, nem agredidos, ficarão nus e extenuados, semelhantes a árvores que, por não receber água e alimento pelas raízes, logo serão apenas galhos secos e mortos".[8]

O americano Henry David Thoreau (1817-1862) formula o mesmo princípio de não-cooperação em um curto ensaio intitulado *A desobediência civil*. Ele afirma que, para cumprir seu dever de cidadão, o indivíduo não deve orientar seu comportamento segundo as obrigações da lei, mas de acordo com as exigências de sua consciência. "Creio", afirma ele, "que deveríamos ser primeiramente homens e depois subordinados. Não é apropriado dedicar o mesmo respeito à lei e ao bem".[9] Logo, o dever do cidadão não se reduz a votar a favor do que considera justo: "Nem mesmo votar pelo que é justo", assinala Thoreau, "é fazer algo pela justiça. Significa apenas expressar com sutileza seu desejo de que ela tenha primazia. Um homem racional não abandona a justiça aos caprichos do acaso; também não deseja que esta triunfe pelo poder de uma maioria. Há bem pouca virtude na ação das massas humanas".[10] O homem cônscio não pode esperar que a maioria se torne uma aliada da justiça para agir de acordo com suas exigências: "Todo homem que age pela razão, contrariamente aos outros, já constitui a maioria de uma voz."[11] Naturalmente, para combater a injustiça da desordem estabelecida é importante acionar primeiramente todos os meios previstos pela lei. Porém, quando estes se mostram inoperantes, é preciso desconsiderar as obrigações e as proibições da lei.

O cidadão que pretende assumir suas responsabilidades não deve hesitar em desobedecer ao Estado, quando este lhe prescreve cooperar com a injustiça. "Existem leis injustas: podemos consentir em obedecer-lhes?", indaga Thoreau. "Tentaremos corrigi-las obedecendo-lhes até conseguir o que desejamos, ou iremos transgredi-las imediatamente?"[12] Em resposta, assinala: "Se, em virtude de sua natureza, a máquina governamental quer fazer de nós o instrumento da injustiça para com nosso próximo, então eu lhes digo: infrinjam a lei. Que sua vida seja uma barreira para interromper a máquina. É necessário, em todo o caso, que eu cuide em não contribuir para o mal que condeno."[13] Uma minoria de homens justos, desde que tenha a coragem de enfrentar diretamente o Estado e desafiá-lo, desobedecendo a suas leis injustas, pode obrigá-lo a ceder. "Uma minoria nada pode enquanto se sujeita à maioria; nesse caso, sequer constitui uma minoria. Mas torna-se irresistível quando faz obstrução com todo seu peso.

Se não houver outra alternativa exceto manter todos os justos na prisão ou, então, abandonar a guerra e a escravidão, o Estado não terá outra opção."[14]

Em sua *História socialista*, Jaurès se refere à declaração de Mirabeau, na Assembléia dos Estados da Provença, dirigindo-se a "todos os nobres e fidalgos provincianos que pretendiam manter em tutela a classe produtiva": "Cuidado, não menosprezem este povo que produz tudo, este povo que, para se tornar temível, bastaria que permanecesse imóvel." E Jaurès observa que Mirabeau deu, na ocasião, "a fórmula mais poderosa e brilhante daquilo que hoje chamamos greve geral".[15] Assim definida, a greve geral de todo um povo, disposto a destruir o jugo da tirania e da opressão que pesa sobre seus ombros e a tornar-se senhor de seu destino, é a ilustração perfeita do princípio de não-cooperação.

Georges Sorel, em seu livro *Reflexões sobre a violência*, delineia uma apologia da "violência revolucionária", e diversos textos filosóficos fazem referência ao pensamento de Sorel para melhor compreender o fenômeno da violência. Mas trata-se de um grande mal-entendido, pois, ao afirmar a necessidade da violência para libertar o proletariado, Sorel não pretende, de forma alguma, incitar os operários a se lançarem num enfrentamento mortal com os exércitos da burguesia. Ao contrário, lamenta profundamente que seja essa a imagem que a palavra "revolução" geralmente evoca, e recusa essa perspectiva, que afirma pertencer ao passado. "Durante muito tempo", afirma Sorel, "a Revolução parecia ser essencialmente uma seqüência de guerras gloriosas travadas por um povo, faminto de liberdade e arrebatado pelas mais nobres paixões, contra uma coligação de todas as forças de opressão e de erros".[16] Mas, apoiando-se especialmente nos trágicos acontecimentos da Comuna, em 1871, ele mostra que o proletariado precisou desviar a imaginação e a razão de qualquer epopéia bélica. Ele recusa terminantemente "os atos de selvageria sugeridos pela superstição do Estado aos revolucionários de 93" e "espera que uma revolução socialista levada adiante por verdadeiros sindicalistas não seja contaminada pelas abominações que mancharam as revoluções burguesas".[17]

Por outro lado, Sorel se insurge contra os "socialistas parlamentares" que pretendiam convencer os operários da possibilidade, daquele momento em diante, de obter o reconhecimento de seus direitos pelo mero mecanismo da democracia formal. Ele afirma que, a partir daquele momento, seria somente na greve geral que o proletariado deveria depositar seu ideal e sua esperança. Tal afirmação, porém, não revela uma preocupação de Sorel em conceber a organização prática dessa ação gigantesca; o que lhe interessa é demonstrar que a idéia de greve geral corresponde às aspirações profundas da alma operária, e que ela se mostra eficaz à mobilização do proletariado na luta contra a burguesia. Para ele, a greve geral é um *mito* e deve ser considerada como tal, mas acredita que só o poder desse mito pode criar o dinamismo necessário ao movimento revolucionário. De acordo com Sorel, "a greve geral é o *mito* em que se encerra o socialismo, uma organização de imagens capazes de evocar instintivamente todos os sentimentos que correspondem às diferentes manifestações da guerra travada pelo socialismo contra a sociedade moderna. As greves suscitaram no proletariado os mais nobres, profundos e motivantes sentimentos; a greve geral os reúne todos num grupo coeso, e essa aproximação confere a cada um deles sua máxima intensidade. [...] Conseguimos, assim, uma intuição do socialismo, que a linguagem não podia nos dar de uma forma perfeitamente clara, através de um todo apreendido instantaneamente".[18]

A DESOBEDIÊNCIA CIVIL

Não seria razoável, em nome de um ideal abstrato de não-violência absoluta, conceber uma sociedade em que a justiça e a ordem pudessem ser asseguradas pela livre participação de cada indivíduo sem que houvesse necessidade de recorrer às obrigações impostas pela lei. Esta preenche uma função social inegável: obrigar os cidadãos a um comportamento racional, de forma que nem a arbitrariedade nem a violência teriam livre curso. Não seria justo, portanto, considerar as coerções imputadas pela lei apenas como entraves à liberdade, visto que se constituem igualmente garantias para alcançá-la.

O pacto social pelo qual os cidadãos fazem aliança para criar uma sociedade é a *constituição*. Esta, em princípio, fundamenta-se no consenso de todos os cidadãos. A lei é a aplicação da constituição. Para isso, ela julga as condutas de acordo com o bem comum e concede ao governo os meios de agir contra os atos condenáveis daqueles que não respeitam as cláusulas do pacto social. Na medida em que a lei preenche sua função a serviço da justiça, ela merece a obediência dos cidadãos. Porém, quando protege, cauciona ou cria ela mesma as injustiças, merece a desobediência. A obediência à lei não libera os cidadãos de sua responsabilidade: aqueles que se submetem a uma lei injusta são responsáveis por essa injustiça, pois, o que constitui a injustiça não é a lei injusta, mas a obediência à lei injusta. De acordo com a doutrina oficial dos Estados que se dizem democráticos, cada cidadão, já que pode votar livremente, deve submeter-se ao sufrágio universal. Entretanto, não é a lei que dita aquilo que é justo, o que é justo é que dita a lei. Por conseguinte, quando há conflito entre a lei e a justiça, é preciso escolher a justiça e desobedecer à lei.

A democracia exige cidadãos responsáveis e não cidadãos disciplinados. "É necessário que haja muitos indisciplinados", afirma Georges Bernanos, "para fazer um povo livre".[19] A história nos ensina que a democracia é muito mais ameaçada pela obediência cega dos cidadãos do que por sua desobediência. Se a obediência dos cidadãos constitui a força dos regimes totalitários, sua desobediência deve tornar-se a base da resistência a esses mesmos regimes. "Pudemos compreender uma grande verdade," assinala Vladimir Boukovski, prisioneiro por muito tempo dos campos soviéticos, "ou seja, não é o fuzil, não são os tanques de guerra, não é a bomba atômica que geram o poder; o poder não está neles. O poder nasce da docilidade do homem, do fato de aceitar obedecer. [...] Sabemos, portanto, qual pode ser a força fulminante da insubmissão do homem, assim como todos os detentores do poder também o sabem".[20]

Como ação política, a desobediência civil é uma iniciativa coletiva. Não se trata apenas de definir o direito à objeção de consciência, baseado na obrigação da consciência individual de recusar-se a obedecer a uma lei injusta; trata-se, além desse reconhecimento, de definir o direito dos cidadãos de desobedecer à lei para afirmar seu poder e conseguir suas reivindicações. Neste caso, a desobediência civil não exprime o protesto moral do indivíduo ante uma lei injusta, mas a vontade política de uma comunidade de cidadãos dispostos a exercer seu poder.

TOMAR A PALAVRA PARA DIZER A VERDADE

Visto que a primeira cumplicidade com a mentira e a injustiça é calar-se, a primeira ação de não-cooperação será romper o silêncio, tomando a palavra publicamente, a fim de defender as exigências da verdade e as reivindicações da justiça. Tomar a palavra já constitui uma tomada de poder.

Por esse ato, rompe-se o monopólio da palavra reivindicado pelos poderes estabelecidos. A partir do momento em que o indivíduo toma a palavra para contestar a ordem estabelecida e protestar contra sua injustiça, ele pode ceder à solicitação da violência: precisamente porque a palavra violenta transgride deliberadamente as normas do discurso conformista que pretende justificar a injustiça, ela pode parecer ao homem revoltado como uma contestação radical da ordem estabelecida. Por conseguinte, para expressar melhor sua recusa, ele vai procurar expressar-se com uma linguagem diferente daquela da ordem que contesta. Respeitar as conveniências de linguagem estabelecidas pela sociedade seria o mesmo que aceitar submeter-se a suas leis. O grito do homem revoltado será então uma blasfêmia, ele desejará ser sacrílego. Ao exprimir ruidosamente sua cólera, seu desprezo e seu ódio pela sociedade, terá a impressão de se libertar das opressões que queriam obrigá-lo a calar-se.

No entanto, há uma contradição radical entre a palavra e a violência: uma termina onde a outra começa. Uma palavra que se torna violência nega-se como palavra. É, pois, um erro decisivo negligenciar as exigências da razão ao denunciar as falsas razões evocadas pelos poderosos para tentar mascarar as injustiças da ordem estabelecida. Só o discurso racional é capaz de desmascarar os sofismas, as contradições e as mentiras dos discursos oficiais pelos quais os cidadãos são intimados a aprovar em silêncio.

A pacificação da palavra é uma das exigências da não-violência. Ademais, a pedagogia da palavra não-violenta é mais operacional que a do grito violento. A autoridade de uma palavra vem de sua congruência, não de sua violência. Por isso, a opinião pública mostra maior receptividade à palavra pacífica do que a palavra violenta que poderá agredi-la. A palavra racional e a ação não-violenta se reforçam mutuamente, com efeito recíproco sobre seu significado. De modo que, no auge do embate, a palavra se torna ação e a ação se torna palavra.

O DESAFIO DOS DISSIDENTES

Em 12 de fevereiro de 1974, horas antes de os agentes da KGB baterem à porta de Alexandre Soljenitsin para prendê-lo, ele assinou o último texto que escreveria em terra russa, antes de ser exilado. Nesse texto[21], o autor de O *arquipélago gulag* dirige-se diretamente a seus concidadãos para convocá-los a resistir contra a opressão que recaía sobre eles. Mais precisamente, pede-lhes para recusarem qualquer cooperação com as mentiras em que se assentara a ordem totalitária da sociedade soviética. E faz a seguinte análise: o que constitui a força da violência do Estado totalitário é este contar com a colaboração da maioria dos cidadãos, que se mostram resignados e se submetem por medo de perder as poucas vantagens prometidas àqueles que se calam. "A violência", afirma Soljenitsin, "só pode esconder-se atrás da mentira. A mentira só pode subsistir por meio da violência. A violência nem sempre coloca sua mão pesada sobre todos os ombros: ela exige de nós apenas a obediência à mentira, a participação cotidiana na mentira – é a única lealdade exigida de nós. A chave mais simples e mais acessível para nossa libertação, negligenciada por nós até o momento, está na não-participação pessoal na mentira". Para Soljenitsin, o caminho da resistência é o único acessível a todos; é verdade que não é fácil e está semeado de armadilhas, mas "poderá tornar-se mais fácil e mais curto para nós todos, se o percorrermos num esforço comum e numa ação conjunta de enfrentamento. Se chegarmos a milhares, nada poderão contra nós". Soljenitsin adverte seus concidadãos que, caso não tenham a coragem cívica de enfrentar os riscos dessa resistência, irão tornar-se os artífices da opressão que sofrem: "Se permanecermos prisioneiros de nosso medo", prossegue ele, "devemos parar de nos queixar que nos oprimem, pois somos nós mesmos os responsáveis".

Enfim, Soljenitsin está convencido de que o espírito humano é capaz de barrar o avanço selvagem da violência. "Não se deve aceitar", afirma ele em outro texto, "a idéia de que o curso devastador da história seja irreversível e que o espírito confiante em si não possa agir sobre a força mais poderosa do mundo. [...] Só a inflexibilidade do espírito humano – firmemente instalado sobre a linha instável da violência –, que se anuncia dizendo-se pronto ao sacrifício e à morte: 'Nenhum passo a mais!', só essa inflexibilidade do espírito é a verdadeira defesa da paz íntima, da paz universal e de toda a humanidade".[22] Por ter-se libertado da tutela da mentira e ousado dizer abertamente a verdade, Soljenitsin abriu uma brecha no cerco totalitário em que estava confinado seu povo. Ao condená-lo ao exílio, os dirigentes da União Soviética confessaram sua fraqueza. "Por que Soljenitsin foi expulso de sua pátria?", indagava-se Vaclav Havel em 1978. "Com certeza não foi por ter sido o detentor de um poder efetivo que levasse um determinado representante do regime a se sentir ameaçado de perder seu posto. Sua expulsão representa algo bem diferente: a tentativa desesperada de obstruir aquela terrível fonte de verdade, já que ninguém podia avaliar de antemão as mudanças que ela poderia provocar na consciência da sociedade, nem as conseqüências que aquelas reviravoltas políticas poderiam acarretar."[23]

O próprio Vaclav Havel militará também na dissidência, recusando-se a cooperar com a mentira. Para ele, a tarefa fundamental de quem pretende enfrentar as ideologias falaciosas e as burocracias anônimas consiste em se deixar guiar por sua própria razão e "colocar-se, em qualquer circunstância, a serviço da verdade entendida como experiência existencial".[24] O Estado totalitário quer obrigar o indivíduo a submeter-se a um ritual social que o obriga a viver na mentira. É claro que ele não é obrigado a acreditar em todas as mistificações que justificam esse ritual, mas deve comportar-se como se acreditasse. "Isso", observa Havel, "já o obriga a viver na mentira. Basta que aceite viver nela e com ela e, assim, por meio desse simples ato, ele consolida o sistema, segue-o, opera-o, ele é o sistema".[25]

Não há coexistência possível entre "a vida na mentira" e "a vida na verdade". Cada manifestação desta última constitui uma real ameaça à primeira, uma vez que retira os véus de sua aparência falaciosa que lhe permite subsistir. É por isso que a vida baseada na verdade não tem apenas uma "dimensão existencial" que possibilita ao indivíduo recuperar a própria identidade e reconciliar-se com a própria humanidade, "tem também uma dimensão política"[26] que permite ao cidadão lutar eficazmente contra o sistema totalitário. A vida com base na verdade constitui uma real força de contestação, uma verdadeira força de oposição, um autêntico contra-poder que enfrenta o poder estabelecido. É evidente que este não permitirá que venham aberta e impunemente desafiá-lo e usará de todos os recursos de que dispõe para fazer calar os rebeldes, mas não terá meios de recobrar uma palavra que escapou a seu controle. Quando pronunciada por um homem livre, está dita uma vez por todas e permanece atuante. As perseguições que podem se abater sobre seu autor somente lhe darão mais força. Esta não cessará de reverberar na consciência de todos aqueles que vivem na mentira. Qualquer que sejam os compromissos aceitos por estes últimos, uma fala baseada na verdade não poderá deixar de identificar neles um desejo recalcado de viver na dignidade. Por isso, "eles podem a qualquer momento – pelo menos teoricamente – ser tocados pela força da verdade".[27] Embora não se possa prever, é legítimo pensar que essa força de oposição irá ampliar-se suficientemente para expressar-se através de um movimento político que venha rivalizar diretamente com o poder efetivo. Foi assim que Vaclav Havel, após longos anos de andanças pela dissidência, viria a se tornar presidente da República da Tchecoslováquia.

A FORÇA DO HUMOR

Entre as razões que levaram os dissidentes da Europa Central a enfrentar dignamente tantos acontecimentos dolorosos, Vaclav Havel enfatizou a importância do senso de humor deles: "Possivelmente não estaríamos em condições de assumir nossas tarefas históricas e de fazer o sacrifício que nossa situação exigia, se não houvesse esse distanciamento entre a realidade e nós mesmos."[28] E ele se refere à perplexidade dos estrangeiros que tinham dificuldade em compreender que fossem capazes de suportar tanto sofrimento e, ao mesmo tempo, não pararem de rir. Para Havel, o senso de humor era exatamente o que lhes permitia enfrentar serenamente a gravidade da situação: "Como não podemos nos dissolver na própria seriedade a ponto de nos tornarmos cômicos, precisamos ter senso de humor e do absurdo. Quando os perdemos, nossa atividade perde também, paradoxalmente, sua seriedade."[29]

Essas afirmações de Vaclav Havel não são nem um pouco fortuitas, e é necessário refletir sobre o significado do humor, indagando se não existiria uma correspondência diante da qual o humor convergiria para a não-violência. A palavra *humor* – emprestada do inglês *humour*, por sua vez um empréstimo do francês arcaico *humeur*, proveniente do latim *humor*, que significa um elemento líquido – designava primeiramente um líquido orgânico do corpo humano e, em seguida, o temperamento de uma pessoa, pois antigamente pensava-se que este dependia da composição dos "humores" do corpo humano (constituído por quatro humores principais: sangue, bílis, atrabílis e fleuma). *Humor* passou assim a ter dois empregos antinômicos, ora significando "disposição para a brincadeira" (bom humor), ora "disposição para a irritação" (mau humor). A palavra em inglês *humour* emprestou do francês a primeira acepção e voltou a integrar-se ao francês com o mesmo sentido.

Essa referência à formação da palavra "humor" permite-nos discernir melhor seu significado. Quem adota uma atitude de humor diante dos acontecimentos, encontra-se numa situação em que tudo deveria concorrer a irritá-lo e, contra toda expectativa, reverte o curso normal das coisas ao se predispor à brincadeira. É aquele que, em vista das circunstâncias, deveria ficar de mau humor e decide ser bem-humorado. É aquele que, diante das dificuldades da vida, está determinado a não se mostrar de humor negro, a não estimular a produção de bílis, a recusar qualquer comportamento atrabilioso, a manter o sangue-frio, a não perder a fleuma e a não se desencorajar ante as adversidades.

Para Freud, que nos deixou algumas reflexões mais claras a esse respeito, o prazer do humor provém da "economia de um dispêndio de sentimento"[30] e emana de uma "economia de perda afetiva".[31] Segundo Freud, em geral, fazemos uso do humor "à custa da irritação, em vez de nos irritar".[32] O "humorista" encontra-se em tal situação, que normalmente espera-se que se sinta profundamente sensibilizado, que "irá ficar irado, queixar-se, exteriorizar a dor, ficar amedrontado, e talvez revelar seu desespero" e, no entanto, "não exterioriza nenhuma aflição, mas se expressa com ditos espirituosos".[33]

Freud considera o humor "à luz de um processo de defesa", cuja finalidade é "escapar à imposição do sofrimento"[34], "prevenir o surgimento do descontentamento"[35], concebendo-o como "o maior dos mecanismos de defesa".[36] Quem recorre ao humor para enfrentar uma situação que comporta para si um perigo real gostaria de dizer algo semelhante a "sou grande demais (grandioso) para que isso me afete de maneira sofrida".[37] E assim, pelo humor, o "eu" revela o propósito de afirmar sua invencibilidade e invulnerabilidade ante os perigos externos: "o eu se recusa deixar-se ofender e ser levado a sofrer em certas circunstâncias da realidade; ele decide resolutamente que os traumas oriundos do mundo exterior não conseguirão atingi-lo; mais ainda: mostra que, para ele, estes não deixam de se constituir motivos para um ganho maior de prazer".[38] Portanto, o humor é um método de resistência contra a adversidade: "O humor não é resignado e sim desafiador."[39]

Além de permitir ao indivíduo defender-se da irritação, do medo e do sofrimento, o humor lhe oferece a possibilidade de se proteger contra o ódio e a violência. Por outro lado, o humor possui em si mesmo uma incomparável força contagiante, um imenso poder de convicção. O espectador-ouvinte de um humorista se predispõe a acompanhá-lo no rumo tomado e acolhe espontaneamente o convite para compartilhar de seu prazer humorístico.

"JUNTAR A JUSTIÇA E A FORÇA"

São bem conhecidas as fórmulas incisivas de Pascal sobre a justiça e a força[40]: "É preciso juntar a justiça e a força; e dessa forma fazer com que aquilo que é justo seja forte ou aquilo que é forte seja justo." (*Pensamentos* número 298) Essas fórmulas definem perfeitamente a ambição da não-violência: trata-se efetivamente de "juntar a justiça e a força". E como a ação-violenta contém em si uma parte irredutível de injustiça, somente a força da ação não-violenta pode ser justa. Mas é claro que Pascal não estava, de modo algum, refletindo sobre a não-violência ao escrever os *Pensamentos*.

Qual é, no entanto, seu pensamento? Ele constata de início que "a justiça sem a força é impotente", que "a justiça sem força não é viável, porque sempre haverá homens maus" (298). Dessa forma, recusa, com razão, o idealismo que pressupõe existir uma "força da justiça". Pascal faz uma segunda constatação: "A força sem a justiça é tirânica", "a força sem a justiça está sob acusação" (298). Quando Pascal emprega, neste caso, a palavra "força", na realidade está se referindo à violência: de fato, é a violência que é acusada de ser tirânica quando exercida em detrimento da justiça. De qualquer forma, a força não-violenta não possui os recursos da tirania. Mas, caso se trate realmente de violência, como proceder para tornar justo o que é violento? Mais exatamente, seria possível transformar aquilo que é violento em algo que seja realmente justo? Pascal tem plena consciência dessa dificuldade; aliás, ele não acredita que tenhamos resolvido a questão, mas que esta foi apenas contornada: "Ainda não foi possível dar força à justiça", afirma ele, "porque a força contestou a justiça, dizendo que era ela que era justa. E, então, não podendo dizer que o que é justo é forte, fez com que o que é forte se tornasse justo". (298) Pascal reconhece, assim, que a violência não pode dar força à justiça, pois a violência contradiz a justiça. Por isso, não é possível conciliar a justiça e a violência, a menos que se queira, mas contra a verdade, não se pode pretender que a violência seja justa. Foi justamente o que fizemos: justificamos a violência. E assim a "força", isto é, a violência, tornou-se "rainha do mundo" (303) ou, mais exatamente, sua "tirana" (311).

No entanto, Pascal não se equivoca: a justiça imposta pela violência não é a verdadeira justiça. A justiça que reina na sociedade é apenas aquela que se define pelo "costume", pela "moda": "Da mesma forma que a moda dita o gosto, também dita a justiça." (309) Portanto, são "os costumes" que impõem aos homens os critérios e as normas da justiça, e é por isso que esta é tão instável e se modifica segundo a época e o lugar. Na verdade, não conhecemos a verdadeira justiça, pois se a conhecêssemos "não tomaríamos como regra de justiça seguir os usos e costumes locais" (297). Assim, a ordem estabelecida substitui a justiça: "A justiça é aquilo que está estabelecido; e assim todas as leis estabelecidas serão necessariamente tidas como justas sem serem examinadas, uma vez que estão estabelecidas." (312) Se os homens obedecem às leis é porque são forçados pela violência de que dispõem os príncipes que os governam. Por isso, o direito que impera na sociedade é "o direito da espada", "pois a espada outorga um verdadeiro direito" (878). Pascal reconhece assim a necessidade de alicerçar a justiça na violência da espada, a fim de que os homens percebam que a justiça e a violência caminham realmente juntas e que, ao se submeter à violência, acreditam que estão se submetendo à justiça. "Se não fosse assim", observa ele, "veríamos a violência de um lado e a justiça do outro" (878). Pascal considera que os homens devem submeter-se ao direito da espada, porque de outra forma haveria uma guerra civil que seria "o maior dos males" (320), e porque é preciso manter a paz, "o bem supremo" (219). Mas ele sabe perfeitamente que a ordem estabelecida não corresponde às exigências da verdadeira justiça. Ele não ignora que numa "justiça verdadeira", não há "nenhuma violência" (878).

Evidentemente, não poderíamos dar nosso aval às opções políticas de Pascal quanto à organização da sociedade. Sob pretexto de preferir a ordem injusta à desordem, ele se resigna à injustiça e, ao invocar a corrupção da natureza humana, prega a obediência do povo ao poder, cujas bases são constituídas de violência e mentira. O que nos interessa aqui é a análise dos fatos apresentada por Pascal, pois se revela extremamente lúcida. De modo geral, as coisas ocorrem exatamente como ele apresenta, mesmo que os fatos não sejam tão positivos: a violência fundamenta a ordem estabelecida, o que significa, na verdade, enganar o povo e fazê-lo acreditar que essa ordem corresponde às exigências da justiça.

As reflexões de Pascal nos auxiliam a ampliar nossa compreensão de que somente o método de ação não-violenta permite juntar a justiça à força sem contradizer a justiça, que só a não-violência pode dar força à justiça. *Optar pela não-violência significa recusar-se a fazer com que aquilo que é violento seja justo e fazer com que aquilo que é justo seja forte.*

CAPÍTULO 6

A VIOLÊNCIA E A NECESSIDADE

Quando se atribui algum interesse à não-violência, geralmente é para afirmar que ela pode ser a opção dos indivíduos na condução de sua vida pessoal, mas que não poderia ser a regra da vida política, que precisa recorrer à violência. Assim, a violência seria inerente à ação política.

MAQUIAVEL E A CRUELDADE BEM EMPREGADA

Nicolau Maquiavel ocupa o primeiro lugar entre os que afirmaram, sem hesitar, a necessidade de se recorrer à violência para governar a sociedade dos homens. Entre os conselhos que dá ao príncipe para se manter no poder, insiste reiteradas vezes para que abandone os escrúpulos em se mostrar tão cruel quanto necessário: "O príncipe não deve se preocupar em granjear a reputação de praticar a crueldade para manter seus súditos unidos e obedientes."[1] O mal não está na crueldade, mas na crueldade "mal empregada"; como corolário, pode-se chamar "boa" a crueldade bem empregada, "caso se possa dizer haver bem no mal".[2] De fato, Maquiavel toma o cuidado em não fazer apologia à violência, apenas afirma sua necessidade implacável. Não contesta que a crueldade é "desumana",[3] apenas considera-a necessária, na medida em que só ela é eficaz.

Uma das principais características da concepção proposta por Maquiavel consiste na definição dos critérios de eficácia da ação focada na arte política, deixando à margem qualquer consideração relativa às categorias morais de bem e de mal. Segundo Maquiavel, "é preciso que um príncipe tenha o entendimento disposto a se nortear segundo o que exigirem os ventos da sorte e a variação das coisas, e não se afastar do bem, se puder, mas saber recorrer ao mal se houver necessidade".[4] Mas, para ele, o príncipe se encontra com muito mais freqüência diante da necessidade de dar provas de crueldade do que diante da possibilidade de demonstrar bondade: "Se o príncipe quiser manter o poder sobre seus Estados, será muitas vezes obrigado a não ser bom."[5]

Maquiavel sugere, enfim, que a crueldade é menos cruel do que a bondade, que dá livre curso à violência dos maus. Dessa forma, denuncia a atitude "daqueles que, por serem excessivamente misericordiosos, deixam prosseguir as desordens, que provocam mortes e pilhagens".[6] Na intenção de conter a crueldade dos homens, ele dá livre curso à crueldade dos príncipes, estabelecendo como limite apenas os inconvenientes que poderiam resultar para eles.

O príncipe que adotasse por regra de conduta comportar-se, em todas as circunstâncias, como um homem de bem, estaria forjando sua derrota com as próprias mãos. Antes de tudo, ele precisaria dobrar-se às imposições da necessidade, mesmo que para isso tivesse que esmagar com os pés as exigências da humanidade. Assinala Maquiavel: "Há tamanha distância entre a forma como se vive e como se deveria viver, que aquele que trocar o que se faz pelo que deveria ser feito está fadado a se arruinar em vez de se preservar. Pois aquele que quiser comportar-se totalmente como homem de bem não pode evitar a própria ruína entre tantos outros que não são bons. Por isso, o príncipe que quiser se manter precisa aprender a não ser bom, deixando-se guiar pela necessidade."[7]

Para Maquiavel, o poder político apóia-se essencialmente no poder das armas: "Todos os profetas bem armados foram vencedores e os desarmados, vencidos."[8] Só o poder das armas permite ao príncipe ordenar e ser obedecido, "pois não há comparação entre um homem armado e o que não está, e a razão não admite que aquele que está bem armado obedeça espontaneamente àquele que não está".[9] O príncipe deve preocupar-se muito mais em possuir "boas armas" do que "boas leis", visto que as leis não têm outra força que não a das armas.[10] Evidentemente, Maquiavel reconhece que é da natureza dos homens serem governados pelas leis, e que é da natureza dos animais serem governados pela força, mas afirma que os homens, via de regra, devem ser governados como animais. O príncipe deve ser, então, "meio animal e meio homem".[11] Deve aliar a astúcia da raposa, para evitar as armadilhas, à crueldade do leão, para se defender do ataque dos lobos.[12]

Segundo Maquiavel, todos os meios são bons quando permitem ao príncipe manter a ordem entre os súditos: "Quanto ao êxito das ações de todos os homens, e especialmente as dos príncipes (porque neste caso não há como apelar a outro juiz), deve-se observar o resultado. Se um príncipe estiver determinado a vencer e a manter o Estado, os meios serão sempre considerados dignos de honra e louvados por todos."[13] A questão central colocada por Maquiavel, enfim a única, consiste em saber de que modo um príncipe pode conseguir a submissão de seus súditos. A essa questão, ele responde sem hesitar: são bons todos os meios que se mostram eficazes para atingir esse fim.

Se o príncipe deve governar seus súditos com mãos de ferro, sem jamais abrandar suas ameaças, é porque "os homens acabam sempre por mostrar-se maus se não forem compelidos a serem bons",[14] pois "em geral pode-se dizer uma coisa de todos os homens: são ingratos, volúveis, dissimulados, inimigos do perigo, ávidos de ganhar".[15] Entre o príncipe e seus súditos, a desconfiança deve ser, então, absoluta. Maquiavel chega à seguinte conclusão: "Visto que os homens amam segundo sua fantasia e temem a sujeição ao príncipe, o príncipe prudente e esclarecido deve apoiar-se naquilo que depende dele, e não naquilo que depende dos outros, procurando apenas não ser odiado."[16]

Decisivamente, se o despotismo é a forma de governo em que todos os poderes são conferidos a um único homem, sem que os cidadãos possam usufruir qualquer poder, sem dúvida a doutrina política elaborada por Maquiavel é o despotismo. Afirmou-se que o florentino foi "o fundador da ciência política" – essa frase é de Raymond Aron[17] – mas, na verdade, ele apenas instituiu a ciência política do despotismo.

Todo o arcabouço elaborado por Maquiavel situa-se fora do projeto político a que chamamos democracia, e que se caracteriza pela participação dos cidadãos no poder político. Alega-se que a democracia não fazia parte dos assuntos em voga, nem do tempo nem do lugar em que viveu Maquiavel. Acrescenta-se ainda que o florentino tinha avaliado com exatidão os problemas políticos enfrentados por uma península italiana entregue às rivalidades beligerantes entre a França, a Espanha, a Alemanha e o Vaticano. Defende-se também que, como espectador esclarecido e desolado ao ver a

Itália "sem liderança, sem organização, espancada, pilhada, dividida, fustigada por estrangeiros", ele tinha toda razão em dizer que "ela espera por alguém que possa curar suas feridas e pôr fim às pilhagens da Lombardia, ao resgate de Nápoles e da Toscana, e possa cuidar de suas chagas, que já há muito tempo se transformaram em fístulas" e "ela roga a Deus para lhe enviar alguém que a resgate dessas crueldades e tiranias bárbaras".[18] Mas, na realidade, todas as calamidades da Itália, deploradas por Maquiavel, acaso não foram, em grande parte, conseqüência das manobras dos príncipes que já punham em prática os próprios conselhos do florentino? Se todos os homens são tão maus como ele diz, os príncipes o são na mesma medida que seus súditos. Logo, é um equívoco esperar que eles se sirvam de toda a liberdade que lhes é concedida, com a única preocupação de garantir, em benefício de todos, a tranqüilidade da ordem pública.

Os princípios de que fala Maquiavel talvez permitam estabelecer um estatuto policial, mas não servem, de forma alguma, para construir um arcabouço democrático, em que os cidadãos possam viver com a dignidade de homens livres. Entretanto, as reflexões de Maquiavel sobre a necessidade da violência são muitas vezes analisadas com complacência, até por aqueles que se dizem fiéis à democracia. Como se os interpretadores do florentino receassem, ao se distanciarem um pouco de seu "realismo", merecer as censuras que dirige àqueles que acham possível fazer política pretendendo respeitar os princípios da moral.

Incontestavelmente, há uma lógica rigorosa nas análises, conclusões e conselhos de Maquiavel. Essa lógica é tanto mais forte – e, logo, tanto mais sedutora – quando vemos que ele expressa suas idéias de forma severa, com uma frieza imperturbável, recusando qualquer disfarce que atenuaria sua brutalidade. Por meio de suas declarações, ele antecipa e desarma todas as acusações. Não usa evasivas, nem rodeios. É cínico e declara-o em alto e bom som. A questão não está em aceitar ou recusar sua lógica, mas em aceitar ou recusar as premissas a partir das quais ele a desenvolve. Quanto ao nosso posicionamento, são exatamente essas premissas que recusamos.

HEGEL E A APOLOGIA DA GUERRA

A filosofia política de Hegel ilustra de forma particularmente significativa a tese dominante de a violência ser o moto-contínuo da história. Hegel parte da seguinte constatação: entregues a si mesmos, os indivíduos se comportam de modo a satisfazer seus interesses e desejos particulares e não podem, assim, deixar de entrar em conflito uns com os outros. O "estado de natureza" em que se encontram os homens em meio à sociedade civil é o "estado da violência".[19] É um estado de selvageria "ligado às paixões da brutalidade e aos atos de violência".[20] No estado de natureza, é por ilusão que o indivíduo pensa ser livre. O homem se torna livre se conseguir ultrapassar a esfera de seus interesses particulares e agir visando o interesse geral que, em cada sociedade, é representado pelo Estado. Segundo Hegel, "confundimos a liberdade com os instintos, os desejos, as paixões, o capricho e a arbitrariedade dos indivíduos particulares, e consideramos sua limitação como uma limitação da liberdade. Exatamente o inverso, esta limitação é a própria condição à libertação. O Estado e a sociedade constituem precisamente as condições em que a liberdade se realiza".[21]

Portanto, o homem é incapaz de realizar sua liberdade por si mesmo. Hegel critica radicalmente o individualismo moral em que o homem deseja refugiar-se para cultivar sua própria virtude, protegendo-se dos furores da história. Ele estigmatiza o indivíduo que "se avalia, a seus próprios olhos, como um ser excelente": "Ele se infla e infla a cabeça dos outros, mas é um inchaço vazio." A esse individualismo moral enganador, Hegel contrapõe o ideal do cidadão da Antiguidade, que ligava seu próprio destino ao da *polis*: "A virtude do homem da Antiguidade tinha um sentido preciso e indubitável, pois tinha seu conteúdo sólido na substância do povo e propunha-se como objetivo um bem efetivamente real."[22] Logo, é ao integrar-se à vida do povo que o indivíduo alcança seu verdadeiro destino: "Em um povo livre, a razão é efetivamente realizada; ela é presença do espírito vivo."[24]

Na organização do Estado é que o povo constrói sua unidade. Segundo Hegel, "o que denominamos Estado é o indivíduo espiritual, o povo, na medida em que se estruturou em si mesmo, formando um todo orgânico".[24] Sem a organização do Estado, o povo não passa de uma multidão entregue às paixões: "A maioria, considerada como uma justaposição de indivíduos isolados – aquilo que se entende normalmente por povo – constitui certamente um conjunto, mas somente enquanto multidão – uma massa informe cujos movimentos e ações seriam apenas elementares, desprovidos de razão, selvagens e temíveis."[25]

O Estado é simultaneamente a personificação objetiva na história da exigência racional, da exigência universal e da exigência ética que cada indivíduo traz em si. "O fundamento do Estado", afirma Hegel, "é a força da razão que se torna efetiva enquanto vontade".[26] Tornando-se membro do Estado, o indivíduo tem acesso à existência livre e dotada de sentido. "O Estado é a realidade em que o indivíduo encontra sua liberdade e a fruição de sua liberdade. [...] É somente no Estado que o homem tem uma existência conforme à Razão."[27] Contra a arbitrariedade que prevalece no estado de natureza, a lei expressa objetivamente as exigências da razão universal e, por conseguinte, o cidadão liberto de seus instintos particulares reconhece na lei as exigências de sua própria razão. "Só a vontade que obedece à lei é livre, pois obedece a si mesma."[28]

Os Estados, cada um com sua individualidade própria, comportam-se entre si como "indivíduos" particulares, ou seja, rivalizam uns com os outros na defesa dos interesses particulares e na consecução de objetivos particulares. "Como a relação dos Estados entre si", afirma Hegel, "tem por princípio a respectiva soberania, eles se encontram, uns em relação aos outros, no estado de natureza".[29] Portanto, a guerra é inevitável: "Na rivalidade que opõe os Estados uns contra os outros, quando a vontade particular (de cada Estado) não consegue acertar suas incompatibilidades por meio de negociações, resta apenas a guerra que poderá decidir por eles."[30]

O agente da história não é o homem individual e solitário, mas o povo, e este, para afirmar sua individualidade, não pode deixar de opor-se a outros povos. Nessa relação, necessariamente conflituosa, se quiser salvaguardar sua liberdade, o povo deve se defrontar com o risco da guerra. Os povos que se deixaram escravizar são os que não tiveram coragem de ir à guerra: "A liberdade deles morreu por medo de morrer."[31] Para Hegel, a guerra é, portanto, uma necessidade vital para que um povo seja livre, mais do que isso, é uma necessidade ética, uma necessidade espiritual. A guerra é o momento privilegiado em que o espírito do povo manifesta-se na história porque, nesse momento, todos os indivíduos desviam-se dos interesses e prazeres particulares em busca de um mesmo objetivo com alcance universal.

O dever do indivíduo é defender o Estado contra os inimigos que ameaçam sua soberania. Antes de tudo, isso faz parte de seu próprio interesse, pois cabe ao Estado, por intermédio de suas leis e instituições, garantir-lhe a segurança. E, sobretudo, ao aceitar conscientemente o risco de morrer para defender o Estado, o indivíduo cumpre seu destino de homem livre. O indivíduo só acede à liberdade aceitando "a luta por viver ou morrer": "Somente arriscando a vida se conserva a liberdade. [...] Do mesmo modo, cada indivíduo deve ter em mente a morte do outro ao arriscar a sua própria vida."[32] Mas a guerra não é fruto do ódio, é fruto da honra. "A morte é infligida sem ódio. [...] A arma de fogo é a descoberta da morte geral, indiferente, impessoal, e o que leva a matar é a honra nacional, não o desejo de atacar um indivíduo."[33] A morte que o indivíduo encontra na guerra é uma morte heróica; não é a morte natural do animal, é a morte anunciada do homem disposto a sacrificar seus bens privados e a própria vida em defesa do bem universal.

Enquanto os indivíduos da comunidade se deixam levar pela busca de objetivos particulares – "os da aquisição e da fruição" – e passam assim a separar-se do todo, o governo tem o dever de zelar para "não deixar desagregar-se o todo e evaporar-se o espírito".[34] E o melhor meio de restaurar a unidade do todo é a guerra. "No estado de guerra", afirma Hegel, "a vaidade das coisas e dos bens temporais, que comumente dá origem a propósitos edificantes, é levada a sério".[35] É pela guerra que "se conserva a saúde ética dos povos": "Tal como o movimento dos ventos preserva as águas dos lagos da putrefação em que as mergulharia numa calmaria duradoura, o mesmo produziria nos povos uma paz duradoura e, *a fortiori*, uma paz perpétua."[36]

Todos os cidadãos devem estar prontos a sacrificar a vida em defesa da soberania do Estado. "Se o Estado exige o sacrifício da vida, o indivíduo terá que aceitar."[37] Entretanto, na realidade, cria-se uma classe especial encarregada de assegurar a preservação e a independência do Estado: "a classe militar"; ou seja, a "classe universal", que tem por dever "sacrificar-se" e é, por excelência, "a classe da coragem".[38]

Na linha de frente dos povos que vão à guerra para salvaguardar a liberdade, encontram-se "os grandes homens", os heróis. Aos olhos de Hegel, na história, o grande homem é representado por Alexandre Magno, César e Napoleão. Isso mostra que o herói hegeliano é, acima de tudo, um guerreiro. É claro que os grandes homens, arrebatados pela paixão, nem sempre respeitaram os princípios da moral: "Na busca de seus interesses grandiosos, os grandes homens muitas vezes trataram levianamente e sem nenhum cuidado outros interesses veneráveis, e até direitos sagrados. É um tipo de comportamento sem dúvida passível de censura moral. Mas a posição que estes assumem é totalmente outra. Uma tão grande figura esmaga necessariamente muita flor inocente, destrói muita coisa em sua passagem."[39] Hegel ridiculariza os professores por ensinar que os grandes homens foram "pessoas imorais"[40]: eles só se rebaixam ao assumir o ponto de vista dos camareiros para os quais não há heróis. É verdade que os grandes homens tiveram em vista os próprios interesses, mas, a despeito desses, "tiveram a felicidade de ser os agentes de um objetivo que constitui uma etapa na marcha progressiva do espírito universal".[41] Assim, apesar de se deixarem guiar pelas paixões, terminaram por cumprir uma obra da razão: "Pode-se chamar *ardil da Razão* o fato desta deixar as paixões agirem à sua maneira."[42] Assim, as guerras sempre têm sentido e contribuem para fazer a história progredir rumo a seu termo; elas "só ocorrem quando o curso dos acontecimentos as torna necessárias. De qualquer forma, as sementes voltam a germinar e calam-se as vozes em face da seriedade do movimento cíclico da história".[43]

A história mundial é "o desenvolvimento necessário dos momentos da razão", "a realização do espírito universal".[44] A filosofia hegeliana da história é extremamente otimista, mas é precisamente este otimismo que suscita problemas, na medida em que acaba por justificar o injustificável. A própria guerra, com seu mal e suas calamidades, é considerada como um momento necessário da história, que, apesar das crises e das contradições que podem momentaneamente entravar seu curso, encaminha-se para seu fim. Assim, o idealismo de Hegel identifica-se com o cinismo. Ele não vê a violência e todos os seus horrores, não olha a guerra e toda sua devastação, quer olhar para além da guerra, considera sempre a história no seu devir e acredita discernir nesta o curso progressivo do espírito do mundo. O homicídio não é um crime quando inscrito na perspectiva da história e seria inútil compadecer-se pelas vítimas inocentes. Neste sentido, para a história, de nada valem a virtude do homem individual, suas exigências morais e reivindicações de felicidade; conta apenas a eficácia da ação que apressa o curso dos acontecimentos. A lei da história é, indubitavelmente, a lei do mais forte, ou seja, do mais violento. O vencedor sempre tem razão, já que é o vencedor.

Na verdade, o discurso hegeliano, ao exaltar a coragem do homem que aceita sacrificar seus bens e interesses particulares pela defesa do Estado, não tem nada de original. Em suma, Hegel apenas faz uma releitura da ideologia que há séculos domina os povos e as sociedades, mas, com isso, ele a consagra e reforça ainda mais sua influência sobre as inteligências e as mentalidades. Mas é preciso reconhecer a pertinência do discurso hegeliano quando afirma que a atitude do homem que aceita o risco de morrer para defender a liberdade de sua comunidade é altamente moral. É verdade que, em muitas circunstâncias históricas, a guerra foi *a ocasião* para o homem demonstrar a maior coragem e a mais elevada moralidade, embora não se deva esquecer que o homem de guerra pode dar mostras – e o faz com freqüência – da maior barbárie e covardia. Segundo Alain, "a guerra é aterradora, pois se nutre de sentimentos que têm boa aparência, alguns dos quais são honrosos".[45] Mas a moral subjetiva do guerreiro não poderia ocultar a imoralidade objetiva da guerra.

Quem examina a história não poderá negar que, durante séculos, a participação do indivíduo na guerra foi constitutiva de um elo social e que, nesse contexto, todas as virtudes de que o homem pôde dar provas estiveram ligadas à guerra. É evidente que recusar a guerra não exige que se reneguem essas virtudes. A história é assim, e somos todos seus herdeiros, logo, seus beneficiários. Provavelmente, não é por fatalidade que é assim, embora quase sempre, no momento preciso em que a história se definia, os fatores fossem demasiadamente pesados para ser diferente. De qualquer modo, é inútil sonhar com uma história que não seria a nossa. O que importa hoje é proceder de forma diferente. Por meio do distanciamento e da re-flexão, podemos e devemos fazê-lo.

O heroísmo de que o guerreiro pode dar provas não deveria fazer-nos esquecer o caráter mortal da guerra. O guerreiro nem sempre é um criminoso, mas a guerra é sempre um crime. Em vez de legitimar a guerra pela coragem do guerreiro, é preciso deslegitimá-la pelo crime de violência. Por ser violenta, a história dos homens deveria unicamente nos ensinar que os homens são desprovidos de razão, e seria um artifício insensato da inteligência querer reconciliar a história – e, portanto, a violência – com a razão. Nesse sentido, a exaltação da guerra a que Hegel se deixa conduzir, ao afirmar ser ela a mais alta manifestação do espírito na história, é mais que um erro de pensamento: é um atentado contra o espírito. E deve ser denunciado como tal.

No melhor das hipóteses, há uma profunda ambivalência na guerra: ela pode ser a manifestação da coragem, mas é sempre uma demonstração da violência homicida. E se a coragem é louvável, a violência é criminosa. Cabe à filosofia inverter o raciocínio priorizado pela ideologia no transcorrer dos séculos, segundo o qual a guerra é louvável, embora ensine a matar: é preciso afirmar que a guerra é criminosa, embora possa exigir coragem. É preciso desvincular da guerra a retórica da coragem e do auto-sacrifício para conjugá-la à resistência não-violenta. Desse modo, restabelece-se a ordem, e o filósofo pode afirmar que, de fato, o indivíduo que vai além de seus interesses e desejos pessoais, aceitando sacrificar seus bens particulares e até a vida para correr o risco de morrer em defesa da liberdade, busca um bem universal, realiza na história uma obra da razão e cumpre o destino de um ser espiritual.

Depois de lembrar que um panfletário, desculpando-se com as palavras "Preciso viver", recebera como resposta "Não vejo qualquer necessidade disso", Hegel formula esta máxima: "A vida não é necessária, em face da necessidade superior da liberdade."[46] Essa máxima que, aos olhos de Hegel, dita a conduta do herói violento, dita mais ainda a do sábio homem não-violento.

MAX WEBER E AS DUAS ÉTICAS

A tese desenvolvida, em 1919, por Max Weber, em seu curto ensaio *O ofício e a vocação do homem político*, ilustra bem a ideologia segundo a qual a violência é uma necessidade incontornável para quem pretende se comprometer com a ação política, cujo corolário imediato é: aquele que quiser recusar a violência deve forçosamente renunciar à ação política. "O instrumento decisivo em política", afirma ele categoricamente, "é a violência".[47] "Aquele que quiser fazer política compromete-se com forças diabólicas que ficam à espreita em toda violência."[48] A exigência fundamental do amor e da bondade proíbe o homicídio, mas, por este mesmo motivo, proíbe que se tome o caminho da política: "Se a ética acósmica do amor nos diz: 'Não resista ao mal pela força', o homem político, ao contrário, dirá: 'Você deve opor-se ao mal pela força, caso contrário será responsável pelo seu triunfo'."[49]

Weber estabelece assim a distinção bastante conhecida entre duas éticas "totalmente diferentes e irredutivelmente opostas": toda atividade do homem "pode orientar-se segundo a *ética da responsabilidade* ou segundo a *ética da convicção*".[50] Quem age segundo a ética da responsabilidade pretende "responder pelas conseqüências previsíveis de seus atos"[51]; enquanto "o partidário da ética da convicção só se sentirá 'responsável' pela necessidade de velar pela chama da pureza doutrinária, a fim de que nunca se extinga".[52] "Para ser franco", insiste ele, "se há um problema de que a ética absoluta não trata é o relativo às conseqüências!".[53] Certamente, Max Weber não rejeita a atitude de quem pretende pautar sua conduta segundo os preceitos da "ética absoluta", que pede para oferecer a outra face "imediatamente, sem perguntar ao outro por que pensa precisar agredi-lo". Semelhante atitude "tem um sentido e revela dignidade" por parte daquele que quer ser santo e pretende "viver como Jesus": "Ética sem dignidade, dirão. Sim – exceto para o santo."[54]

O raciocínio de Max Weber encerra-se, portanto, na antinomia do irrealismo da recusa absoluta da violência e do realismo de sua aceitação. Mas falar desse modo em termos de absoluto significa introduzir nas premissas um erro de raciocínio que necessariamente será encontrado nas conclusões. É evidente que se pode imaginar um homem que adota como regra de conduta ser fiel, em qualquer circunstância, aos preceitos da ética absoluta sem se preocupar com as conseqüências de seus atos. Trata-se, porém, de mera hipótese doutrinária. Alegar, em seguida, que esse homem é um santo, é ter uma estranha idéia da santidade. Afirmar juntamente com Max Weber que esse homem pretende "viver como Jesus" é emitir um estranho juízo sobre a atitude do sábio de Nazaré. Se este tivesse evitado religiosamente ingerir-se na vida política da sociedade em que viveu, certamente não teria sido condenado à morte pela coligação dos poderes constituídos. E quando esbofeteado por um soldado que o censura por ter se mostrado insolente para com o sumo sacerdote, ele não lhe oferece a outra face "imediatamente, sem perguntar ao outro por que pensa precisar agredi-lo"; exatamente o contrário, ele o interpela diretamente: "Se falei mal, dá testemunho do mal; e, se bem, por que me feres?"[55] Em momento algum, Jesus de Nazaré nos é mostrado como um homem que age sem se preocupar com as conseqüências de seus atos, e que apenas se preocupa em manter a pureza de uma doutrina qualquer.

Evidentemente, aquele que se refere ao absoluto que não é deste mundo ignora a realidade deste mundo e abandona qualquer responsabilidade em relação a este. Torna-se, de fato, irresponsável. Mas de nada serve dissertar sobre tal atitude. De um homem que foge de suas responsabilidades não se pode dizer outra coisa, exceto que é um irresponsável. Mas tal atitude não poderia servir de referência para definir a conduta de quem optou pela não-violência, visto sua determinação em assumir todas as suas responsabilidades neste mundo. Max Weber enuncia uma verdade de evidência quando recusa o irrealismo daquele cuja única preocupação é aplicar, sem refletir sobre as conseqüências de seus atos, os preceitos da ética absoluta do amor acósmico. De fato, o homem pode recusar toda violência e ignorar as conseqüências de seus atos, mas isso não dá o direito de afirmar que o homem responsável seja necessariamente violento, e não permite concluir que a atitude não-violenta seja forçosamente irresponsável.

Aquele que opta pela ação não-violenta – mas Max Weber ignora a categoria da ação não-violenta – não tem como objetivo manter acesa a chama da pureza doutrinária da não-violência, mas sim buscar a justiça por meios que não estejam em contradição com ela; quer assumir plenamente a responsabilidade pelas conseqüências de seus atos. Aquele que optou pela ação não-violenta tem consciência da insensatez de pretender viver uma não-violência *ab-soluta* (isto é, segundo a etimologia latina da palavra, desligada da realidade), e que deve aprender incessantemente a viver uma não-violência *re-lativa* (isto é, sempre segundo a etimologia da palavra, re-ligada à realidade). Falar de não-violência absoluta significa necessariamente recusar a não-violência como uma atitude irrealista. O próprio Albert Camus não soube evitar esta armadilha, afirmando, em *O homem revoltado*: "A não-violência absoluta gera negativamente a servidão e suas violências."[56] Se a não-violência não tem a aspiração de ser absoluta, ela tem a intenção de ser radical (do latim *radix*, que significa *raiz*); em outras palavras, quer arrancar a violência pela raiz, quer ex-tirpá-la (do latim *stirps*, que também significa *raiz)*, ou seja, quer esforçar-se por fazê-la perecer, destruindo suas raízes culturais, ideológicas, sociais e políticas.

Para Max Weber, "o Estado moderno só se deixa definir sociologicamente pelo *meio* específico que lhe é próprio, bem como qualquer agrupamento político, a saber, a violência física".[57] É claro que a violência não é o único meio a que o Estado pode recorrer, mas é seu "meio específico". Em outros termos, a violência é o "meio normal do poder".[58] Assim, a violência física constitui o próprio fundamento da ordem cujo estabelecimento em meio à sociedade política dos homens está sob responsabilidade do Estado: "O Estado consiste numa relação de *dominação* do homem, baseada em instrumentos da violência legítima (isto é, na violência considerada como legítima). O Estado, portanto, só pode existir na condição de que os homens dominados se submetam à autoridade sempre reivindicada pelos dominadores."[59] Os motivos pelos quais os homens aceitam obedecer a outros homens são muitos e diversificados, mas, dentre esses, Max Weber inclui o medo do castigo e a esperança de uma recompensa neste ou no outro mundo.

Também aqui não é possível recusar o rigor da análise e do raciocínio de Max Weber. Na medida em que define a ordem política que se deve estabelecer entre os homens como relação de dominação, pela qual aqueles que mandam mantêm submissos os que obedecem, é natural que chegue a fazer da violência o meio específico do exercício do poder político. De fato, não resta dúvida de que o meio ao qual a violência recorre seja coerente com o propósito da dominação. Cabe, aqui, centrar a atenção mais na escolha do fim que na escolha dos meios. A questão consiste em saber se os homens não poderiam ter coletivamente outra ambição que não de estabelecer entre si relações de dominação-submissão e de ordem-obediência, se não teriam vocação para conceber um outro projeto político que estabeleça uma ordem social não baseada na violência. Parece-nos, precisamente, que essas questões exigem respostas diferentes daquelas a que Max Weber se resigna, sob pretexto de realismo.

CAPÍTULO 7

O ESTADO COMO VIOLÊNCIA INSTITUCIONALIZADA

O Estado é constituído pelo conjunto das instituições políticas, administrativas, jurídicas, policiais e militares que organizam os poderes e os serviços públicos. A missão específica do Estado é estabelecer, manter e, caso necessário, restabelecer a paz civil, a fim de garantir a segurança dos cidadãos. A ordem pública só pode resultar de uma organização coercitiva da sociedade baseada em obrigações e proibições. O Estado exerce um poder de coerção. De fato, seria ilusório pretender administrar uma sociedade recorrendo apenas a meios de *persuasão*; se for necessário, meios *coercitivos* devem poder obrigar os indivíduos a respeitar o "contrato social" que estabelece a ordem e a coesão da sociedade política.

Existe um direito e um dever de defesa da sociedade contra aqueles que perturbam a ordem pública. Uma sociedade de direito não pode prescindir de uma justiça e de uma polícia institucionalizadas, capazes de "pôr fora de combate", isto é, de neutralizar pela "força pública", os indivíduos e os grupos que oferecem perigo à paz civil. Portanto, não seria possível organizar uma sociedade de justiça e de direito sem reconhecer a legitimidade da obrigação da lei e da coerção da justiça.

Uma questão, porém, se impõe envolvendo aspectos políticos decisivos: se a coerção social e o uso da "força pública" são necessários para garantir a paz civil, quais são os meios legítimos dessa coerção? Os Estados respondem a essa pergunta reivindicando para si o monopólio da violência legítima. De acordo com Max Weber, "o Estado moderno é um agrupamento de dominação de caráter institucional, que procurou com sucesso monopolizar, nos limites de um território, a violência física legítima como meio de dominação e, com esse objetivo, depositou nas mãos dos dirigentes os meios materiais de gestão".[1]

É claro que a coerção legal (definida pelo direito penal) que implica a violência física não é o único meio a que o Estado recorre para organizar a sociedade. No entanto, o Estado raramente faz uso da persuasão: ele prefere a dissuasão, e esta implica uma ameaça já repressiva. Assim, a repressão e, em última instância, a violência, constituem os meios específicos do Estado. Existe uma relação orgânica entre o Estado e a violência. Essa ligação é irredutível: ela é constitutiva do Estado.

"O Estado", afirma Nietzsche, "é o mais cruel dos monstros cruéis. Ele mente descaradamente, e a mentira que lhe escapa da boca é: 'Eu, o Estado, sou o Povo'".[2] De fato, é o conceito de povo soberano que se encontra na base do conceito de Estado soberano, mas a soberania do povo é um conceito totalizante que traz, em latência, o de Estado totalitário. Por conseguinte, para construir a democracia é fundamental não só recuperar a soberania do Estado, mas também a soberania do povo. Quando Jean-Jacques Rousseau, cuja influência foi determinante à doutrina de Estado elaborada pelos regimes oriundos da Revolução de 1789, afirma que as cláusulas do "contrato social" "reduzem-se todas a uma única, ou seja, a total alienação de cada associado, com todos os seus direitos, a toda a comunidade"[3], ele instaura a ditadura da "comunidade" sobre "cada associado". De acordo com Bakunin, Rousseau é, de fato, o "profeta do Estado doutrinário".[4] Jacques Maritain, cuja inspiração filosófica não flui das mesmas fontes que a de Bakunin, expressa o mesmo juízo: "Rousseau, que não era um democrata, introduziu nas democracias modernas emergentes uma noção de Soberania destruidora da democracia, orientada para o Estado totalitário. [...] Se quisermos pensar de forma consistente na questão da filosofia política, é necessário rejeitarmos o conceito de Soberania que não é outro senão o de Absolutismo."[5]

Desse modo, a soberania do povo é mais uma ameaça do que uma garantia à liberdade do cidadão: ela implica na renúncia de sua autonomia para submeter-se a uma pretensa "vontade geral", que pode obrigá-lo a morrer em nome do "interesse geral". É com pesar que Jean Guéhenno observa: "Trata-se de um princípio de todos os governos: um soldado deve ser dócil e deixar-se matar facilmente."[6] De fato, na organização do serviço militar, a usurpação dos direitos do cidadão pelo Estado se manifesta mais fortemente. É significativo que a obrigatoriedade do serviço militar e o sufrágio universal tenham sido estabelecidos ao mesmo tempo nas sociedades modernas. "Como um contágio, observa Taine no final do século XIX, o alistamento propagou-se de Estado a Estado; nos tempos atuais, conquistou toda a Europa Continental, e reina juntamente com o companheiro natural que sempre o antecede ou o segue, com o seu irmão gêmeo, o sufrágio universal, ambos mais ou menos incompletos ou mascarados, ambos condutores ou reguladores cegos e terríveis da história futura, enquanto um coloca na mão de cada adulto uma cédula de voto, o outro põe nas costas de cada adulto uma mochila militar."[7] Dessa forma, tudo se passou como se o Estado tivesse estabelecido um acordo com os cidadãos, barganhando com estes o direito de voto pelo serviço militar. Mas, como ressaltou Georges Bernanos, o Estado passou a ser o principal beneficiário: "O recrutamento militar obrigatório era, para o Estado, um benefício real e concreto; ao passo que o direito de voto não passava de uma ilusão nas mãos do indivíduo destituído, agora transformado em propriedade da nação como o restante do material bélico."[8] Bernanos afirma que esse acordo fez dos cidadãos vítimas de um logro: "Os franceses queriam a liberdade, queriam-na fervorosamente, queriam-na para todos. Acreditaram que, chamados a eleger seus senhores, seriam também senhores do Estado e, assim, fortalecendo o Estado, fortaleciam-se a si mesmos. [...] O sufrágio universal não torna os homens livres, da mesma forma que a loteria não os torna ricos. O que torna os povos livres é o espírito de liberdade."[9] Na verdade, o Estado tem-se preocupado muito mais em exigir que os indivíduos cumpram seus deveres de soldado do que em obrigar-se a respeitar os direitos destes como cidadãos. "Entre tantas iniciativas", ironiza Bernanos, "a democracia só chegou a levar a bom termo a instituição da guerra democrática. O governo de todos para todos permanece nos sonhos do porvir, mas a guerra de todos contra todos, essa vocês não deixaram para depois. [...] A guerra de todos é incompatível com o governo de todos, tanto assim que a guerra democrática é ainda objeto das ditaduras, especialmente do gênero essencial de ditadura que é a ditadura das consciências".[10]

Para evitar a armadilha totalitária, é necessário recusar veementemente toda concepção orgânica da sociedade, segundo a qual a função de cada indivíduo é definida de acordo com as necessidades da coletividade. Dado que a pessoa não existe mais por si mesma, nem para si mesma, mas pela sociedade e para a sociedade, deve submeter-se às leis que regulam o bom funcionamento do corpo social. A ordem, a harmonia e a unidade do todo justificam a submissão de todos. Quem se recusa a submeter-se deve ser eliminado para evitar qualquer forma de contágio. Tal concepção da sociedade, que inspirou inúmeras doutrinas políticas, confere à sociedade todos os direitos e, ao homem, todos os deveres. Ela destrói toda autonomia da pessoa e deixa subsistir apenas o poder do Estado monolítico. "O homem é que é um organismo do qual a sociedade é um órgão, e não o contrário"[11], afirma Nicolas Berdiaeff.

A ideologia da unidade, que é ao mesmo tempo a ideologia da totalidade, gera naturalmente uma ideologia do poder, da dominação e da violência. O homem de Estado ou, mais precisamente, o homem do Estado está obcecado pela unidade do todo, a ponto de assumir a obsessão do violento. "Para o violento", afirma Roland Sublon, "tudo vem do Um e tudo deve voltar ao Um".[12] Em sua reflexão, Sublon correlaciona o mito de Narciso com o poder e a violência – Narciso, o jovem da mitologia grega que, desprezando os outros, só é capaz de apaixonar-se pela própria imagem: "É Ele ou nada, e ele é Tudo; o outro, na melhor das hipóteses, é o inimigo."[13] O homem no poder tem dificuldade em resistir ao desejo de se tornar semelhante a Narciso. Só gosta de si mesmo, só ouve a própria verdade e, por conseguinte, não hesita em usar a violência contra quem não gostar dele e não se submeter à sua verdade. "Basta uma alteridade aparecer em algum lugar e a violência oculta explode em plena luz do dia. Vê-se então a movimentação de manobras visando restaurar o habitual e as estratégias de redução entram em ação. É preciso reduzir o outro, anular as diferenças, proibir-lhe a liberdade de expressão, trazer de volta aqueles que se perderam, reeducar aqueles que se enganam, eliminar aqueles que apresentam intermináveis objeções. Narciso se contradiz, seu sorriso sedutor se transforma num simulacro. Exibe algemas e mordaças, arma seus cavaletes de tortura e não pára enquanto não traz de volta a Verdade que, por um instante, estava sendo questionada. O violento defende a Igualdade e a Fraternidade; vai atrás do Mesmo, mas é a morte que o obceca."[14]

O número Um é o símbolo da violência, e o número Três simboliza a não-violência. Em outras palavras, a violência é o triunfo do Um, ao passo que a não-violência é a união dos Três – o número Dois, que expressa o face a face de dois indivíduos prestes a conjugar apenas seus individualismos, é demasiado pobre para simbolizar uma verdadeira união.

Uma sociedade feita de liberdade é plural, só a sociedade totalitária é singular. Moisei Ostrogorski afirma que o princípio vital da nova ordem política instaurada pela revolução democrática é "o princípio da união em substituição à unidade"[15]: "Nem na esfera religiosa", afirma ele, "nem na sociedade, nem no Estado a unidade é possível depois de sua abertura à era da liberdade, em que as idéias e os interesses procuram se afirmar em toda a sua diversidade, e os diferentes elementos sociais não podem ser mantidos na unidade exceto pela tirania, seja a tirania da espada, seja a tirania moral que teve início com a teocracia e continua na forma de convenções sociais".[16] Para evitar que a tirania anule a diversidade de idéias e interesses, é preciso permitir que as incompatibilidades e os conflitos se expressem. A função do poder político é gerar conflitos, não suprimi-los. A democracia é conflituosa, pois o conflito permite o reconhecimento e o respeito às diferenças.

O fundamento de um governo democrático não é a vontade geral de um povo, definida como entidade imutável que exerce um poder absoluto sobre os indivíduos, mas sim o acordo a que chegam os cidadãos pela livre confrontação de suas vontades particulares. Este acordo não é extensivo a todas as questões, de forma definitiva; por sua própria natureza, está ininterruptamente em processo de reavaliação e deve renovar-se continuamente conforme a evolução dos fatos e das idéias. Além disso, é muito provável que, em cada questão debatida, o compromisso seja só o de uma maioria. Este compromisso parcial não deve pôr fim ao debate; aqueles que se consideram fora da esfera dessa maioria devem manter toda a liberdade para continuar a defender suas idéias. Não se trata, aliás, de reunir uma maioria de idéias que teria, durante o período de um mandato, todo o poder de decisão extensivo a todas as questões – isto seria querer impor uma unidade de fachada à totalidade de cidadãos – mas, de procurar uma pluralidade de idéias sobre cada questão a debater. O contrato social original deve garantir a possibilidade efetiva de produzir vários contratos sociais diferenciados; ou seja, segundo Ostrogorski, deve estabelecer que "os membros da sociedade, com direitos iguais, não empregarão a força em suas relações, mas negociarão um pacto toda vez que surgir um problema de interesse comum na vida social e o compromisso aceito terá valor de lei".[17] Evidentemente, a união contratual é mais difícil do que a união forçada, mas a democracia baseia-se precisamente no respeito a essa dificuldade e na recusa de suprimi-la pela violência.

O Estado justifica a legitimidade da própria violência na necessidade de se opor de forma eficaz à violência dos indivíduos e dos grupos sociais que perturbam a ordem pública. Sem dúvida, existem situações-limite em que restabelecer a ordem pública sem recorrer à violência se revela difícil e mesmo impossível. Mas o pensamento público sofre séria distorção quando, sob pretexto de casos-limite em que a violência pode ser necessária, pretende construir uma *doutrina* que confere ao Estado o *direito* de recorrer *normalmente* à violência física para assegurar a paz civil. Basta que os cidadãos concedam ao Estado, uma vez por todas, o direito de recorrer à violência a fim de manter a ordem pública para que este passe a invocar esse direito em defesa da própria "segurança" contra os cidadãos no exercício de sua função. Uma vez transposto esse limiar – e a história nos mostra que não se trata de mera hipótese doutrinária –, o Estado já não constitui mais uma garantia de segurança para os cidadãos, mas uma ameaça, visto que a ordem estatizada também se orienta à normatização das opiniões. O Estado se mostra continuamente inclinado a criminalizar a dissidência e reprimi-la como delinqüência. A história oficial do Estado, como a da guerra, é escrita pelos sobreviventes e pelos vencedores; ela contabiliza na rubrica de lucros e perdas as vítimas inocentes do Estado, condenadas ao anonimato e ao esquecimento.

No entanto, toda sociedade necessita prover-se de uma polícia encarregada de "manter a ordem" e "fazer com que a lei seja respeitada". A palavra "polícia" tem a mesma etimologia que a palavra "política" e está relacionada ao governo da *polis*. A finalidade da ação policial, como a da ação política, é pacificar a vida social, isto é, construir uma sociedade liberta do domínio da violência. A função da polícia é contribuir para a garantia das liberdades dos cidadãos, a fim de que seus direitos sejam respeitados e sua segurança garantida. Os policiais devem ser, literalmente, "agentes da paz", isto é, devem "estabelecer a paz" entre os indivíduos e os grupos que vivem na mesma *polis*. A polícia tem, como tarefa essencial, prevenir e, se for o caso, resolver os conflitos, recorrendo a métodos não-violentos de intervenção, mediação e conciliação.

A polícia pode ser levada a empregar métodos de "coerção corporal" – no sentido literal dessa expressão – a fim de paralisar os fomentadores de violência e deixá-los fora de combate. Existem situações especiais em que é difícil, e mesmo impossível, impedir um ou mais indivíduos armados de ameaçar a vida de outros, sem recorrer à violência. Entretanto, mesmo em tais circunstâncias, deve-se buscar todas as possibilidades para desarmar e prender o(s) malfeitor(es), evitando feri-lo(s) ou matá-lo(s). Se, apesar disso, houver morte ocasionada pela atuação da polícia, por uma fatalidade lamentável, o fato não pode merecer qualquer "comunicado de operação bem-sucedida". Quando a polícia fracassa em restabelecer a paz social sem recorrer à violência homicida, a sociedade inteira é co-responsável por esse fracasso. Uma democracia começa a negar-se quando recusa reconhecer a própria violência como um fracasso. Cabe perguntar se não seria possível instituir um ritual público, em que, cada vez que o uso da força pública tivesse causado a morte de um homem, um representante da República (por exemplo, o governador) reconheceria que o exercício da violência homicida, mesmo tendo sido necessário, é sempre um drama, um desastre, um fracasso – e a conduta adequada seria a de momentos de "luto".

A existência de casos-limite em que se impõe a necessidade de recorrer à violência não poderia servir de pretexto para reabilitá-la como forma habitual de assegurar a ordem pública e de restabelecer a paz social. Para que a exceção não se torne a regra, mas, ao contrário, venha confirmá-la, é preciso ser ainda mais exigente no respeito às regras. E a regra deve ser a resolução não-violenta de conflitos.

A VIOLÊNCIA DO SISTEMA PENAL

Uma das funções reivindicadas pelo Estado, em nome da legítima defesa dos cidadãos, é deter, julgar e condenar aqueles que desobedeceram à lei e perturbaram a ordem pública. Mas, ao mesmo tempo, o Estado reivindica o direito de recorrer, ele próprio, à violência para punir a violência. A história da repressão de crimes pelo Estado talvez seja muito mais terrível do que a história dos crimes. Simone Weil denunciou a violência exercida pelo Estado ao desempenhar sua tarefa de justiceiro. Muitas vezes, afirma ela, uma condenação pronunciada pelo sistema de justiça penal é "um crime de lesa-humanidade"[18]: trata-se, nesse caso, da "mais baixa vingança".[19] Com o pretexto de odiar o crime, a sociedade odeia o criminoso, já esmagado pelo infortúnio. O homem que caiu nas mãos do sistema penal torna-se, "aos olhos de todos e aos próprios olhos, uma coisa vil, um ser repulsivo".[20]

De acordo com Simone Weil, uma das mais graves disfunções da repressão punitiva é demonstrar a maior severidade em relação àqueles que a sociedade desfavoreceu e a maior indulgência em favor daqueles que privilegiou. Uma verdadeira justiça exigiria exatamente o contrário: "Para as transgressões assim como para os crimes, o grau de impunidade deve aumentar não quando se ascende e sim quando se desce na escala social."[21] Assim, um dos problemas políticos mais difíceis de resolver é impedir que "se estabeleça nas altas cúpulas uma conspiração com vistas à obtenção da impunidade".[22] Simone Weil aconselha que um grupo de homens seja encarregado de impedir uma tal conspiração, mas seria necessário ainda que fossem suficientemente íntegros para resistirem ao impulso de se integrarem a ela.

Numa sociedade teocrática, em que a lei penal se inspira numa lei religiosa, quando os tribunais dos homens pretendem pronunciar o julgamento de um deus justiceiro, a sanção representa um castigo infligido ao culpado para expiar sua transgressão, e a história das religiões revela-nos a que níveis de crueldade podem levar tais princípios. Em sua encíclica *O Evangelho da vida,* João Paulo II mantém essa concepção expiatória da justiça, quando afirma: "Os poderes públicos devem proceder com rigor ante a violação dos direitos pessoais e sociais pela imposição ao culpado de uma *expiação* adequada à *transgressão* [ênfase nossa], condição necessária para que volte a gozar da liberdade. Neste sentido, a autoridade tem também como objetivo defender a ordem pública e a segurança das pessoas."[23] Em uma sociedade democrática e, por conseguinte, laica, os poderes públicos não devem ter outro objetivo exceto "defender a ordem pública e a segurança das pessoas". A função da justiça não é punir uma transgressão, mas julgar um delito, não é castigar um culpado, mas impedir que um homem perigoso prejudique alguém. A sanção penal não deve implicar nenhum castigo, nenhuma violência corporal contra o delinqüente. Ora, a prisão, tal como se apresenta ainda em nossas sociedades, continua caracterizada como um castigo corporal, que há muito tempo deveria ter sido abolido pela democracia (acaso a prisão não é ainda considerada uma "penitenciária", isto é, no sentido literal, como um lugar onde se faz penitência?).

A sanção penal que priva o delinqüente de sua liberdade, detendo-o na prisão, tem por finalidade a prevenção de novos delitos, para, de um lado, impedir a reincidência do delinqüente e, de outro, dissuadir os delinqüentes potenciais de entrar em ação. A sociedade tem efetivamente o direito e o dever de exercer uma coerção legal sobre os indivíduos que perturbam a ordem pública – literalmente, uma "coerção corporal" –, que neutralize sua capacidade de causar danos à sociedade. Não é possível organizar uma sociedade de direito sem definir delitos e sem estabelecer sanções. Mas ao mesmo tempo que a sanção penal deve permitir à sociedade defender-se, deve também permitir a reinserção do delinqüente à vida em sociedade. Se o delinqüente perde alguns de seus direitos na sociedade, esta não perde nenhum de seus deveres em relação a ele. Não se trata de organizar debates para saber se o delinqüente tem o direito de ser tratado com humanidade; a sociedade tem a obrigação frente a si mesma de tratá-lo com humanidade. À desumanidade do delito deve corresponder a humanidade da sanção. Se é preciso julgar o crime segundo os rigores da justiça, é preciso também tratar o criminoso segundo as exigências da bondade. Não é uma questão de ser indulgente com o criminoso, mas de ser bom.

O objetivo da sanção, especialmente a detenção, quando for necessária, deve ser a reinserção do delinqüente na sociedade, isto é, sua re-socialização. No entanto, tudo contribui para fazer da prisão um lugar de exclusão social, ou seja, de des-socialização. As condições de detenção nas prisões têm múltiplos efeitos perversos sobre a personalidade do prisioneiro. Ao proibir-lhe qualquer comunicação com outros e ao privá-lo de toda responsabilidade, impõem-se comportamentos de regressão que podem desintegrar a personalidade. A prisão é uma estrutura desumana que desumaniza o detento. Quando recuperar a liberdade, ele terá enorme dificuldade em encontrar novamente seu lugar na sociedade. É um fato devidamente comprovado por todos os estudos e constatado pelas estatísticas: a prisão é uma escola de reincidência. Está demonstrado que a sanção prisional não exerce o efeito dissuasivo esperado sobre o delinqüente. Aliás, a prisão costuma impressionar principalmente aqueles que não têm qualquer inclinação à delinqüência. Portanto, se é incontestável que a detenção dos "pequenos delinqüentes" só aumenta as probabilidades de reincidência, por que os tribunais continuam a mandá-los à prisão? Sem dúvida, eles aplicam a lei, mas não serão eles livres em relação à sua jurisprudência? Pareceria que os juízes também são prisioneiros da ideologia carcerária e temem acusações de laxismo, lançadas de pronto pela opinião pública.

Ante o manifesto fracasso da repressão carcerária, a sociedade se vê diante do desafio de aplicar medidas de segurança social. A detenção deve ser apenas o último recurso para neutralizar os "grandes delinqüentes", cuja periculosidade pública é notória. Quanto aos demais, que são, de longe, a maioria, é certamente possível evitar a engrenagem do sistema penal, substituindo-o por aquilo que os anglo-saxões chamam de "alternativa jurídica". Trata-se não apenas de evitar a prisão, mas também o tribunal, pela suspensão da ação penal. Cabe aos "mediadores" tentar conciliar os autores do delito com suas vítimas. Por exemplo, para infrações contra o patrimônio (roubos ou danos), o objetivo visado é sua restituição ou reparação, e uma indenização por prejuízos causados. Se a mediação fracassar, a ação penal torna-se necessária, mas, geralmente, penas não privativas da liberdade – tal como a obrigação de realizar serviços de interesse público – permitem evitar o encarceramento.

Para aqueles cuja detenção é necessária, o objetivo ainda deve ser sua reabilitação social. Deve-se evitar os grandes presídios com várias centenas de detentos. O único critério para organizar tais presídios é a eficácia da vigilância, e o único objetivo é evitar a fuga. Nessas condições, a vida do detento fica submetida à lógica da repressão e não se colocam em prática programas de reinserção. Já a construção de pequenas unidades carcerárias permitiria complementar as medidas de segurança como as da socioterapia, trazendo melhores resultados. Programas dessa natureza implicam, no entanto, que os cidadãos não se eximam de suas responsabilidades, pedindo ao Estado que esconda os delinqüentes atrás de altíssimos muros, e aceitem encarregar-se de sua reinserção.

As justificativas para a pena de morte se inscrevem na lógica "expiatória" da justiça penal. É notório que, até nas sociedades em que a pena de morte foi extinta, a opinião pública continua sendo-lhe favorável. Sua reação quanto aos "criminosos" ainda é pautada pela lógica que justifica o castigo supremo e exige que se aplique a lei de talião: "fratura por fratura, olho por olho, dente por dente",[24] portanto "morte por morte". A opinião pública tem em seu argumento o respeito pela vítima para exigir a morte do assassino. Clama por vingança e indigna-se tão logo considera que o criminoso está sendo tratado com clemência, isto é, com humanidade. Essa reação passional é estimulada por um verdadeiro desejo de violência, que negligencia as proclamações "humanistas" da civilização. Justificar a pena de morte significa negar, uma vez por todas, o caráter transcendental e sagrado da vida humana. Se a vida do criminoso não é sagrada, é porque a vida do homem também não é sagrada.

Não se trata de tentar provar que a pena de morte não é dissuasiva, tampouco se trata de saber qual a pena que a substituiria. *A pena de morte é impossível por ser impensável.* É impensável porque pensar a pena de morte é aceitar o homicídio de um homem que se tornou "inocente", isto é, que se acha literalmente incapacitado de fazer o mal. Nem a necessidade invocada em situações de legítima defesa pode servir, aqui, de pretexto para matar.

MANTER A VIOLÊNCIA "FORA DA LEI"

Ao institucionalizar a violência como um meio normal – que serve de norma – e regular – que serve de regra – na gestão dos inevitáveis conflitos que surgem na sociedade, o Estado lhe concede o direito de cidadania. Portanto, é o conjunto das relações sociais que se encontra contaminado pela lógica da violência. Na democracia, o objetivo principal da política é colocar a violência à margem da lei; no entanto, o Estado contraria esse objetivo ao instalar a violência dentro da esfera da lei.

É verdade que o Estado democrático e o Estado totalitário não expõem a mesma face e não merecem o mesmo tratamento; contudo, se a relação que mantêm com a violência é diferente na prática, o mesmo não se dá na teoria. Entre a doutrina do Estado liberal e a do Estado totalitário há uma continuidade. Esta deriva daquela: nutre-se não apenas da essência de sua argumentação, mas também do essencial de seu arsenal técnico. "A fragilidade não é da natureza do Poder", afirma Bertrand de Jouvenel. "Um homem, uma equipe, ao tomar o poder, podem empregar os mesmos mecanismos sem timidez. [...] A 'casa das máquinas' já foi montada, basta-lhes usá-la. [...] As garras e unhas que pode usar cresceram durante a temporada democrática. Ele mobiliza a população, mas foi no período democrático que se instituiu o princípio da obrigatoriedade do serviço militar. [...] A própria força policial, atributo mais insuportável da tirania, cresceu à sombra da democracia."[25] O Estado liberal serve-se também de uma ideologia da violência necessária e legítima, a mesma ideologia que servirá para o Estado totalitário afirmar sua legitimidade. Emmanuel Mounier afirma, em seu *Manifesto em favor do personalismo*, publicado em 1936: "O cancro do Estado forma-se no próprio corpo de nossas democracias. [...] O estadismo 'democrático' flui para o Estado totalitário como o rio corre ao mar."[26] "Todo Estado centralizado e soberano", afirma por sua vez Simone Weil, "é potencialmente conquistador e ditatorial, e torna-se tal quando crê ter força para isso".[27] A máquina burocrática fabricada pelo Estado liberal está sempre pronta a servir ao regime totalitário. As garantias constitucionais e legais poderão permanecer: basta que continuem letra morta. A história nos mostra freqüentemente que a democracia é maltratada brutal e constantemente pelas violências dos agentes do Estado contra os cidadãos, mesmo quando acreditam que estão agindo para garantir a paz civil.

A razão de Estado muitas vezes opta por ignorar as razões da democracia. Não foi um ministro do Interior de um governo francês dos mais "liberais" que declarou pela televisão, em 26 de fevereiro de 1987: "A democracia termina onde começa o interesse do Estado"? É claro que os homens de Estado são comumente mais discretos, mas, ao afirmar isso, o ministro francês Charles Pasqua não estaria revelando uma regra inconfessável da prática de todos os Estados? Quando a ideologia da segurança, em nome da necessidade da ordem, inocenta o Estado de seus atos de violência, criam-se as condições adequadas à manifestação da tirania. A ideologia da violência legítima gera e nutre as doutrinas do Estado totalitário. Para que estas sejam combatidas, é preciso começar por recusar aquela desde o momento em que surge, discreta e bem-intencionada, em meio às doutrinas do Estado democrático. A filosofia política da não-violência recusa as doutrinas do Estado, porque criam, por si mesmas, um processo de legitimação ideológica da violência, constituindo-se uma ameaça à democracia.

A não-violência postula uma transformação profunda e constante do Estado, na medida em que visa resolver os conflitos sem recorrer à violência. No entanto, um processo como esse não conseguiria eliminar completamente o poder político de coerção. Querer construir uma sociedade sem governo, sem leis, sem polícia e sem justiça é uma utopia. Tal sociedade, se chegasse um dia a ser constituída, iria desestruturar-se rapidamente sob o efeito da força dissolvente dos individualismos e particularismos. Por isso, o projeto de sociedade inspirado na filosofia da não-violência visa instituir um poder político de regulação, coordenação, mediação, arbitragem e, caso necessário, de coerção como "equivalente funcional" do Estado, mas que, para manter o rigor e a clareza dos conceitos, não mais seria chamado de Estado. Um poder político deste gênero teria, de fato, características profundamente distintas do Estado, em sua relação com a violência. Em vez de eliminar os conflitos pela violência, este se esforçaria para assumi-los e solucioná-los pela não-violência. Tal esforço deveria resultar de uma tenaz vontade política e concretizar-se por meio de soluções técnicas suscitadas por uma vigorosa criatividade institucional. As soluções não seriam encontradas em um manual teórico qualquer; seriam instauradas progressivamente, através de múltiplas experimentações sociais que não seriam conduzidas à margem da sociedade, mas constituiriam um investimento institucional prioritário.

A não-violência política não poderia ser absoluta, ela é necessariamente relativa, isto é, dependente dos homens, das situações e dos acontecimentos. Não se trata, portanto, de partir da idéia purista de uma sociedade perfeita para tentar em seguida aplicá-la à realidade. Pelo contrário, deve-se partir da realidade dos atos de violência para criar uma dinâmica que vise limitá-los, reduzi-los e, na medida do possível, eliminá-los.

Existe uma reação em cadeia das violências econômicas, sociais, culturais, políticas, policiais e militares, impossíveis de se interromper, visto que, em um ou outro momento desse processo, a violência encontra-se legitimada por uma ideologia. Para romper a lógica da violência, o único caminho é a busca de uma dinâmica que inverta o processo do desenrolar violento dos conflitos. É essa dinâmica que a filosofia política da não-violência nos convida a colocar em ação.

CAPÍTULO 8

A NÃO-VIOLÊNCIA COMO EXIGÊNCIA POLÍTICA

O FUNDAMENTO DA CIDADE POLÍTICA GREGA SEGUNDO ARISTÓTELES

Para definir o que caracteriza a cidade política, Aristóteles formula duas proposições: "o homem é por natureza um animal político"[1] e "só o homem entre todos os animais possui o dom da palavra".[2] No início, a comunidade é formada "para satisfazer unicamente as necessidades vitais", mas seu verdadeiro objetivo é permitir aos homens "viver bem",[3] isto é, viverem felizes em consonância com as exigências da virtude.

A palavra permite aos homens comunicar entre si sobre aquilo que é útil ou nocivo e, principalmente, sobre aquilo que é justo ou injusto. A cidade política é constituída pela associação dos homens que querem não somente satisfazer as necessidades de sua existência animal, mas, sobretudo, as exigências de uma vida humana. "A cidade política", assinala Aristóteles, "é uma forma de comunidade de iguais, em vista de se ter a melhor vida possível".[4] Todos os cidadãos são semelhantes e iguais e, por isso, todos têm os mesmos direitos e deveres políticos. "Liberdade e igualdade só se realizam plenamente quando todos os cidadãos, sem exceção, participam do governo de forma igual e sem restrições."[5]

Para que o governo da cidade não se degrade num domínio de uns sobre os outros e continue a ser uma forma de serviço prestado à comunidade, visando a utilidade comum e o bem comum, Aristóteles recomenda que todos os cidadãos se organizem para exercer o poder em alternância: "Quando o Estado fundamenta-se na igualdade perfeita dos cidadãos e em sua perfeita semelhança, estes aspiram exercer o direito de governar de modo alternado."⁶ "É justo", afirma ele ainda, "que ninguém mande mais do que obedeça, e desse modo cada cidadão seja convocado, por sua vez, a mandar e a obedecer".⁷ No que diz respeito à eleição dos gerontes, Aristóteles considera escandaloso o fato de um cidadão apresentar sua candidatura manifestando publicamente sua ambição: "É o cidadão mais digno que deveria ocupar este posto, quer queira ou não."⁸

Assim, segundo Aristóteles, o poder que governa a cidade deve ser partilhado entre todos os cidadãos, isto é, entre todos os homens livres e iguais. Desse modo, o poder político não implicava nenhuma violência, visto que era exercido pela deliberação e pelo voto dos cidadãos reunidos em assembléia. Mas não devemos nos enganar: se na cidade política grega o poder político propriamente dito não era exercido pela violência, a vida dos habitantes da cidade não estava, de modo algum, isenta de violências, uma vez que a maioria de seus habitantes – à frente dos quais os escravos – não se contavam entre os cidadãos, portanto não tinham participação no governo da cidade. Deveriam consagrar todo seu tempo às tarefas "domésticas". Somente os que estavam desobrigados dessas tarefas podiam dedicar-se à filosofia e à política. Além disso, a violência era necessária para manter a ordem na cidade e defender a comunidade das ameaças externas. "Os membros da comunidade", afirma Aristóteles, "devem ter a posse de armas para proteger o governo dos cidadãos desobedientes e, ao mesmo tempo, para se opor às iniciativas externas destinadas a prejudicá-los".⁹ No entanto, o pensamento grego preserva o mérito de ter sabido distinguir o exercício do poder político e o da violência: se o recurso à violência era necessário ao exercício do poder, o poder era exercido sem violência.

A NÃO-VIOLÊNCIA DO PODER: HANNAH ARENDT

Hannah Arendt refere-se ao pensamento grego para mostrar que a violência é, na verdade, a antítese do poder político: "As relações políticas normais não estão manchadas pela violência. Esta certeza é encontrada, pela primeira vez, na Antiguidade grega, na medida em que a *polis*, a cidade-Estado, define-se de forma explícita como uma maneira de viver baseada exclusivamente na persuasão, e não na violência."¹⁰

Segundo Hannah Arendt, o poder político nasce quando alguns homens se reúnem para "viver juntos" e decidem atuar juntos para construir seu futuro dentro de uma mesma cidade. "O *poder*, afirma ela, "corresponde à capacidade natural do homem para o agir, e agir de forma concertada".[11] Este poder, que nasce da ação comum, não tem nenhuma necessidade de recorrer aos instrumentos da violência para ser exercido. "O poder e a violência opõem-se por sua própria natureza; quando um dos dois predomina de forma absoluta, o outro é eliminado. [...] Falar de poder não-violento é tautologia. A violência pode destruir o poder, ela é totalmente incapaz de criá-lo."[12] Hannah Arendt recusa categoricamente a tese dominante, formulada por Max Weber, da perspectiva de sociólogo observador dos fenômenos sociais, segundo a qual o poder político seria uma relação de dominação do homem sobre o homem, alicerçada em instrumentos da violência. Visto que o homem é essencialmente um ser de relação, não pode ser livre sozinho; só pode tornar-se livre com os outros. Ele se torna livre quando consegue estabelecer com outros relações de seres livres, isto é, relações isentas de toda e qualquer ameaça ou temor, de toda e qualquer dominação e submissão. Nas situações em que as relações de dominação-submissão prevalecem entre os homens, o reino da violência se estabelece, e, por conseguinte, o poder político fracassa.

É quando o poder escapa aos homens do governo, pela ausência de confiança de seus concidadãos, que eles se vêem obrigados a recorrer aos instrumentos de coerção e até à violência, para obrigá-los a obedecer. Essa violência permite serem temidos pelos homens e dominá-los por algum tempo, mas não lhes concede nenhum poder. E tão logo os cidadãos saibam dominar o próprio medo, tão logo ousem reunir-se novamente, falar e agir juntos, retomam o poder e convidam os homens do governo a deixá-lo.

O poder político, portanto, baseia-se numa palavra e numa ação que se reforçam mutuamente. A esse respeito, Hannah Arendt também se refere ao pensamento grego: "Ser político, viver numa *polis*, significava que tudo se decidia pela palavra e pela persuasão, e não pela força nem pela violência. Aos olhos dos gregos, coagir, dominar, em vez de convencer, eram métodos pré-políticos para tratar com os homens."[13] Se a ação política for alicerçada na palavra, não há violência, na medida em que violência e palavra excluem-se mútua e radicalmente. Claro, a palavra pode ser violenta, mas uma palavra violenta é uma violência, não mais uma palavra. Além disso, "a própria violência", como afirma Hannah Arendt, "é incapaz de palavra".[14] É verdade que o poder político tem o dever de agir para se realizar na história, mas por meio de uma ação que prolongue a palavra que lhe deu origem: "O poder só se atualiza quando a palavra e a ação não estão divorciadas, quando as palavras não são vazias, nem as ações, brutais, [...] quando os atos não servem para violar e destruir, mas para estabelecer relações e criar realidades novas."[15] Para os homens, viver uma vida humana juntos significa falar e agir juntos. Este "falar juntos" e "agir juntos" constituem a vida política. O que inaugura e consolida a ação política é a palavra veiculada entre cidadãos, a livre discussão, a deliberação pública, o debate democrático, a con-versação. Esta ocorre quando os homens se voltam (o verbo latino *versare* significa voltar-se) uns para os outros, para falar, decidir e agir juntos. O que fundamenta o político não é a violência, mas seu contrário absoluto: a palavra humana. Um regime totalitário se caracteriza pela destruição total de todo espaço público em que os cidadãos teriam liberdade de falar e agir juntos.

O que constitui a cidade política é um espaço público em que os homens, que se reconhecem iguais e semelhantes, dirigem-se livremente a palavra, a fim de tomar juntos as decisões que condicionam seu futuro comum. É este "querer viver juntos" que leva os homens a criar uma *sociedade*, constituindo *aliança* uns com os outros (*societas*, em latim, significa *aliança*). Estabelecer uma sociedade significa, literalmente, criar uma associação. Esta se expressa através de uma constituição, isto é, um contrato social pelo qual os cidadãos decidem acerca do projeto político que pretendem realizar juntos. Como enfatiza Hannah Arendt, convém recusar aqui "a concepção vertical do contrato social", que submete o indivíduo ao domínio do governo, e preconizar "a versão horizontal do contrato social", pela qual os indivíduos decidem estabelecer um pacto baseado numa "relação de reciprocidade" que os une mediante "um compromisso mútuo".[16] A própria essência do fazer político é o diálogo entre os homens. O êxito do fazer político está, portanto, no sucesso desse diálogo, isto é, na concordância dos homens para decidir sobre seu futuro comum. Visto que a manifestação da violência entre os homens significa sempre o fracasso do diálogo, a violência significa sempre o fracasso do fazer político. A essência da ação política não consiste numa atuação de oposição de uns contra outros, e sim no agir uns com os outros. Evidentemente, a vida comum dos homens na mesma cidade pode a qualquer momento ser perturbada por conflitos provocados por indivíduos que não respeitam a aliança original. Esses conflitos precisam ser resolvidos para que se restabeleça a paz social, e os cidadãos possam retomar seu diálogo. A resolução dos conflitos é uma condição da vida política, mas não é ela que a constitui. Os indivíduos que recorrem à violência para satisfazer suas paixões e seus desejos ou para defender seus interesses particulares, já abandonaram o lugar onde se elabora e efetiva o projeto político da comunidade à qual pertenciam. Suas ações já não se inserem no espaço público que constitui a cidade política. Será preciso, certamente, ir até eles para combatê-los e neutralizar sua capacidade de violência. Essa luta é necessária para preservar a possibilidade da ação política da comunidade, mas não é constitutiva da ação política dos homens racionais.

A palavra, aliás, oferece ainda possibilidades de luta para combater a violência, como revela a tradição de longos debates, presente em certas sociedades africanas, conforme observa Jean Duvignaud: "Nessas sociedades tradicionais, diante de um ato de violência, a solução não estava numa *vendetta*, mas em torno de uma discussão reunindo todo o grupo, em que a violência se transmutava em palavra."[17] Desse modo, torna-se possível encontrar uma solução ao conflito ocorrido, e reintegrar o(s) delinqüente(s) na comunidade dos homens que se falam.

É fundamental, portanto, definir sempre o fazer político em relação ao projeto em que se inscreve. Esse projeto, que é o de reunir os homens numa ação comum, não apenas não deixa qualquer espaço à violência, como também só pode se efetivar pela não-violência. Tanto em sua finalidade como em suas modalidades, a ação política encontra-se organicamente em consonância com a não-violência. Só a filosofia da não-violência reinstaura a cidade política em sua verdadeira perspectiva, devolvendo-lhe sua real dimensão. Se a ação política se caracteriza pelo fato de ser não-violenta, a violência, por sua natureza, é "antipolítica", independentemente de sua eventual necessidade. Na melhor das hipóteses, talvez seja preciso aceitá-la como pré-política, na medida em que precede e, em certas circunstâncias, prepara e torna possível a ação política.

Logo, a violência cujo propósito é sempre a morte, encontra-se em contradição fundamental com a exigência essencial do fazer político, ou seja, construir uma sociedade livre do domínio da violência. Para que sejam respeitados os respectivos direitos de todos os cidadãos e de todos os povos, o governo da cidade deve esforçar-se para encontrar uma solução pacífica aos inevitáveis conflitos que surgem entre os membros de uma mesma sociedade e entre as diferentes sociedades. Assim, o governo deve pacificar a vida social para tornar possível a vida política, o que implica não somente na vontade de instaurar a paz, mas também na vontade de instaurá-la por meios pacíficos, isto é, não-violentos.

A reflexão filosófica não nos autoriza a afirmar que a não-violência é *a resposta* que oferece, em qualquer circunstância, os meios técnicos de enfrentamento das realidades políticas, mas leva-nos a afirmar que é *a pergunta* que, ante as realidades políticas, permite-nos, em qualquer circunstância, procurar a melhor resposta. Se, de pronto, quiséssemos considerar a não-violência como *a* resposta adequada, veríamos apenas as dificuldades em implementá-la, arriscando a nos convencer facilmente de que estas são insuperáveis. Em contrapartida, se considerarmos a não-violência como *a* pergunta pertinente, poderemos aceitá-la como um desafio e empenhar-nos na busca da melhor resposta. Até agora, os homens, de modo geral, ainda não refletiram sobre a questão (pertinente) da não-violência, e aceitaram, na primeira tentativa, a resposta (inaceitável) oferecida pela violência. Afirmar que a não-violência é sempre a melhor pergunta deve evitar que se aceite de imediato a violência como resposta correta. Considerando-se que a formulação da pergunta pertinente não nos dá imediatamente a resposta correta, por outro lado, ela orienta nossa busca na direção em que teremos maiores probabilidades de encontrá-la. E isso já é decisivo: o fato de formular a pergunta pertinente é uma condição necessária, embora não suficiente, para encontrar a resposta adequada.

Na medida em que a violência é legitimada em nome da razão de Estado, ela pode ter livre curso na história. É precisamente o que a história nos ensina. À vista de tudo aquilo que a violência perpetra de irreparável quando se torna o instrumento específico da política, não é preciso consagrarmo-nos a reflexões morais para recusá-la. É na própria ação política que se encontram as razões para isso. E elas são imperativas.

Todo ato de violência, sobretudo quando é iniciativa do governo, deve ser interpretado como um insucesso da ação política por não ter conseguido controlar as situações conflitantes sem recorrer à violência. O próprio fato de não ter conseguido solucionar um conflito por meios outros que não os da violência revela uma disfunção da sociedade, que não deve ser banalizada, como se fizesse parte de seu funcionamento normal. Diante da necessidade de recorrer à violência, a urgência não está em justificá-la, mas em procurar os meios não-violentos que permitirão, na medida do possível, evitar que uma situação como esta se repita no futuro.

DEMOCRACIA E CIDADANIA

Admite-se, geralmente, que a democracia é o projeto político que melhor corresponde ao de uma sociedade livre e justa. Mas o próprio conceito de democracia apresenta uma ambigüidade fundamental. Em seu sentido etimológico, a palavra democracia significa "governo do povo, pelo povo e para o povo", para retomar a expressão utilizada na Constituição Francesa para definir o princípio da República. Mas a palavra democracia significa igualmente um governo que respeita as liberdades e os direitos humanos, de qualquer homem e de todos os homens. É claro que esses dois significados não são contraditórios, mas, para que a democracia se efetive, o povo precisa internalizar a exigência ética que consolida o ideal democrático. A democracia é uma aposta na sabedoria do povo. Infelizmente, a sabedoria democrática do povo nem sempre comparece ao encontro dos acontecimentos políticos. O povo pode tornar-se uma multidão que se deixa apoderar mais facilmente pela paixão do que pela razão.

Na realidade, a verdadeira democracia não é popular, é cidadã. A democracia quer ser o governo dos cidadãos, pelos cidadãos e para os cidadãos. É a cidadania de cada mulher e de cada homem da cidade que institui a democracia. É o exercício da cidadania que dá à existência do indivíduo sua dimensão pública. Evidentemente, o homem precisa de uma vida privada, mas esta mesma vida privada dos outros não é condição suficiente para que ele passe a ser ele mesmo. Por isso, deve ter a coragem de sair de casa para ir à praça pública, ao encontro dos outros. O homem é essencialmente um ser de relação, capaz de se unir a outros pela palavra e pela ação. Só acede à existência por meio de uma relação firmada no reconhecimento mútuo e no respeito recíproco. A partir daí, torna-se possível construir uma sociedade baseada na liberdade e na igualdade. A liberdade do cidadão não deve ser definida de maneira negativa, por não estar submetido às coerções abusivas do poder político, mas, de maneira positiva, uma vez que participa efetivamente desse poder. O ideal democrático implica "igual" distribuição entre todos os cidadãos, ao mesmo tempo, do poder, do ter e do saber. Este ideal é perfeito, mas apresenta o grande inconveniente de ser irrealizável. Entretanto, indica uma direção, permite uma pedagogia e cria uma dinâmica.

Para sedimentar a cidadania, é necessário recorrer a princípios universais que reconheçam e garantam os direitos e as liberdades inalienáveis de todo ser humano. Na medida em que, para estabelecer a cidadania, recorre-se a critérios particulares, sejam de raça, etnia ou religiosos, a democracia já é negada, pois criam-se divisões e oposições entre os homens, que apresentam grande probabilidade de degenerar, um dia, em violência. A cidadania só é possível entre homens que, para além de todas as suas diferenças, se reconheçam como iguais e semelhantes. Não será, contudo, pela uniformização das culturas que se alcançará o universal, mas por sua convergência. Toda cultura visa afirmar sua superioridade sobre as outras e arroga-se os privilégios da universalidade. O conceito de "cultura universal" é totalitário, pois justifica a conquista, a guerra e a dominação. Não é a cultura que apresenta os traços da universalidade e sim a ética política que institui o respeito pelo homem, isto é, o respeito pelo outro em sua singularidade.

Ao refletir sobre a universalidade do belo, podemos compreender melhor a universalidade da verdade. A verdade, como o belo, deve ser endereçada à liberdade do homem, sem jamais querer impor-se pela coerção. A verdade, como o belo, deve reconciliar o homem consigo mesmo, abrindo assim o caminho à reconciliação de todos os homens entre si. A universalidade da ética, fundamento da sabedoria do homem racional, apresenta uma profunda analogia com a universalidade da arte. A arte consegue transcender a cultura do lugar onde nasce ao mesmo tempo em que expressa sua singularidade. A arte alcança o universal, embora nenhuma obra de arte seja semelhante a outra. Por meio de formas diferentes, derivadas das diferenças culturais, a arte – quer se trate de poesia, literatura, música ou pintura – alcança um significado particular para cada ser humano. Em cada cultura, a arte exprime as mesmas indagações sobre o destino do homem e, por meio destas, formula as mesmas buscas e os mesmos anseios. Assim, cabe à ética expressar o universal humano.

Na verdade, o povo não se expressa e não decide nada. Apenas os cidadãos podem expressar-se e só uma minoria entre eles decide. Mas, esta decisão só é democrática na medida em que resulta de uma ampla discussão pública em que todos possam participar. Ora, nas democracias representativas, a palavra dos cidadãos só adquire importância no momento das eleições, e em eventuais referendos. O espaço público em que o cidadão exerce seu direito à palavra tende a se reduzir às dimensões da cabine eleitoral. Se a essência da democracia é a discussão pública, então nada menos democrático que uma sociedade em que o cidadão só tem realmente possibilidade de se expressar naquele pequeno espaço isolado. Não se pode, evidentemente, deixar de reconhecer o papel decisivo da organização de eleições livres, na longa marcha dos povos rumo a sua libertação das tiranias e despotismos. O que desejamos enfatizar é que, embora as eleições sejam necessárias à democracia, não são suficientes. A participação dos cidadãos nas eleições não basta para que cheguem a participar da re-pública, ou seja, para que tomem parte efetiva nas decisões que orientam o curso das questões públicas. Ao votar, o cidadão não exerce nenhum poder, delega-o a um representante, sobre quem não poderá exercer qualquer controle até a eleição seguinte. Ao votar, o cidadão não expressa sua voz, mas "cede-a" a um daqueles que a reivindica ruidosamente. Não é o princípio da delegação que está sendo questionado – esta é necessária, visto que a democracia direta não é possível –, mas sim suas modalidades práticas, que a fazem assemelhar-se a uma desistência de poder.

Indubitavelmente, a pretensão da democracia em permitir que os cidadãos governem é francamente ilusória e ingênua. Não é verdade que num regime democrático os cidadãos tenham participação direta nas decisões do poder político. De acordo com o filósofo de origem austríaca Karl Popper, a idéia de que a democracia seria "o poder do povo" é perigosa, pois, na verdade, "cada um dos membros do povo sabe muito bem que não é ele quem manda, e tem-se a impressão de que a democracia é uma farsa".[18] Karl Popper considera que a democracia deve ser menos pretensiosa: seu objetivo não deve residir em dar o poder ao povo, mas em evitar que o poder se torne tirânico e prive o povo de sua liberdade. Em outras palavras, "a democracia é uma forma de preservar o Estado de direito".[19] Para ele, a questão central da democracia não é o poder, mas seus limites: "O essencial é que o governo não tenha demasiado poder."[20] Ele quer um Estado, mas o menor possível: um "Estado mínimo".[21]

As democracias não permitem que o povo exerça o poder, mas reconhecem que os cidadãos têm o direito de controlar o poder. É fundamental que os cidadãos possam depor o governo quando julgam sua política contrária aos interesses da cidade, especialmente quando não respeita o Estado de direito. Para definir a democracia, Karl Popper afasta a idéia de "poder pelo povo", substituindo-a pela de "julgamento pelo povo".[22] "Não podemos todos governar e dirigir, mas podemos todos emitir um juízo sobre o governo, podemos desempenhar o papel de jurados."[23] No entanto, o julgamento dos jurados, que, por sua vez, são cidadãos, é também falível e não poderia constituir uma garantia absoluta contra a violação dos direitos da pessoa pelo governo. Os jurados podem deixar-se seduzir pelas "ideologias em voga, que se mostram quase sempre de uma estupidez insondável e tomam invariavelmente o falso por verdadeiro".[24] Por isso, Karl Popper considera como tarefa mais importante desenvolver entre os cidadãos uma cultura de não-violência, que vise eliminar a violência dos espíritos e das inteligências.

O NÚMERO E O DIREITO

A democracia pretende estabelecer sua legitimidade na lei do número. Mas esta pode não corresponder ao respeito pelo direito. A lei da maioria não garante o respeito pela exigência ética, que é a base da democracia. A ditadura do número pode ser mais implacável que a tirania de uma só pessoa. As forças antidemocráticas sempre se apoiaram na regra da maioria para tentar impor seu poder a toda a sociedade. Que esperar quando a vontade do maior número, isto é, "a vontade do povo", opõe-se à justiça? Para o cidadão democrático, não haverá nenhuma dúvida: a exigência ética deve sobrepor-se à vontade da maioria, o direito deve prevalecer sobre o número. Numa verdadeira democracia, o respeito ao direito é infinitamente mais impositivo do que o respeito ao sufrágio universal.

A cidadania não poderia alicerçar-se na disciplina coletiva de todos, mas na responsabilidade, logo, na autonomia pessoal de cada um. Em nome de sua consciência, cada cidadão pode e deve opor-se à lei da maioria, quando esta dá origem a uma injustiça caracterizada. Existe, assim, um civismo de dissensão, uma dissidência cívica que, em nome do ideal democrático, recusa dobrar-se à lei da maioria.

O que garante a democracia não é um Estado forte, mas sim o Estado de direito. Este não é constituído pelos *valores* da democracia, mas pelas *instituições* da democracia que personificam e historicizam esses valores. O Estado de direito é um equilíbrio institucional frágil que pode ser rompido a qualquer momento. As ameaças que incidem sobre a ordem democrática são, antes de tudo, geradas por ideologias sedimentadas na discriminação e na exclusão. Quer se trate de nacionalismo, racismo, xenofobia, integrismo religioso ou liberalismo econômico exclusivamente voltado à obtenção de lucro, são estas ideologias que ameaçam a democracia. Portanto, promover e defender a democracia – as duas iniciativas se reforçam mutuamente e devem ser desenvolvidas em conjunto – consiste primeiramente em lutar contra as ideologias cujos germes proliferam tanto dentro quanto fora da sociedade, uma vez que estas desconhecem fronteiras.

As ideologias antidemocráticas estão todas vinculadas à ideologia da violência. Não hesitam em proclamar que a violência é necessária e legítima, desde que esteja a seu serviço. Enfim, é por isso que a ameaça contra a democracia é sempre a ameaça da violência, e, por conseguinte, a defesa da democracia é sempre uma luta contra a violência. Mas, só é possível recusar eficazmente as ideologias antidemocráticas, as que afirmam a legitimidade da violência a serviço de sua própria causa, contrapondo-lhes a filosofia política da não-violência como fundamento da democracia.

As ameaças que incidem sobre a democracia não se expressam apenas pela difusão de idéias perversas que minam os princípios da democracia, manifestam-se também, e principalmente, pela organização de ações que visam desestabilizar as instituições democráticas. A luta contra essas ideologias não poderia se reduzir a um debate de idéias, ela deve ser um combate. Cabe, pois, a todos os cidadãos que permanecem fiéis à democracia mobilizar-se, reunir-se e organizar-se para resistir. Porém, uma vez mais, é fundamental que os meios de combate na defesa da democracia sejam coerentes com os valores e princípios da democracia, isto é, sejam não-violentos.

As grandes violências da história – as guerras, os massacres e os genocídios – não são naturais nem espontâneas, foram pensadas e organizadas. Os ódios e as paixões que as acompanharam foram gerados por propagandas ideológicas e construções políticas. A mola do irracional, que orientou o comportamento dos indivíduos para o homicídio, foi acionada por construções racionais. Foi porque nenhuma força política esteve à altura de se opor a tempo a essas construções que aquilo que se tornara inevitável acabou por criar o irreparável.

As ideologias que têm em suas bases a discriminação e a exclusão prosperam no terreno fértil das emoções e das paixões que orientam o comportamento coletivo dos homens. O racismo, a xenofobia e, ainda, qualquer atitude de ódio ao outro não têm suas raízes apenas em idéias falsas, mas também numa multiplicidade de temores e sofrimentos. Para combater de forma eficaz essas idéias, é preciso, ao mesmo tempo, compreender esses temores e sofrimentos e esforçar-se por saná-los. Neste aspecto, a ação não-violenta se apresenta como uma terapia coletiva.

Toda filosofia política, todo projeto de sociedade e toda estratégia de luta que não leve em consideração fatores irracionais e afetivos que exercem forte influência nas relações humanas estariam destinadas ao fracasso. Quando a paixão é o principal propulsor dos comportamentos coletivos, não basta, para apaziguar a vida social e política, apresentar aos indivíduos argumentos lógicos e racionais. Não que seja inútil chamá-los à razão, mas nem a melhor das filosofias poderia dispensar os aportes da psicologia social, que podem auxiliar os indivíduos a fazer uso da razão. Ante a patologia social que afeta os indivíduos enquanto membros de um determinado grupo, é importante aplicar o que Charles Rojzman denomina "terapia social".[25] Trata-se de um método de intervenção que visa a formação dos indivíduos no "espírito democrático". "A formação", esclarece Charles Rojzman, "deve basear-se essencialmente num diagnóstico relativo às necessidades, desejos, medos e ódios dos indivíduos, dos grupos e das instituições, e num tratamento terapêutico que, por sua natureza, só pode se destinar a indivíduos. Uma nova educação cívica deverá nos levar a conhecer essas necessidades, emoções, paixões, indicando os instrumentos que as regulem".[26]

AS RELIGIÕES PACTUARAM COM O IMPÉRIO DA VIOLÊNCIA

Até o presente, as grandes religiões históricas representaram o papel principal na emergência das culturas e das civilizações, e imprimiram profundamente sua marca na construção das cidades políticas. Mas é forçoso reconhecer que ignoraram a exigência filosófica de não-violência e se vincularam às ideologias dominantes da violência necessária, legítima e honrosa. Ao pactuar com o império da violência, elas ignoraram as questões éticas, espirituais, metafísicas – certamente será preciso acrescentar as teológicas – e políticas da não-violência. Não apenas admitiram que a violência era um direito natural do homem, no caso de legítima defesa de seus interesses, como também, em inúmeras circunstâncias, chegaram a sacralizá-la, emprestando-lhe a caução de seu Deus. Quando a religião glorificou a violência, a violência não se tornou sagrada, mas a religião tornou-se sacrílega. Com isso, a religião encontrou-se profundamente maculada, mas seria preciso que já estivesse maculada para aceitar pactuar com a violência.

Por meio de rígidos preceitos ventilados por um discurso dogmático fechado, as religiões freqüentemente conduziram os homens à intolerância para com os outros, em vez de predispô-los à benevolência. Alimentaram, com isso, os nacionalismos comunitários que professam a discriminação, a exclusão e a violência. Quantas vezes comprovou-se pela história o que Freud acreditava poder afirmar: "É preciso que uma religião, mesmo quando se denomina religião de amor, seja dura e sem amor para com todos aqueles que não fazem parte dela. No fundo, cada religião é realmente a religião de amor para todos que a integram, e todas tendem à crueldade e à intolerância em relação a todos aqueles que não lhe pertencem."[27] No transcurso da história, a certeza de que Deus estava "com eles" convenceu muitos grupos de que era justo e necessário combater até à morte os outros grupos. Ainda hoje, no mundo todo, muitas pessoas, idólatras de sua religião, mobilizam-se para ir à guerra contra os infiéis.

Dessa forma, o corpo doutrinal das religiões gangrenou-se com a ideologia da violência. Essa sacralização religiosa da violência tem sido um fator decisivo que lhe concede livre curso na história dos homens, dos povos e das nações. Assim, as religiões contribuíram consideravelmente para encerrar a cultura política dos povos na ideologia da violência. A história do Ocidente, sobretudo, ficou marcada pelas inúmeras cruzadas, guerras de religião, guerras coloniais e guerras "justas", todas legitimadas pela religião cristã. O símbolo da cruz, o símbolo da morte não-violenta de Jesus de Nazaré, contra quem os poderes estabelecidos tinham se coligado, tomou a forma de uma espada e passou a simbolizar a violência dos cristãos.

Evidentemente, não compete à filosofia pronunciar-se sobre a existência de Deus; mas, se a filosofia não permite conhecer o verdadeiro Deus, pelo menos permite identificar os falsos deuses – e isso já é decisivo. A razão tem nos ensinado que os deuses que pactuam com a violência dos homens, que a caucionam e às vezes a ordenam, habitam, sem dúvida, no panteão dos falsos deuses. Assim, o "deus dos exércitos" é seguramente um falso deus. O verdadeiro Deus só pode ser um "Deus desarmado". Quando o homem atribui a um deus a caução da violência, seguramente não é Deus que está falando. É a palavra de um homem sobre Deus, e é a palavra de um homem que se engana ao falar de Deus. O homem tem sempre necessidade de justificar sua violência e, quando crê num deus, tem necessidade de se convencer de que seu deus justifica sua violência. Assim, não só os autores de vários textos pretensamente sagrados se enganaram ao acreditar que Deus justificava a violência de seu povo, como também enganaram e continuam enganando todos aqueles que se inspiram nesses textos para justificar sua própria violência.

Simone Weil lamentava que a "faxina filosófica" da religião católica nunca tenha sido feita.[28] Na verdade, o que nunca se fez e deve ser feito é a faxina filosófica de todas as religiões. Efetivamente, cabe à filosofia julgar a religião, e se o princípio de não-violência é realmente o fundamento da filosofia, será afirmando o primado deste princípio sobre qualquer consideração "religiosa" que aquela limpeza deve ser feita. Esta só pode conduzir a uma ruptura radical com todas as doutrinas religiosas da guerra justa e da legítima violência. Mas os homens "religiosos" teriam a coragem de efetivar uma tal ruptura que questiona sua "tradição"? Não seria razoável supor que uma resposta positiva possa ser dada a esta questão.

OS PARTIDOS POLÍTICOS

Uma das características da democracia parlamentar é o fato de ser dominada pela força dos partidos políticos. Estes se caracterizam como uma das maiores expressões à liberdade de associação outorgada aos cidadãos pelo Estado de direito. Em teoria, os partidos têm por função permitir que cada membro da sociedade participe diretamente da vida política, de acordo com a diversidade das opiniões. A Constituição Francesa da V República reconheceu pela primeira vez o papel dos partidos políticos que "contribuem para a expressão do sufrágio" (artigo 4). Pode-se avaliar o papel desempenhado pelos partidos políticos em prol da democracia quando se constata o que acontece nas sociedades em que o Estado recusa sua existência: vê-se imediatamente em ação a engrenagem totalitária.

Convém, entretanto, perguntar se a organização dos partidos políticos permite aos cidadãos o pleno exercício do poder que lhes cabe na cidade. Já no alvorecer da democracia moderna, Moisei Ostrogorski, um dos pioneiros da sociologia política, evidenciou os limites e as insuficiências dos partidos políticos. Analisando a criação e o desenvolvimento dos partidos políticos na Grã-Bretanha, no início do século XX, Ostrogorski observa sua propensão para arregimentar membros, valendo-se do conformismo: "A adesão ao partido tornou-se, em grande medida, um objeto de devoção, uma fé ortodoxa e quase um culto. [...] Os que se filiavam ao partido eram providos, em bloco, de um estoque de convicções que os dispensava de qualquer esforço pessoal. '*We now think in battalions*' ['Agora raciocinamos como batalhões'], como se referia a esse respeito um observador perspicaz: um operário de Northumberland. Qualquer tentativa para defender a liberdade e a independência do pensamento político era doravante reprimida, pois qualquer divergência de opinião era considerada um atentado à unidade do partido."[29] Ostrogorski assinala que os métodos de organização e de funcionamento dos partidos, ao fabricar e impor uma opinião estereotipada a todos os indivíduos, "esvaziaram o pensamento político e conduziram ao ofuscamento da individualidade em todos os níveis, até a esfera da liderança".[30] Ele denuncia também "os métodos eleitorais que consistem sobretudo em hipnotizar o eleitor"; fazendo com que as pesquisas de opinião nacionais não expressem realmente a vontade dos cidadãos.[31] Ostrogorski ressalta ainda que o eleito, em vez de ser um representante de seus eleitores, é antes um delegado de seu partido: "O deputado toma doravante assento no Parlamento não para representar esta ou aquela circunscrição, mas para um ou outro partido."[32]

Ostrogorski indaga-se sobre como "levantar o moral do cidadão" que se encontra "esmagado pela rigidez do partido como que por uma prensa".[33] Isso só seria possível, responde ele, acabando com o sistema de partidos, uma vez que a experiência demonstrou não corresponder às exigências da democracia, além de empobrecer a vida política. E para isso, é preciso em primeiro lugar que os membros do povo soberano se reapropriem do seu "poder de intimidação social", isto é, que, em vez de serem intimidados pelos governantes, sejam eles a intimidá-los.[34] Para alcançar esse objetivo, Ostrogorski propõe eliminar da política a existência de partidos rígidos e permanentes cujo propósito é a tomada do poder do Estado, e substituí-los por associações de cidadãos especialmente constituídas para apresentar uma determinada reivindicação política. Segundo Ostrogorski, tal método de organização e de ação tem condições para revitalizar a democracia, e devolver a cada indivíduo a possibilidade prática de exercer seu poder de cidadão.

Muitos anos mais tarde, Simone Weil, num texto redigido em Londres, em 1943, a serviço da *França Livre*, faria também uma crítica radical ao sistema de partidos, corroborando muitas das análises já efetuadas por Ostrogorski. Para ela, o partido político é o típico exemplo do grupo social em que "o coletivo domina os seres pensantes".[35] Ela propõe duas definições que, a seu ver, são equivalentes: "Um partido político é uma máquina de fabricar paixão coletiva. Um partido político é uma organização construída de forma a exercer uma pressão coletiva sobre o pensamento de cada um dos seres humanos, ou seja, seus membros."[36] Essa pressão exerce tamanha influência sobre o indivíduo que este tem grande dificuldade em opor-se. Para isso, é preciso uma força de caráter excepcional que infelizmente falta à maioria dos cidadãos. O partido político que, por natureza, é apenas um meio, torna-se ele próprio seu fim. Não tem outro objetivo senão o próprio desenvolvimento. Diante disso, "todo partido político é totalitário, em latência e aspiração".[37] Simone Weil revela sua indignação ao ver que um membro de um partido, decidido, em face de qualquer problema político ou social, a dar ouvidos somente à voz de sua própria consciência, seria provavelmente excluído de seu partido, ou simplesmente não seria mais indicado pelo partido para qualquer outra eleição, e nunca mais poderia ser um eleito da nação. De fato, considerando-se o tanto de monopólio exercido pelos partidos na esfera política, esse homem estaria impossibilitado de intervir eficazmente nas questões públicas. Quanto aos indivíduos que desejam participar diretamente da gestão da cidade, devem resignar-se a "passar pelo crivo dos partidos".[38] Mas, via de regra, os homens deixam-se dobrar pela disciplina do partido, pois isso lhes permite finalmente não pensar e "não há nada mais confortável do que não pensar".[39]

Simone Weil considera que a renúncia a toda e qualquer autonomia de pensamento, de análise crítica e de ação por parte dos eleitos é contrária ao espírito da Revolução Francesa. Os revolucionários de 1789, afirma Weil, "nunca teriam acreditado na possibilidade de um representante do povo poder abdicar de sua dignidade a ponto de se tornar um disciplinado membro de um partido".[40] Numa verdadeira democracia, os candidatos deveriam apresentar-se diante dos eleitores afirmando suas convicções, análises e propostas. Em seguida, "os eleitos poderão associar-se e dissociar-se conforme o jogo natural e oscilante das afinidades".[41] É evidente que tal processo de decisão e de gestão na condução dos negócios públicos seria muito complexo, muito mais difícil que outro resultante do jogo dos partidos, mas este, de tanto simplificar a democracia, não acabaria por suprimi-la? A democracia nunca é simples. Assim, Simone Weil vê somente vantagens na supressão dos partidos que submetem as inteligências e terminam por estabelecer uma verdadeira "opressão espiritual e mental".[42]

Weil assinala duas condições para que um "agrupamento de idéias" não exerça nenhuma coerção sobre o pensamento de seus membros: por um lado, é necessário que a "expulsão não exista" e, por outro, que "haja uma real circulação de idéias".[43] É preciso também que as esferas em que se reúnem os homens para trocar idéias sejam mantidas em "estado de fluidez".[44] É essa fluidez que marca a diferença entre um agrupamento de idéias, que pode ser fonte de enriquecimento para cada um, e um partido político, que empobrece o indivíduo, privando-o de sua autonomia de pensamento e de ação.

Em suma, se a proposição de Simone Weil em suprimir os partidos políticos parece pouco realista, em contrapartida, a análise da disfunção destes revela-se ainda hoje premonitória. Não há dúvida de que o monolitismo auto-imposto pelos partidos torna a reflexão estéril, tanto em seu próprio círculo como fora deste, na sociedade. Pela própria estrutura organizacional dos partidos, há internamente forte tendência pela qual a disciplina acaba por tornar inacessível a liberdade de pensamento. As democracias estão gravemente enfermas com a ausência de democracia intelectual no interior dos partidos políticos.

Vaclav Havel, na ocasião em que ainda era um dissidente do regime totalitário da Tchecoslováquia e refletia sobre o modelo político mais adequado ao desenvolvimento da democracia, recusava o sistema de partidos com argumentos semelhantes aos de Ostrogorski e de Simone Weil: "Todo o conjunto estatal de partidos de massa, que age politicamente de forma tão interesseira, partidos estes dominados por órgãos profissionais que eximem o cidadão de qualquer responsabilidade concreta e individual [...], dificilmente pode ser considerado um caminho que conduza o indivíduo a qualquer perspectiva de encontrar a si mesmo."[45] Havel distinguia no sistema de partidos, que "recompensa com privilégios a obediência a um grupo que entra em disputa pelo poder", o início da "burocratização, da corrupção e da antidemocracia".[46] Para dar nova vida ao tecido conjuntural da democracia, Vaclav Havel propõe a criação de "estruturas abertas, de pequenas dimensões e dinâmicas" que "deveriam existir para franquear um diálogo vivo sobre as reais necessidades para as quais tinham sido constituídas, e deveriam desaparecer depois, quando aquelas necessidades já não mais existissem".[47] Essas estruturas, de forma oposta às dos partidos políticos formalizados, deveriam permitir aos cidadãos uma reflexão pautada em valores éticos que devem alicerçar o projeto político a ser adotado, e não tanto direcionada a soluções técnicas para os problemas políticos. "Têm-se, assim," afirma Havel, "a reabilitação de valores como a confiança, a abertura, a responsabilidade, a solidariedade e o amor. Acredito em estruturas orientadas não para o aspecto 'técnico' do exercício do poder e sim para seu significado".[48]

RECUSAR O PRIMADO DO ECONÔMICO SOBRE O POLÍTICO

Nos dias atuais, o espaço público em que os homens costumam encontrar-se é o mercado, a feira comercial; no entanto, não são os cidadãos que ali se reúnem, mas os produtores, os comerciantes e os consumidores. O que leva o indivíduo à praça do mercado é, segundo Hannah Arendt, "o desejo de ver produtos e não homens".[49] Este fato denota claramente o primado do econômico sobre o político, que caracteriza nossas sociedades.

É evidente que o homem deve primeiramente atender a necessidades da vida biológica: alimento, roupas e moradia. Essas necessidades não são de maneira alguma insignificantes, e o homem não conseguiria livrar-se da exigência de satisfazê-las. Estaria se iludindo se pensasse poder, um dia, livrar-se da necessidade de trabalhar. Mesmo porque a inatividade e o ócio causam tédio, e este já equivale a tempo perdido. A obrigação cotidiana de satisfazer a necessidades vitais é uma estrutura essencial da existência humana, e a necessidade de trabalhar derivada desta estrutura dá sentido ao tempo. Mas a atividade econômica do homem passou a ser prisioneira de uma "ordem mercantil" que nega fundamentalmente o cidadão, reduzindo o indivíduo à condição de produtor/consumidor. Até hoje, a atividade do trabalhador vem ocupando o essencial da vida do indivíduo e privando o cidadão de tempo para a reflexão filosófica e para a ação política. O trabalhador tem dominado de tal forma o cidadão, que a vida política da cidade atrofiou-se gravemente. O resultado paradoxal é que os indivíduos que não exercem uma atividade profissional remunerada não têm direito ao reconhecimento social. Isso é particularmente verdadeiro em relação às mulheres.

O *homo faber* – que fabrica utensílios – suplantou o *homo sapiens* – que re-flete e busca a sabedoria. É claro que este não pode menosprezar aquele:

o *homo sapiens* não poderia existir sem aquele, como também há bastante inteligência no homem que inventa utensílios para melhorar suas condições de vida. Mas o labor do *homo faber* deve permitir que o *homo sapiens* tenha tempo para refletir não só sobre a eficácia dos utensílios, mas sobretudo sobre o sentido da vida. Ora, precisamente, ainda hoje a fabricação de utensílios toma tanto tempo do homem, que não lhe sobra tempo para a busca da sabedoria que dá sentido e transcendência à sua vida.

Comumente, a grande preocupação dos homens políticos é a organização do espaço econômico e raramente a construção do espaço político. A primazia atribuída ao econômico em detrimento do político criou uma organização da sociedade que a encerra em conflitos de ordem essencialmente econômica. A ação política mostra-se pervertida ao colocar-se a serviço de interesses econômicos. No entanto, o agir político distingue-se fundamentalmente do fazer econômico. A discussão política não tem apenas o objetivo de decidir sobre os meios necessários à vida coletiva, mas também, e sobretudo, esclarecer as razões de se viver junto. Ora, o debate político negligenciou a questão "por que agir?" para se preocupar, sobremaneira, com a questão "como fazer?". Assim, com o primado do econômico sobre o político, o poder político se degradou em poder administrativo e burocrático. Para revitalizar a democracia, é indispensável reabilitar e renovar tanto a ação como o debate político, ambos comprometidos pelo economismo.

Um dos maiores desafios a que somos hoje confrontados reside em criar uma nova organização, uma nova estruturação de nosso tempo, de forma que este não seja preenchido exclusivamente pelo trabalho. Com as descobertas científicas e tecnológicas, a satisfação das necessidades vitais dos homens já não requer que lhe dediquem o essencial de seu tempo. O indivíduo encontra-se, todavia, diante de um "tempo livre" que o inquieta e lhe dá medo. Para ele, o "tempo livre" é um "tempo vazio", que ele não sabe como preencher. Também não é uma questão de inventar novos lazeres e novas distrações que serviriam apenas para "passar o tempo", ou seja, para "matá-lo". O próprio conceito de "civilização do lazer" deve ser recusado. O tempo livre deveria facilitar aos homens um acesso maior à liberdade de cidadão por meio da reflexão filosófica e da ação política. Como homens, nada seria pior se ao mesmo tempo forem trabalhadores privados de trabalho e cidadãos privados de cidadania.

Uma das conseqüências mais nefasta da estruturação do tempo nas sociedades dominadas pelo economismo é o fato de os trabalhadores-cidadãos disporem de pouco ou nenhum tempo para ler. Ora, a leitura é o principal vetor da cultura. Um povo com cidadãos que não lêem, por um lado, e o empobrecimento das tradições orais, por outro, torna-se um povo sem cultura, vulnerável às ideologias. Sem dúvida, a imagem, e especialmente a imagem televisiva, poderia ter um papel de grande importância no acesso dos indivíduos à cultura, mas para isso seria preciso que os critérios estabelecidos para definir os programas televisivos não fossem puramente comerciais. Mesmo assim, não acreditamos que a cultura da imagem possa substituir a cultura do livro. Em nossas sociedades, o déficit de leitura dos cidadãos é assustador; a maioria ignora tudo a respeito das grandes obras literárias e filosóficas que constituem, na expressão de Tolstoi, "o tesouro intelectual e moral acumulado pela humanidade".[50] Este déficit de cultura é uma lacuna que vem adquirindo tamanha relevância que seria um descaso resignar-se a ele: é preciso, pois, tentar eliminá-lo. A cultura filosófica dos cidadãos é uma das bases fundamentais da democracia. Karl Popper acreditava que "a maravilha de uma Atenas do século V a.C. no plano cultural explica-se, em grande parte, pela criação do mercado de livros, que, por sua vez, explica a democracia ateniense".[51] Deve-se, portanto, considerar como grave disfunção da democracia o fato de os debates filosóficos estarem restritos a um pequeno círculo de iniciados. Uma das tarefas mais úteis seria destinar alguns locais e horários para permitir a todos uma introdução à leitura e à discussão das grandes obras literárias e filosóficas.

A EXIGÊNCIA ECOLÓGICA

Existe uma estreita correlação, não apenas simbólica, entre o mal causado à "natureza" e a violência causada ao homem. O respeito pela natureza é um respeito que o homem deve a si mesmo. O homem faz parte da natureza e, mais que isso, a natureza faz parte de sua humanidade. Quando submete o meio ambiente a "violências", ele próprio sofre as repercussões. A destruição de seu "espaço de vida" atinge diretamente sua "qualidade de vida". O homem literalmente adoece pelos maus tratos que inflige à natureza. A poluição do ar, da água e da terra violenta diretamente o homem, e essa violência pode ser mortal. Dessa maneira, a necessidade de respeitar e de proteger a natureza não deriva de um sentimentalismo qualquer, mas de uma exigência ética que instaura um imperativo político.

O respeito pela natureza começa por seu conhecimento, e a ecologia permite adquiri-lo. A ecologia é o estudo dos meios e dos sistemas naturais onde vivem os seres vivos. Esse estudo permite também pesquisar e estabelecer as regras e normas às quais as atividades do homem – especialmente as econômicas – devem submeter-se para respeitar os ritmos e os equilíbrios naturais desses sistemas.

As doutrinas econômicas dominantes se deixaram cegar pela lógica tirânica do produtivismo. Não avaliaram o alcance das contradições e impasses a que nos conduziu o progresso técnico desordenado, e não souberam desviar-se a tempo das ilusões cientificistas afloradas no final do século XVIII, e as levaram a esperar um progresso social contínuo como conseqüência inevitável de um progresso técnico linear. Devemos hoje reconhecer a falência da concepção e da realização cientificistas do progresso industrial. Isso não significa ser necessário banir toda inovação tecnológica e fazer a apologia falaciosa dos "bons velhos tempos". Significa ser urgente controlar o desenvolvimento industrial de nossas sociedades e redefinir os critérios de sua gestão. Transpuseram-se limites, ultrapassaram-se limiares, de modo que não é mais possível alegar que se trata tão-só de excessos ou abusos pontuais. É o próprio sistema da produção industrial que deve-se questionar para submetê-lo aos imperativos ecológicos. Produzir de outra forma implica trabalhar de outra forma, consumir de outra forma, enfim, viver de outra forma, ou seja, ter qualidade de vida.

Durante muito tempo, muito mesmo, o homem precisou proteger-se contra perigos de todos os gêneros impostos pela natureza; hoje, com a capacidade técnica já adquirida, é o homem que imputa graves perigos à natureza. Trata-se, como assinalou o filósofo alemão Hans Jonas, em seu livro *O princípio da responsabilidade,* de uma situação radicalmente nova que exige repensar os próprios fundamentos da ética que regula o poder de agir do homem. O fato radicalmente novo revela que o poder adquirido pelo homem sobre a natureza é "em primeiro lugar, um poder de destruição"[52] e, com isso, "a promessa da técnica moderna converteu-se em ameaça".[53] Sabemos agora que a Terra é mortal. Não se pode afirmar que não há saída, mas o pior se tornou possível. Por isso, a importância de estarmos atentos à possibilidade desta morte. "A solidariedade de destino entre o homem e a natureza, solidariedade esta redescoberta através do perigo, leva-nos a redescobrir a dignidade autônoma da natureza, que nos exige um respeito pela sua integridade para além de seu aspecto utilitário."[54]

Daqui em diante, o homem deve olhar de frente o estado de vulnerabilidade resultante de seu poder de agir contra a natureza, e conscientizar-se de que esta tornou-se objeto de sua responsabilidade. Outrora, a responsabilidade do homem por seus atos só respondia pelo futuro imediato; hoje, estende-se no tempo e abrange o futuro longínquo. O homem tem, pois, obrigação de agir de modo que, no futuro, a vida humana na Terra ainda seja possível. "Um imperativo adaptado ao novo modelo de ação humana e dirigido ao novo gênero de sujeitos dessa ação seria formulado, por exemplo, nestes termos: 'Age de forma que os efeitos produzidos por sua ação sejam compatíveis com a permanência de uma vida autenticamente humana na Terra'; ou, em sua forma negativa: 'Age de maneira que os efeitos produzidos por sua ação não destruam a possibilidade futura de uma vida autenticamente humana na Terra.'"[55]

Ante seu novo poder de agir, o homem tem a obrigação de definir as regras de uma nova ética que leve em conta as conseqüências, inscritas no tempo, de sua atuação: uma ética que deve ser uma "ética do futuro"[56] ou, mais exatamente, uma "ética da responsabilidade pelo futuro".[57] Mas, para que a vontade aceite responder ao apelo da obrigação ética, não basta que seja ditada pela razão, também é preciso que brote de um sentimento, "do sentimento de responsabilidade",[58] para empregar as palavras de Hans Jonas. Para ele, "é uma responsabilidade metafísica em si e para si, desde que o homem se tornou um perigo não só para si mesmo como para toda a biosfera".[59]

Portanto, os homens estão diante da obrigação de estabelecer com a natureza um contrato que lhes permita viver em simbiose com ela, ou seja, o que Michel Serres denomina "contrato natural". "Isso significa anexar, ao contrato exclusivamente social, a outorga de um contrato natural de simbiose e de reciprocidade. [...] Contrato de armistício na guerra objetiva, [...] contrato de simbiose: o simbiota admite o direito do hospedeiro, ao passo que o parasita – nosso atual estatuto – condena à morte aquele que ele pilha e habita, sem ter consciência de que, ao final, condena a si próprio a desaparecer."[60] Tal contrato faz da natureza "um sujeito de direito"[61] que deve ser respeitado como tal.

CAPÍTULO 9

A RESOLUÇÃO NÃO-VIOLENTA DE CONFLITOS

ELIMINAR AS RAÍZES DA RIVALIDADE MIMÉTICA

Ao simplificar a realidade, a violência transgride a complexidade da inter-relação entre as coisas e os homens. Uma situação conflituosa é sempre o resultado de um entrelaçamento, de uma imbricação muito complexa de inúmeras causas. Para solucionar o conflito, é necessário procurar intervir ao mesmo tempo em cada uma das causas que o engendraram. A violência é incapaz de proceder a essas diferentes ações. Devido a seu mecanismo simplificador, privilegia uma causa e age numa única direção.

Relata-se que Alexandre Magno, rei da Macedônia, no início de sua campanha contra os persas, parou em Gordião, capital da Frígia. Ali, foi informado de que um oráculo havia prometido o império da Ásia a quem desatasse o complicadíssimo nó que prendia o jugo ao timão da carroça de Górdio, rei da Frígia. Não conseguindo desatá-lo, Alexandre Magno cortou-o com a espada. Esse gesto de Alexandre simboliza perfeitamente a ação da violência: *ela corta o nó em vez de desatá-lo*. Com esse gesto, destrói de forma irreparável a corda em que se encontrava o nó, tornando-a definitivamente inutilizável. Para designar a resolução de um conflito, fala-se precisamente em *desenlace*. A violência, por sua vez, é incapaz de promover o desenlace de um conflito. Somente a ação não-violenta pode desatar o nó górdio de um conflito e permitir sua resolução. Cortar o nó em vez de desatá-lo é dar prova de impaciência. A violência é sempre uma impaciência. A violência é precipitação; é um excesso de velocidade da ação. Violenta o tempo necessário ao crescimento e ao amadurecer de qualquer coisa. Não que o tempo aja por si só, mas concede à ação o tempo necessário para tornar-se eficaz. Por isso, a virtude da paciência encontra-se no cerne da exigência de não-violência. Não se trata de resignação, mas de determinação. Emprega todo o tempo que se faz necessário para alcançar seus objetivos. A paciência tem a força da perseverança.

Convém aqui retomar a hipótese de René Girard segundo a qual a origem do conflito entre dois adversários encontra-se na rivalidade mimética que os opõe, objetivando a apropriação de um mesmo objeto. A estratégia da ação não-violenta visa romper o mimetismo pelo qual cada um dos dois rivais imita a violência do outro, devolvendo agressão por agressão, fratura por fratura, olho por olho, dente por dente. O próprio princípio da ação não-violenta consiste na recusa de se deixar levar por essa espiral de violências sem fim. Jesus de Nazaré recusa a velha lei de talião, baseada na imitação da violência do adversário, e ensina não responder com violência à violência ao afirmar: "Eu, porém, vos digo que não resistais ao mal; mas, se qualquer te bater na face direita, oferece-lhe também a outra."[1] Ele ensina, assim, a destruir a engrenagem infindável do mimetismo, recusando-se a imitar a violência de quem tomou a iniciativa da agressão, de quem começou. Oferecer a outra face depois de receber uma bofetada não significa submeter-se ao adversário, mas enfrentá-lo, não significa resignar-se a sofrer a lógica da violência, mas, ao contrário, resistir com todas as forças a essa lógica.

Decidir não imitar a violência do adversário revela a firme intenção de preservar-se da contaminação de sua crueldade. Segundo Edgar Morin e Anne Brigitte Kern, "a existência de um inimigo alimenta ao mesmo tempo nossa barbárie e a dele. O inimigo é produto de uma cegueira por vezes unilateral, mas que se torna recíproca tão logo sentimos na pele a aversão vinda do outro, tornando-nos, por nossa vez, também hostis. [...] É necessário tirar de circulação a máquina infernal e permanente que fabrica crueldade com a crueldade ininterruptamente e por toda parte".[2] Para destruir essa lógica, é preciso recentrar constantemente o conflito no objeto que lhe dá origem e não deixá-lo degenerar em pura rivalidade entre pessoas. Jesus decide-se, neste ponto, por uma opção radical e afirma que é melhor renunciar ao objeto em vez de entrar em guerra com aquele que o cobiça. E vai mais longe: para romper, de uma só vez, com a lógica do confronto violento, propõe oferecer a seu rival um segundo objeto ainda não cobiçado por ele, pelo menos por ora. Dessa forma, aconselha a seus amigos a oferecer também o vestido àquele que se apoderar de sua capa.³ Ele enfatiza, assim, que a posse de um objeto não poderia justificar a morte de um homem. Não seria realmente insano não apenas arriscar-se a matar, mas também se expor ao risco de morrer por um objeto? Indubitavelmente, Jesus aconselha a simples prudência em vez de heroísmo. De fato, não é prudente arriscar a vida para proteger a bolsa.

PROPRIEDADE E VIOLÊNCIA

Convém aqui refletir sobre a relação entre propriedade e violência. Na maioria das vezes, não será para defender o objeto de sua propriedade que o homem recorre à violência? Segundo Tolstoi, "a propriedade implica não somente que não entregarei meus bens a quem quiser tomá-los, como tratarei de defendê-los dessa pessoa. E não é possível defender, ante o outro, aquilo que pensamos ser nosso por meios que não os da violência, ou seja, dada a ocasião, parte-se para a luta e, em alguns casos, ao homicídio. [...] Sem violência e sem homicídio, a propriedade não poderia continuar a existir. [...] Admitir a propriedade significa admitir a violência e o homicídio".⁴ No entanto, a propriedade não constitui um direito de cada indivíduo, a fim de garantir sua vida e a dos seus? A propriedade não seria uma das condições à liberdade? Por acaso, não é um direito do homem? Isso parece incontestável. Aliás, quando Tolstoi denuncia a propriedade, condena precisamente a propriedade da terra russa, que se encontra inteiramente nas mãos de alguns senhores, deixando sem terra os camponeses que nela trabalham duramente. Portanto, não é a propriedade que Tolstoi condena, mas a acumulação de bens por alguns, privando os outros do que necessitam para viver: "O homem", afirma ele, "que não pensa unicamente em seu bem, mas também no dos outros [...] só deve possuir o que lhe cabe para não obrigar outros homens a lhe pedirem uma parte do que possui".⁵ Lao Tsé também acredita ser o acúmulo de bens uma das causas de guerra. No capítulo 9, o *Tao Te King* afirma: "Quem ajunta em sua casa ouro e jade não poderá impedir que nela entrem." Da mesma forma, entre as "coisas que se amiúdam como o brilho de uma moeda", Buda menciona o "prazer em acumular bens"⁶; e entre os "maus amigos" de quem o homem previdente deve desconfiar, inclui "os que afirmam ser preciso enriquecer-se cada vez mais".⁷

Em *Fédon* de Platão, Sócrates afirma que, para os verdadeiros filósofos, a verdade deve ser o único objeto de desejo. E, para granjear o tempo e a liberdade necessários à busca da verdade, devem renunciar aos objetos de desejo do corpo, que constituem apenas escolhos à inteligência. É exatamente do apego a esses objetos que nasce a violência. "Guerras, dissensões, batalhas", diz Sócrates, "é só no corpo com seus apetites que se encontra a causa; pois faz-se a guerra tão-somente para arrebanhar riquezas".[8] Afirmar que o acúmulo de riquezas gera a violência significa dizer que há uma correlação entre não-violência e pobreza? Não, se a pobreza for sinônimo de indigência, mas consiste em estabelecer um nexo entre não-violência e justiça. A justiça exige, de fato, que cada um possua os objetos e os bens que lhe são necessários para viver. A justiça não exige que me prive daquilo que preciso, mas exige, ao mesmo tempo, que os outros não sejam privados daquilo que precisam; e, disto, eu sou responsável. Nesse sentido, a justiça não exige a pobreza, mas a distribuição. Não há justiça possível sem a distribuição eqüitativa dos objetos e dos bens.

Não resta dúvida de que o homem tem o direito de adquirir e possuir os objetos que representam para ele uma necessidade vital; como corolário, também está em seu direito protegê-los contra alguém que queira apropriar-se deles. Desse modo, a resolução do conflito deve estabelecer relações de justiça entre os dois rivais, de modo a garantir os direitos respectivos de cada um sobre o objeto e, para isso, é necessário referir-se ao objeto a fim de colocá-lo no centro da negociação.

A rivalidade das pessoas apenas agrava o conflito e conduz ao impasse da violência. Além disso, a violência tem forte probabilidade de destruir o objeto que constitui a causa da disputa. A violência faz uso freqüente da política "quanto pior, melhor", ou seja, a política das terras queimadas. Não raro, os rivais preferem ver o objeto destruído a vê-lo tornar-se propriedade do outro.

A melhor prática, portanto, é negociar, procurando determinar quem possui direitos sobre o objeto e quais são os direitos. Pode suceder que ambos os adversários demonstrem a legitimidade de seus direitos sobre o objeto. Neste caso, seria possível conciliar tais direitos? O objeto poderia ser partilhado eqüitativamente? Existiriam outros objetos suscetíveis de satisfazer às reivindicações de ambos os protagonistas? Em qualquer das hipóteses, é muito provável não se chegar a um acordo, exceto se as partes envolvidas concordarem em fazer concessões, mantendo a salvaguarda do essencial de seus direitos. A luta não-violenta não tem outra finalidade a não ser criar as condições de uma negociação relativa ao objeto, respeitando-se os direitos de ambos os rivais. Mas, para chegar a um acordo, deve-se desconsiderar qualquer reivindicação infundada em relação ao objeto, e, para isso, talvez seja necessário exercer uma real pressão sobre aquele que quiser defendê-la indevidamente. A luta não-violenta deve ser capaz de exercer essa pressão.

A MEDIAÇÃO

A mediação consiste na intervenção de um terceiro, de uma terceira pessoa interposta entre os dois protagonistas de um conflito, que se coloca no meio dos dois ad-versários (do latim, *adversus*: que se volta contra, que se opõe), ou seja, entre duas pessoas, duas comunidades, dois povos que se confrontam e voltam-se um contra o outro. A mediação visa conduzir os dois protagonistas a passar da ad-versidade à con-versação (do latim, *conversari*: voltar-se para), ou seja, levá-los a voltar-se um para o outro para conversar, compreender-se e, se possível, chegar a um acordo que abra caminho à reconciliação. O mediador empenha-se para ser um "terceiro que pacifica". Por seu intermédio, tenta romper a relação "binária" de dois adversários que se agridem surda e cegamente, a fim de estabelecer uma relação "ternária" por meio da qual poderão comunicar-se pela intervenção de um intermediário. Na relação binária em que estão inseridos os adversários, confrontam-se dois discursos, dois raciocínios, duas lógicas, sem que nenhuma comunicação seja reconhecida ou haja uma compreensão mútua. Torna-se necessário passar de uma lógica de competição binária a uma dinâmica de cooperação ternária.

O "terceiro" mediador procura criar um "espaço intermediário"[9] que insira uma distância entre os adversários, de forma que cada um possa ter o distanciamento necessário em relação a si mesmo e ao outro, assim como ao conflito que os aflige. A criação desse espaço separa os adversários – como se procura separar dois homens em luta –, e a separação pode favorecer a comunicação entre eles. O espaço intermediário é um espaço de "re-criação" em que os dois adversários vão poder dar-se uma trégua e re-criar sua relação num processo pacífico e construtivo. A mediação propõe, assim, criar na sociedade um lugar em que os adversários possam aprender ou reaprender a comunicar-se, no intuito de chegar a um pacto que lhes permita viver juntos, se não numa paz verdadeira, pelo menos numa coexistência pacífica.

Uma mediação só pode ter início se ambos os adversários aceitarem comprometer-se voluntariamente no processo de conciliação. É evidente que a mediação pode ser-lhes sugerida, aconselhada, recomendada, mas não poderá haver imposição. Escolher a mediação significa, para cada um dos adversários, compreender que o desenvolvimento das hostilidades só poderá prejudicá-los, e, em virtude do próprio interesse, irão tentar, mediante um acordo amigável, um desfecho positivo ao conflito que os opõe. A mediação conduz igualmente a considerar que a intervenção judiciária iria impor-lhes uma decisão de caráter autoritário que, em vez de amenizar o conflito, somente o agravaria. Geralmente, as decisões da justiça cortam o nó de um conflito, designando um vencedor e um perdedor: há um que ganha seu processo e outro que o perde; e as duas partes deixam o tribunal mais adversários do que nunca. A mediação não tem por objetivo julgar um fato passado – tal como a instituição judiciária –, mas tomá-lo como ponto de apoio para superá-lo, permitindo aos adversários de ontem que recriem um futuro livre do peso do passado.

Não é função do mediador proferir uma sentença nem enunciar uma condenação, visto que sua atribuição não é a de um juiz, que dá razão a um contra o outro, tampouco a de um árbitro, que sanciona o agravo de um contra o outro. O mediador é um intermediário que se empenha em restabelecer a comunicação entre ambos, levando-os à reconciliação. O mediador não está investido de qualquer poder de coerção para impor uma solução aos protagonistas de um conflito. O postulado maior em que se baseia a mediação é que a resolução de um conflito compete sobretudo aos próprios protagonistas. A mediação visa permitir que os dois adversários se apropriem de "seu" conflito, numa cooperação mútua para gerenciá-lo, controlá-lo e solucioná-lo. O mediador é um "facilitador" da comunicação entre os dois adversários para que possam expressar-se, escutar-se, compreender-se e chegar a um acordo.

O mediador, enfatiza François Bazier, deve ser "parcial com um, depois, parcial com o outro, mas não imparcial".[10] Essa observação nos leva a recusar a noção de "neutralidade", como muitas vezes gostaríamos de caracterizar o posicionamento do mediador, uma vez que este, na realidade, não é "neutro". Em sua etimologia latina (*ne,* nem, e *uter,* um dos dois), a palavra "neutro" significa "nem um, nem outro, nenhum dos dois". Assim, em caso de um conflito internacional, um país neutro é aquele que não toma partido por nenhum dos adversários, não concede seu apoio, nem oferece ajuda a nenhum deles, e permanece fora do conflito. Ora, precisamente, o mediador não é aquele que toma partido por "nenhum dos dois" adversários, mas aquele que toma o partido de "ambos". Concede seu apoio e oferece ajuda às duas partes presentes. Empenha-se ao lado de um, depois, ao lado do outro: empenha-se duas vezes, implica-se duas vezes, toma partido duas vezes. Mas, o duplo partido nunca é incondicional, pois adota uma postura de discernimento e eqüidade com as partes. Neste sentido, o mediador não é neutro, é *eqüitativo*: procura dar a cada um o que lhe é devido, para, assim, ganhar a confiança dos dois adversários e facilitar o diálogo entre eles.

A mediação pode intervir tanto nas relações comunitárias como nas sociais ou políticas. A "mediação comunitária" diz respeito a pessoas implicadas num conflito cotidiano, como um litígio de vizinhos ou uma desavença familiar. A mediação começa geralmente por conversas preliminares, separadas, com cada uma das partes. Essas conversas possibilitam às pessoas implicadas no conflito exprimir-se num clima de confiança. O mediador não conduz um interrogatório de suspeitas, ele dirige um questionamento respeitoso. Sua intenção é compreender o interlocutor e sobretudo levá-lo a compreender-se melhor, ajudá-lo a re-fletir sobre si mesmo, e em sua atitude no conflito. O mediador pratica, de certo modo, a arte da maiêutica (do grego *maieutiké,* que significa a arte de realizar um parto), ou seja, ajuda seus interlocutores a "dar à luz" a sua própria verdade. A capacidade do saber ouvir do mediador se mostra aqui determinante para que sua ação seja bem-sucedida. Quem se sente ouvido, já se sente compreendido. Terá confiança não só para relatar os fatos, pelo menos sua versão dos fatos, mas também, e o mais importante, exprimir o que "vivenciou". Para desatar o nó de um conflito, não basta estabelecer a verdade objetiva dos fatos, é necessário apreender a verdade subjetiva das pessoas, com suas emoções, desejos, frustrações e sofrimentos. Dessa forma, cada um pode identificar os sentimentos que o impulsionam a agir. A escuta ativa do mediador, por si só, tem um efeito terapêutico que começa a libertar o interlocutor de suas angústias, medos, cóleras e violências latentes, e chega a desarmar a hostilidade que este alimenta na relação com o adversário.

Essas audiências preliminares têm como função preparar as duas partes para introduzi-las na dinâmica da mediação. Após compreender e aceitar os princípios e as regras da mediação, o mediador ou, geralmente, os mediadores, poderão convidá-las a se encontrar. Iniciada a mediação, as duas partes concordam em estabelecer um armistício (do latim *arma*, arma, e *sistere,* parar): cada parte se compromete a renunciar a qualquer ato hostil para com a outra pessoa enquanto durar a mediação. Aqui também, o papel essencial do mediador é facilitar a expressão e favorecer a escuta de cada parte, a fim de restabelecer a comunicação, dissipar mal-entendidos e permitir a compreensão mútua. O mediador pode recorrer a técnicas de reformulação para dissipar algum erro de interpretação das palavras de cada um. Essa confrontação na presença do mediador tem por objetivo substituir o confronto de dois monólogos, em que cada um só ouve a si mesmo, por um verdadeiro diálogo em que um ouve o outro. Pouco a pouco, se ambos aceitarem continuar o diálogo – vários encontros serão certamente necessários –, haverá a possibilidade de desatar o nó do conflito, por meio de um compromisso que, no essencial, respeite os direitos e salvaguarde os interesses de cada uma das partes. Como afirma Jean-François Six, o mediador tem bons resultados quando "permite que duas pessoas distanciadas possam aproximar-se, adotar uma atitude menos irredutível, e dar-se as mãos sem que nenhuma se sinta humilhada, nem perca a dignidade".[11] O êxito da mediação deve concretizar-se por meio de um acordo documentado e assinado por ambas as partes. Esse "tratado de paz" tem o valor de um pacto que exige o comprometimento responsável dos signatários. O mediador poderá estar seguro de que o acordo será respeitado por ambos.

Qualquer mediação pode certamente fracassar por iniciativa de um ou outro dos protagonistas. É bem provável que o conflito reapareça, e talvez caiba à justiça decidir de acordo com seus trâmites.

A mediação comunitária é exercida essencialmente junto à sociedade civil, por iniciativa dos cidadãos que constituíram uma associação de direito privado. As redes associativas devem constituir um dos espaços privilegiados ao exercício da mediação, e é desejável que o maior número dos mediadores seja de cidadãos interessados em participar plenamente da vida da comunidade. Mas a mediação não deve se configurar numa "experiência social", deixada a cargo da iniciativa privada. Deve ser considerada como uma das primeiras modalidades de regulação dos conflitos sociais, como um dos elementos essenciais que participam na constituição do elo social. Nessa perspectiva, o mediador deve ser reconhecido como um dos principais atores sociais a contribuir para o estabelecimento da paz social. Em relação às exigências, bem como aos objetivos da democracia, o desafio da mediação é realmente político e da maior importância. Em vista disso, revela-se necessário institucionalizar a mediação nos diferentes setores da sociedade, esforçando-se por conjugar, da melhor maneira, as iniciativas dos cidadãos e as dos poderes públicos.

Para que a mediação possa preencher toda sua função social, é necessário que a autoridade pública participe diretamente no desenvolvimento de sua institucionalização. Dado a mediação ser de interesse público, cabe naturalmente aos poderes públicos participar no financiamento das associações que exercem uma atividade de mediação. Mas, é necessário, igualmente, que a autoridade pública, tanto política quanto judiciária, possa disponibilizar também serviços de mediação. Quando o mediador é nomeado pelo poder público, sua independência e autonomia devem ser plenamente reconhecidas e garantidas. Em contrapartida, em função da própria natureza da mediação, não pode ser facultado ao mediador nenhum poder de decisão nem de coerção. Seu único poder restringe-se ao aconselhamento, pois o poder de decisão deve continuar em mãos da autoridade que o nomeou. E visto que é melhor prevenir do que remediar, compete ao mediador propor à autoridade pública as reformas administrativas, regulamentares e mesmo legislativas, suscetíveis de prevenir os conflitos.

A prática da mediação nos diversos setores da sociedade pode, assim, tornar-se um dos principais métodos de resolução não-violenta de conflitos, tanto entre indivíduos como entre grupos. Ao evitar recorrer aos métodos repressivos do Estado e permitir que os cidadãos participem diretamente na gestão dos conflitos entre cidadãos, a mediação favorece a auto-regulação da violência social.

Os princípios e as regras da mediação podem ser também aplicados a conflitos propriamente políticos, no plano nacional ou internacional. Conflitos, crises, guerras poderiam ser solucionados pelo exercício da mediação, levado a efeito por um terceiro país que ofereceria seus "préstimos". A mediação pode ser uma das "armas" mais eficazes de uma diplomacia da paz.

KARL POPPER E A "EDUCAÇÃO PARA A NÃO-VIOLÊNCIA"

"A civilização", afirma Karl Popper, "consiste essencialmente em reduzir a violência".[12] A liberdade das pessoas, enfatiza ele, só estará garantida na sociedade à medida que todas renunciem à violência: "O Estado de direito exige a não-violência, seu núcleo fundamental."[13] Se este ou aquele indivíduo recorre à violência contra um outro, é necessário que o governo intervenha para restabelecer a segurança pública e a paz social. Mas, para Karl Popper, o Estado de direito deve ser estabelecido essencialmente no civismo dos cidadãos que renunciam voluntariamente à violência, e não na repressão do governo. E para isso, é preciso desenvolver junto aos cidadãos uma cultura de não-violência, e começar por educar as crianças para a não-violência. Quanto mais "o dever de educar para a não-violência"[14] for negligenciado, afirma Popper, mais a cultura da violência será preponderante na sociedade, e mais o governo deverá recorrer a medidas de coerção e de repressão.

A educação "não consiste somente em ensinar fatos, mas, sobretudo, em mostrar o quanto é importante a eliminação da violência".[15] Em decorrência de sua prática como educador demonstrando-lhe que "as crianças não gostam da violência"[16], Karl Popper defende a tese segundo a qual "educamos as crianças para a violência".[17] Para ele, o instrumento mais poderoso da educação para a violência é a televisão, que vem adquirindo um lugar preponderante no universo infantil. Sentados durante horas diante da telinha, as crianças contemplam cenas de violência dia após dia, e essa violência adquire, para eles, um valor exemplar. Dessa forma, "as crianças e os jovens correm um perigo real: habituar-se com a violência".[18] Por isso, é necessário "evitar o desaparecimento das resistências naturais à violência na maioria das pessoas"[19], tomando em tempo as medidas pertinentes. Como já afirmamos, Karl Popper concebe a democracia como um controle do poder pelos cidadãos. Nesta perspectiva, afirma que é absolutamente necessário, para a sobrevivência da democracia, que o poder da televisão seja submetido a um controle rigoroso. Isso porque, "quando aceitamos não atribuir significado à aversão geral ensejada pela violência, estamos sabotando o Estado de direito e o consenso geral de que ela deve ser evitada. E, por conseguinte, sabotamos a civilização".[20]

POR UMA EDUCAÇÃO NÃO-VIOLENTA

"A República", afirma Blandine Barret-Kriegel, "precisa de homens e mulheres que prefiram a virtude".[21] Mas, visto que são as mulheres e os homens virtuosos que fazem a República, quem ensinará a virtude às crianças da República? Numa sociedade democrática, portanto "laica", nenhuma instituição da sociedade política tem por função definir as exigências filosóficas e morais que, no entanto, devem constituir o fundamento da República. Via de regra, a escola e a universidade só ensinam "filosofias mortas", do mesmo modo que ainda ensinam línguas mortas. Os professores de filosofia são, na realidade, historiadores da filosofia e seu ensino é essencialmente livresco. O ensino das filosofias vivas é deixado à iniciativa de indivíduos cuja autoridade não é outra exceto a que lhes concedem outros indivíduos. Aliás, não pode deixar de ser diferente num terreno em que a regra absoluta deve ser o respeito à liberdade de consciência de cada um. Sabemos, por experiência, que os Estados que desejam impor uma "ordem moral" não são democráticos. Cabe à sociedade civil, instância que precede à sociedade política, definir os "valores" constituintes de uma cultura e de uma civilização. As "autoridades morais" precedem às autoridades políticas nos ditames do direito, mas não têm outro poder senão sua capacidade de convencer. De fato, nenhum "valor" poderia ser imposto por coerção, e será preciso convir que há uma extrema dificuldade para determinar, numa sociedade democrática, as regras éticas que devem orientar o comportamento de todos os cidadãos.

Para exterminar os germes das ideologias que legitimam e glorificam a violência, é necessário esforçar-se por irrigar toda a sociedade com a "cultura da não-violência", e a cultura começa pela educação. Esta desempenha papel determinante na iniciação da criança a uma cidadania responsável. Infelizmente, não é a cidadania política que se vê no horizonte instaurado pelo sistema educativo dominante, mas a competitividade econômica. Na própria concepção desse sistema, o conhecimento não apenas se acha suplantado, mas praticamente expulso pelo saber tecnológico. O objetivo almejado é permitir que os jovens cheguem ao mercado de trabalho com a qualificação técnica exigida para ter melhores chances de encontrar um emprego. Sem dúvida, é uma função essencial da educação fornecer aos jovens uma qualificação profissional que lhes facultará encontrar trabalho, já que não podem escolher a profissão que corresponde mais a seus talentos. A educação, porém, não deveria reduzir seu papel a essa função, pois estaria traindo sua missão. A escola deve ser, antes de tudo, uma escola de civismo.

Uma verdadeira educação cívica das crianças deve favorecer a autonomia em vez da submissão, o espírito crítico em vez da obediência passiva, a responsabilidade em vez da disciplina, a cooperação em vez da competição, a solidariedade em vez da rivalidade. O importante, em suma, é educar as crianças para a não-violência, mas, para isso, a primeira condição é que a educação se inspire, ela mesma, nos princípios, regras e métodos da não-violência: *a educação para a não-violência começa pela não-violência da educação*. É preciso, primeiramente, que os adultos respeitem o universo da criança e não venham invadi-lo e ocupá-lo, impondo suas leis e ideologias de falas vazias. Está claro que uma educação não-violenta não implica total abdicação da autoridade por parte do adulto. Para estruturar sua personalidade, a criança necessita encontrar a barreira da autoridade, mas faz parte da natureza do bom pedagogo exercê-la pela não-violência. Tomando por referência as palavras de Georges Gusdorf sobre a violência como "uma espécie de golpe baixo contrário à honra filosófica"[22], Éric Prairat considera a violência "uma espécie de golpe baixo contrário à honra da educação".[23] Os educadores também precisam aprender a dar "lições práticas sobre as coisas" a partir dos inevitáveis conflitos entre crianças, a fim de levá-las a descobrir que esses momentos de oposição em relação aos outros devem integrar-se ao processo de desenvolvimento de sua personalidade. "Se admitirmos", afirma Éric Prairat, "que o conflito não é violência, e que esta é apenas uma saída, um epílogo possível, então entre os conflitos e a violência delineia-se um clima privilegiado para que o educador, em vez de recorrer a estratégias de ocultação e dissimulação, ensine às crianças, ou melhor, aprenda com elas a viver e a resolver, de forma positiva, os inevitáveis confrontos que irrigam toda a vida social".[24]

Iniciar as crianças em cidadania é ensinar-lhes o bom uso da lei, fazendo-as compreender que a obediência exigida dos cidadãos não deve se constituir numa submissão passiva e incondicional à ordem de um superior hierárquico, e sim numa adesão refletida e aceita a uma regra cuja legitimidade elas próprias reconhecem. Deve ser uma dimensão essencial da pedagogia a participação das crianças no estabelecimento de regras comunitárias às quais terão, por sua vez, que se ajustar, levando-as a constatar, na prática, serem necessárias à convivência com base no respeito de todos e de cada um. "Educar as crianças para serem autônomas é dar-lhes acesso a três ações de regulação da vida coletiva: estabelecer as regras, exigir que sejam aplicadas e fazer justiça."[25]

A escola será o lugar privilegiado para se destruir os preconceitos discriminativos em relação aos "outros", aos que pertencem a outra raça, outro povo, outra religião. Transmitir às crianças noções estereotipadas sobre o inimigo é o mesmo que armar sua inteligência e seus braços, é ensinar-lhes a guerra. "Tal como em episódios de bode expiatório", avalia Bernadette Bayada, "os estereótipos do inimigo estimulam comportamentos hostis. Formam um círculo vicioso e criam, assim, sua própria confirmação e passam o sentimento falacioso de verdade e certeza".[26] Portanto, é uma exigência essencial da pedagogia desarmar o olhar das crianças em relação aos "outros", em particular, em relação àqueles cuja identidade social é marcada por uma diferença. O que significa educar esse olhar para que se despojem de qualquer hostilidade para com "os outros-que-são-diferentes"; para ensinar-lhes a serem amáveis para com estes, sem perder a capacidade de formular um juízo crítico em relação ao que possa ser criticável em seu comportamento. Entre um racismo intransigente e um brando ecumenismo, há muito lugar para um discernimento lúcido, eqüitativo e justo em relação aos "outros", sem, no entanto, trair as exigências da verdade.

CAPÍTULO 10

ALTERNATIVAS NÃO-VIOLENTAS À GUERRA

A guerra apresenta à filosofia um problema de amplitude maior: não apenas contradiz, como anula a exigência primordial da ética: "Não matarás". Declarar guerra é dar ordens – imperativas – aos homens para matar outros homens. "O estado de guerra", afirma Emmanuel Levinas, "suspende a moral; despoja as instituições e as obrigações eternas de sua eternidade e, com isso, anula, provisoriamente, os incondicionais imperativos. Projeta, antecipadamente, sua sombra sobre os atos dos homens. A guerra não apenas se revela *o maior* dos desafios de que vive a moral. Ela a torna insignificante".[1] A guerra é mais que o fracasso da filosofia, é sua negação e renegação.

CLAUSEWITZ E A REFLEXÃO SOBRE A GUERRA

Carl von Clausewitz nos propõe uma "filosofia da guerra"[2]; ele apresenta sua reflexão como uma "elaboração filosófica da arte da guerra".[3] Para ele, a essência da guerra é ser um "duelo",[4] "cujo propósito *imediato* é *abater* o adversário, para torná-lo incapaz de qualquer resistência".[5] A guerra é, pois, o confronto de duas vontades por meios violentos, visto que cada um dos adversários tenciona deliberadamente impor sua vontade ao outro.

Ora, a guerra resulta de um conflito político entre dois governos, portanto seu objetivo é político. "A guerra", afirma Clausewitz, "é a simples continuidade da política por outros meios".[6] Ao dizer isso, o general prussiano não queria afirmar, como equivocadamente se interpreta, que a política já é uma guerra, mas, pelo contrário, que a guerra devia ser considerada ainda como uma ação política: "Se pensarmos que a guerra resulta de uma intenção política, é natural que essa motivação central que lhe deu origem constitua a consideração mais relevante a ditar sua conduta."[7] E ressalta ainda: "A guerra não é apenas um ato político, mas um verdadeiro instrumento político, uma continuidade das relações políticas, uma efetivação destas por outros meios. [...] A intenção política é o fim, enquanto a guerra é o meio, e não é possível conceber o meio independentemente do fim."[8] Mais precisamente, a guerra é uma continuação da política por meios diversos dos da diplomacia: o governo "ordena batalhas em vez de redigir instruções".[9] "A forma de conduzir a guerra", continua ele, "está, em linhas gerais, na própria política que agarra a espada em vez da pena, sem deixar de pensar segundo suas próprias leis".[10] Os novos meios da guerra se constituem apenas um "complemento", pois "a guerra, por si só, não interrompe as relações políticas".[11] Nesta perspectiva, Clausewitz considera que, na elaboração estratégica de uma guerra, a preocupação maior dos governos reside em "subordinar o ponto de vista militar ao ponto de vista político".[12]

Pode-se, porém, admitir, como faz Clausewitz, que a guerra é um simples meio de continuar a política? Na realidade, ao afirmar, por um lado, que "a guerra é um ato de violência"[13] e, por outro, que "a guerra é um ato político"[14], Clausewitz constata uma contradição irredutível. O recurso à violência só pode significar um fracasso da política cujo projeto restringe-se a construir e manter, na cidade política primeiramente, mas também além de seus muros, uma ordem que nada deva à violência. A política e a guerra são fundamentalmente anti-nômicas (a palavra anti-nomia, do grego *anti*, anti, e *nomos,* lei, designa a contradição entre duas leis), ou seja, as leis da guerra são contrárias às leis da política. Aliás, Clausewitz tem consciência dessa antinomia e assinala que há uma "contradição na natureza da guerra em relação a outros interesses humanos, individuais ou sociais".[15] Portanto, a guerra não pode ser uma continuação da política, ela é uma interrupção da política. No próprio momento da declaração de guerra, a política cede terreno à violência e esta a ocupará durante todo o tempo que a batalha durar. No melhor das hipóteses, a política só irá readquirir seus direitos no momento do armistício, quando as armas cessarem de falar e os adversários se sentarem à mesma mesa de negociações para dialogar.

Ao analisar "o puro conceito teórico da guerra",[16] Clausewitz define o que chama de "lei dos extremos"[17]: no nível da abstração, "a guerra é um ato de violência e não há limite à manifestação dessa violência".[18] Disso resulta "uma ação recíproca que, enquanto conceito, deve chegar aos extremos".[19] Mas, na realidade, afirma Clausewitz, a guerra é diferente do que deveria ser segundo seu conceito teórico, porque sua condução depende essencialmente dos homens e estes não agem de acordo com os imperativos da lógica pura: "A teoria deve levar em conta o elemento humano."[20] Por isso, é muito provável que a lei de chegar aos extremos não seja aplicada à realidade. "Qualquer ato de guerra", conclui Clausewitz, "deixa de se submeter às estritas leis que levam as forças aos extremos".[21] Ainda bem que é assim, caso contrário o objetivo político da guerra seria "tragado pela lei dos extremos"[22] e "estaríamos às voltas com algo privado de sentido e de intenção".[23] Se a guerra "fosse um ato completo que nada pudesse impedir, uma manifestação de violência absoluta, tal como poderíamos depreender de seu puro conceito, ela ocuparia o lugar da política a partir do momento em que fosse provocada por esta, iria eliminá-la e seguiria suas próprias leis como algo totalmente independente".[24] Se a lei do chegar aos extremos fosse aplicada aos fatos, caso chegássemos ao "paroxismo do esforço", "perderíamos de vista a discussão das exigências políticas e os meios não mais teriam relação com o fim".[25]

A exigência formulada por Clausewitz de "subordinar o ponto de vista militar ao ponto de vista político" impõe-se efetivamente de um ponto de vista teórico para manter a coerência de sua teoria da guerra, mas pode-se perguntar se, na prática, tal princípio não se depararia com um maior número de obstáculos do que pode parecer. Cabe perguntar ainda se, na realidade, a contradição objetiva entre a natureza da guerra e a da política, se, em outros termos, a antinomia entre os meios (violentos) da guerra e o fim (não-violento) da política não seria mais forte e se, finalmente, seja qual for a intenção subjetiva dos homens políticos que conduzem as operações, não seria o ponto de vista político que se encontra subordinado ao ponto de vista militar. É inconteste que a manifestação da violência nunca é sem limites, mas não está ela sempre ultrapassando os limites, de modo que, se ficar aquém destes, é o ponto de vista militar que estaria subordinado ao ponto de vista político? Este "elemento humano" – que, de acordo com Clausewitz, a teoria deveria levar em conta – não seria mais freqüentemente a paixão do que a razão? E a paixão, por natureza, não leva os homens a manifestar sua violência para além dos limites impostos pela razão política? É certo que Clausewitz não deixaria de recusar a "guerra total", argumentando que os meios militares utilizados encobrem "totalmente" o fim político evocado para justificá-la. Mas, visto que, na realidade, não é possível suplantar a contradição entre os meios da guerra e o fim político, há forte probabilidade de que os meios acabem encobrindo os fins. De qualquer modo, essa probabilidade é extremamente relevante para que deixemos de nos perguntar se, sem ser pela guerra, não haveria outros meios essencialmente políticos, ou seja, não-violentos, para dar seguimento à política quando a diplomacia não consegue dar solução ao conflito. Tentaremos, a seguir, responder a essas questões, com base na reflexão de Clausewitz.

Quando coloca a questão "Como exercer uma influência na probabilidade do êxito?", Clausewitz responde: "Antes de tudo, materialmente, pelos mesmos meios que servem para vencer o inimigo, ou seja, pela destruição de suas forças militares."[26] Sem dúvida alguma, a opção pela não-violência priva-nos totalmente desses meios. Mas, Clausewitz menciona em seguida "um outro meio singular de aumento da probabilidade de sucesso sem necessidade de derrotar as forças armadas do inimigo, ou seja, através de algumas operações que têm relação direta com a política".[27] E continua afirmando que, se conseguirmos "suscitar atividades políticas em nosso favor", é certo que poderemos "atingir nosso objetivo mais rapidamente do que pela derrota das forças armadas inimigas".[28] Em seguida, à pergunta "de que forma levar à exaustão as forças inimigas", ele responde que a solução "consiste na usura de suas forças".[29] E esclarece: "A escolha dessa expressão não foi apenas para fornecermos uma definição verbal, mas porque ela define exatamente a situação e tem sentido menos figurado do que parece à primeira vista. A idéia de usura pelo combate implica *um esgotamento gradual das forças físicas e da vontade, por meio da duração da ação.*"[30]

Não seria possível, nesse ponto, à luz dos próprios princípios em que se baseia a teoria clausewitziana do confronto das forças inimigas, definir o conceito de uma defesa civil baseada na estratégia da resistência não-violenta? Essa estratégia, embora não consiga esgotar as forças físicas do inimigo, pode ter por objetivo exaurir sua vontade política até conseguir que renuncie a seu propósito. Se não está em causa destruir as forças inimigas, pode-se "chegar à destruição das intenções adversas, ou seja, a pura resistência que não vise nada mais do que prolongar o tempo da ação, a fim de exaurir o adversário".[31] Se concentrarmos todos nossos recursos na perspectiva de uma resistência apenas, "a simples *duração* do combate bastará para, gradativamente, levar o inimigo a exaurir suas forças, até o ponto em que seu objetivo político já não seja um equivalente adequado, logo, ao ponto em que será obrigado a desistir da luta".[32] É primordial "perseverar na duração do combate mais tempo do que o inimigo, de forma a levá-lo ao esgotamento".[33]

Acrescenta-se à duração, um outro fator que produz igualmente um efeito determinante na eficácia de uma resistência popular, o espaço. A eficácia da resistência é diretamente proporcional à duração da ação, mas também à sua extensão. Ao referir-se à "guerra do povo", Clausewitz observa: "A ação da resistência, tal como o processo de evaporação na natureza física, depende da extensão da superfície exposta."[34] As forças de repressão, sobretudo, terão muito mais dificuldades em neutralizar a resistência quanto maior a extensão desta: "O espírito de resistência difundido por toda parte não pode ser imobilizado em lugar algum."[35]

As "operações hostis"[36] têm seu término e a guerra chega ao fim quando a vontade de um ou de outro dos dois adversários é refreada, e ele decide assinar a paz. "Tão logo seja tamanho o dispêndio de força," continua Clausewitz, "passando a não mais corresponder ao valor do objetivo político, a solução está em desistir desse objetivo e assinar a paz".[37] Desse modo, uma resistência civil não-violenta deve ter como estratégia levar o adversário a constatar que alistar soldados e mobilizar o funcionalismo público requer dispêndios de força desproporcionais ao objetivo político visado, sendo necessária a negociação de um tratado de paz em seu próprio benefício.

Ao referir-nos às idéias de Clausewitz, citando várias de suas formulações e aplicando-as à estratégia da resistência não-violenta, não temos qualquer intenção em afirmar que o general prussiano teria feito, não intencionalmente, uma defesa da ação não-violenta. Para ele, não há dúvida de que "a decisão pelas armas"[38] é a lei suprema do confronto entre dois Estados: "*A solução sangrenta da crise*, o esforço que visa a aniquilação das forças inimigas é filho legítimo da guerra."[39] Para Clausewitz, seria um erro de princípio "dar preferência a uma decisão que não ocasione derramamento de sangue".[40] Se tal método for escolhido, é aceitando o risco de não ser o melhor.

Nossa intenção foi demonstrar que várias das categorias definidas por Clausewitz para construir sua teoria da guerra permitem elaborar uma teoria coerente e pertinente da defesa civil não-violenta. Não é necessário lembrar que as duas teorias revelam-se profundamente antagônicas em muitos de seus postulados e conclusões. Mas isso não nos impediu de colocar em evidência algumas de suas afirmações necessárias a nosso propósito.

A DEFESA CIVIL NÃO-VIOLENTA

O desarmamento, por si só, não oferece nenhuma solução ao problema da guerra. Na verdade, o armamento não é a causa das guerras. Não são as armas que criam as guerras; ao contrário, as guerras criam as armas. Não se trata, portanto, de querer suprimir as armas para suprimir as guerras, mas de suprimir as guerras para poder suprimir as armas. Ora, não será possível abolir as guerras com a supressão dos conflitos. Estes constituem a própria trama da história dos homens, das comunidades e dos povos. As guerras somente serão extintas pela decisão de extinguir os conflitos por outros meios que não as armas. Portanto, é imprescindível imaginar outros meios que os da violência para solucionar humanamente os inevitáveis conflitos humanos.

Não é suficiente reivindicar o desarmamento, é necessário criar condições para torná-lo possível. Nessa perspectiva, convém estabelecer um objetivo que leve em conta a realidade e a necessidade de criar uma dinâmica capaz de transformá-la. O conceito de *transarmamento* revela-se mais apropriado para designar esse objetivo, visto exprimir a idéia de uma *transição*, durante a qual devem ser preparados os meios de uma defesa civil não-violenta, que ofereçam garantias análogas aos meios militares, sem oferecer os mesmos riscos. Enquanto a palavra "desarmamento" apenas expressa uma rejeição, o "transarmamento" traduz um projeto. Enquanto o desarmamento evoca uma perspectiva negativa, o transarmamento sugere um processo construtivo. A segurança é uma necessidade fundamental de qualquer coletividade humana e, na medida em que os membros de uma sociedade têm o sentimento de que sua segurança requer a posse de armas capazes de se opor eficazmente a uma agressão, o desarmamento não poderia deixar de gerar uma profunda insegurança na população. Antes de poder desarmar, é necessário dar polimento a outras armas que não as da violência. No entanto, os conceitos de transarmamento e de desarmamento não são antagônicos, pois uma das finalidades do processo de transarmamento consiste em viabilizar medidas efetivas de desarmamento.

O transarmamento visa criar uma alternativa à defesa militar, ou seja, organizar uma defesa civil não-violenta para substituir a defesa armada. No entanto, trata-se de um objetivo a ser alcançado a longo termo. Antes que a defesa civil não-violenta possa ser considerada pela maioria da população e pelos poderes públicos como alternativa funcional à defesa armada, a primeira tarefa é estabelecer sua viabilidade e fazê-la adquirir uma credibilidade real.

Um dos fatores que atuam sobre a guerra, segundo Clausewitz, é "o teatro das operações", constituído pelo "território, com seu espaço e sua população".[41] No contexto da estratégia da defesa civil não-violenta, o teatro das operações é constituído pela sociedade com suas instituições democráticas e sua população. Na verdade, a invasão e a ocupação de um território não constituem os *objetivos* de uma agressão; são apenas *meios* para estabelecer o controle e o domínio da sociedade. Os objetivos mais prováveis que um adversário procura alcançar ao invadir um território são a influência ideológica, o domínio político e a exploração econômica. Para atingir tais objetivos, necessita tomar posse da sociedade, mais exatamente, apossar-se das instituições democráticas da sociedade. Por isso, as fronteiras a serem defendidas por um povo na salvaguarda de sua liberdade são as da democracia. O território cuja integridade garante a soberania de uma nação não é o geográfico, mas o da democracia. Disso resulta que, numa sociedade democrática, a política de defesa não deve ter por fundamento a defesa do Estado, e sim a do Estado de direito.

Convém, pois, centrar o debate na defesa em torno dos conceitos de democracia e de cidadania. Se o objeto da defesa é a democracia, o ator da defesa é o cidadão, porque ele é o ator da democracia. Desse modo, faz-se necessário refletir sobre a relação que uma sociedade democrática precisa estabelecer entre a defesa e o cidadão. Até hoje, não foram transpostas as fronteiras das afirmações retóricas, segundo as quais a defesa é "problema de todos", nossas sociedades não souberam legar aos cidadãos a responsabilidade efetiva na organização da defesa da democracia contra as agressões que tenham origem interna ou externa. A ideologia da dissuasão militar teve como efeito des-responsabilizar o contingente de cidadãos no que diz respeito a suas obrigações de defesa. Tendo em vista que a tecnologia precede, suplanta e acaba por evaporar a reflexão política e a investigação estratégica, o ator da defesa não é mais o cidadão, mas o instrumento técnico, a máquina militar e o sistema de armas.

É necessário, pois, que os cidadãos se reapropriem do papel que lhes cabe na defesa da democracia. Para contar com a participação do cidadão na defesa da sociedade, não basta querer insuflar um "espírito de defesa" na população civil; mais do que isso, deve-se preparar uma verdadeira "estratégia de defesa" que possa mobilizar um contingente de cidadãos para constituir uma "defesa civil" da democracia.

Até nossos dias, a sensibilização dos cidadãos aos imperativos da defesa, incluindo a das crianças, restringiu-se à esfera da organização da defesa militar. Tal restrição não deixa de ser um entrave ao desenvolvimento de uma firme vontade de defender as instituições que garantam o funcionamento da democracia. Para que o espírito de defesa se propague realmente na sociedade, é necessário civilizar a defesa e não militarizar os civis. A mobilização dos cidadãos poderá ser mais eficaz e operacional à medida que as tarefas lhes forem propostas pelas instituições políticas, administrativas, sociais e econômicas em que trabalham cotidianamente. A preparação da defesa civil inscreve-se, em total continuidade e em perfeita homogeneidade com a vida dos cidadãos, nas instituições em que exercem suas responsabilidades cívicas. O espírito de defesa que lhes é exigido se enraíza diretamente no espírito cívico que estimula suas atividades cotidianas.

Diante de qualquer tentativa de desestabilização, controle, dominação, agressão ou ocupação da sociedade proveniente de um poder ilegítimo, é fundamental que a resistência civil dos cidadãos se organize sob a égide das instituições democráticas que permitem o livre exercício dos poderes executivo, legislativo e judiciário, cuja função é garantir as liberdades e os direitos de todos e de cada um. Cabe aos cidadãos que exercem funções nessas instituições zelar para que estas continuem a funcionar de acordo com as regras da democracia. Compete-lhes, ainda, recusar qualquer subserviência a todo poder ilegítimo que, apoiando-se numa ideologia antidemocrática, queira submeter essas instituições a seus próprios fins.

O objetivo último de todo poder ilegítimo, que ambicione assumir o controle de uma sociedade, consiste em obter, pela conjunção de meios de persuasão, pressão, coerção e repressão, a cumplicidade e a colaboração objetiva dos cidadãos, pelo menos de um significativo número deles. Portanto, o eixo central de uma estratégia de defesa civil é a organização da recusa generalizada, porém seletiva e perfeitamente orientada dessa colaboração. Pode-se, assim, definir a defesa civil como uma política de defesa da sociedade democrática contra toda tentativa de controle político ou de ocupação militar, que mobilize os cidadãos para uma resistência, e conjugue de forma planejada e organizada ações não-violentas de não-cooperação e de confrontação com qualquer poder ilegítimo, de forma que este se encontre incapacitado para alcançar os objetivos ideológicos, políticos e econômicos evocados para justificar sua agressão.

É essencial que a organização dessa defesa não seja deixada à iniciativa dos indivíduos. É da competência dos poderes públicos preparar a defesa civil em todos os espaços institucionais da sociedade política. Para isso, é preciso que o governo elabore instruções oficiais sobre as obrigações dos funcionários do poder público quando, desafiados por uma situação de crise de maior gravidade, precisam contrapor-se às ordens de um poder ilegítimo. As instruções devem destacar que as administrações públicas exercem um papel estratégico decisivo na defesa da democracia, privando qualquer poder usurpador dos meios de execução necessários para implementar sua política.

Ao mesmo tempo em que é planejada pela sociedade política, a defesa civil deve também ser implementada nas diversas organizações e associações criadas pelos próprios cidadãos para se reunir segundo suas afinidades políticas, sociais, culturais ou religiosas. As redes formadas por essas associações de cidadãos espalhadas por todo o espaço social do país – e que abrangem principalmente os movimentos políticos, os sindicatos, os movimentos associativos e as comunidades religiosas – devem poder tornar-se, em situações de crise que colocam em perigo a democracia, em inúmeras outras redes de resistência. No que tange ao papel específico das associações, Alain Refalo afirma: "A responsabilidade cívica dos cidadãos que integram as associações deve ser ampliada para assumir a defesa da sociedade civil quando esta for agredida. As associações, agentes da democracia, devem igualmente atuar como agentes na defesa da democracia."[42]

A implementação institucional da defesa civil não-violenta por parte dos poderes públicos esbarra, e com toda probabilidade irá esbarrar ainda por muito tempo, em inúmeros fatores sociológicos de relevância. Na verdade, o Estado necessita de um exército para si mesmo, a fim de assegurar sua própria autoridade, mantê-la e, se for preciso, restabelecê-la. Se a mística militar professa uma religião da liberdade, a política militar pratica uma religião da ordem. Por outro lado, o Estado cultua de tal modo a obediência que não pode deixar de sentir forte repugnância a que os cidadãos aprendam a desobedecer a ordens ilegítimas. "É muito provável", afirma a esse respeito Gene Sharp, "que a fé na soberania absoluta da violência e a ignorância quanto ao poder da luta popular não-violenta tenham sido, no passado, totalmente compatíveis com os interesses das elites dominantes, visto que não queriam que o povo tomasse consciência de seu potencial poder".[43]

Hoje como ontem, a implementação da defesa civil não-violenta continua um verdadeiro desafio. Não seria razoável esperar dos poderes públicos que tratem dessa questão da forma como organizam a defesa militar, por um procedimento que seria imposto pelas instâncias superiores do Estado para o nível da sociedade. Cabe primeiramente aos cidadãos convencerem-se da necessidade desta implementação para a defesa da democracia, ou seja, para a defesa de seus direitos e da própria liberdade. Aqui, como sempre, cada vez que se trata essencialmente da democracia, a palavra cabe primeiro aos cidadãos.

CAPÍTULO 11

VIOLÊNCIA E NÃO-VIOLÊNCIA NA HISTÓRIA SEGUNDO ÉRIC WEIL*

O HOMEM ENTRE A RAZÃO E A VIOLÊNCIA

Os textos filosóficos de Éric Weil são unanimemente considerados "uma das obras-primas de nosso tempo".[1] Considerando que a obra filosófica de Éric Weil encontra-se inteiramente fundamentada na reflexão sobre a violência e a não-violência, é particularmente interessante para nosso intuito explorar essa obra tentando expor seus princípios e conclusões.

Gostaríamos de ler Éric Weil como ele mesmo quis ler Kant (PK, pp.9-10). Para isso, num primeiro momento, tentaremos ficar tão próximo quanto possível de seu texto, "sem fazer-lhe violência", esforçando-nos para compreender seu discurso e demonstrar sua coerência. E num segundo momento, após a esse esforço de exposição e compreensão, será necessário proceder à sua apreciação e avaliação, ou seja, fazer uma análise crítica, pois "a intenção de manter-se fiel ao pensamento, a qualquer idéia de um autor, não exclui a crítica ou a oposição". Será preciso estabelecer um diálogo, uma

---

*Abreviações das obras de Éric Weil:
EC I: *Essais et conférences*, tomo 1, Philosophie, Paris: Vrin, 1991.
EC II: *Essais et conférences*, tomo 2, Politique, Paris: Vrin, 1991.
LP: *Logique de la philosophie*, Paris: Vrin, 1974.
PK: *Problèmes kantiens*, Paris: Vrin, 1990.
PM: *Philosophie morale*, Paris: Vrin, 1992.
PP: *Philosophie politique*, Paris: Vrin, 1984.
PR: *Philosophie et réalité: derniers essais et conférences*, Paris: Vrin, 1982.

discussão, acompanhando o autor em seu percurso. É legítimo, e sem dúvida inevitável, apontar uma ou outra insuficiência, imprecisão ou equívoco nas idéias do interlocutor e expressar possíveis desacordos com ele.

Entre todas as definições do homem que lhe foram dadas, Éric Weil retém a de uso mais difundido: "O homem é um animal dotado de razão e de linguagem, mais exatamente de linguagem racional." (LP, p.3) É evidente que o homem não se exprime e não se comporta naturalmente em conformidade com as exigências da razão, mas deve empenhar-se por cumpri-las para tornar-se plenamente homem. É exatamente este esforço do homem em pensar, falar e viver de forma racional que caracteriza a filosofia. Mas, à medida que o homem-filósofo decide optar pela razão, passa a ter consciência do que, nele, o impede de tornar-se racional. O filósofo não teme os perigos externos, nem mesmo a morte, "teme aquilo que nele não é razão" (LP, p.19), "tem medo da violência" (LP, p.20). A violência que o homem-filósofo descobre em si, e que o conduz a uma atitude irracional, é um obstáculo à realização de sua própria humanidade. Esta violência que existe nele "não corresponde aquilo que nele constitui sua humanidade" (LP, p.47). Logo, o filósofo teme a violência, pois "ela vai impedi-lo de se tornar ou ser sábio" (LP, p.20).

Dessa forma, o aprendiz de filósofo, no momento em que deseja de fato tornar-se racional, descobre-se como um homem com necessidades, interesses, desejos, paixões e, como tal, por natureza predisposto à violência contra seus semelhantes. No entanto, o homem só pode reconhecer-se como violento porque também é um ser dotado de razão. A violência só se torna inteligível por meio da re-flexão, ou seja, após o homem ter efetuado uma retroflexão para analisar sua própria violência. Ele só descobre e compreende a violência que existe dentro dele, na sociedade e na história, porque "já tem a idéia da não-violência" (PM, p.20). O homem é violento, mas só compreende que é violento porque traz em si a exigência de não-violência, que é a própria exigência da razão. "A razão", afirma Éric Weil, "é uma possibilidade do homem. [...] Mas é apenas uma possibilidade, não uma necessidade, e é a possibilidade de um ser que possui uma outra possibilidade. Sabemos que essa outra possibilidade é a violência" (LP, p.57). Mas a violência não é somente a outra possibilidade do homem, ela é "a possibilidade efetivada em primeiro lugar" (LP, p.69).

A OPÇÃO PELA NÃO-VIOLÊNCIA

O homem é, por conseguinte, capaz de razão *e* de violência, e terá que optar entre as duas possibilidades: "A liberdade escolhe entre a razão e a violência." (PM, p.47) Mas a exigência filosófica – que comporta aqui a exigência moral – conduz o homem a optar pela razão e renunciar à violência. "A violência conscientemente percebida de forma violenta", afirma categoricamente Éric Weil, "precisa ser afastada *uma vez por todas*" (LP, p.75). Este é "o segredo da filosofia": "O filósofo quer que a violência desapareça do mundo. Ele reconhece a necessidade, admite o desejo, entende que o homem continua um animal e ao mesmo tempo racional: o importante é eliminar a violência." (LP, p.20) Desse modo, o filósofo pode enunciar – para si mesmo, mas também para os outros – o preceito moral que deve pautar a atitude do homem em todas as circunstâncias: "É legítimo desejar aquilo que reduz a quantidade de violência que entra na vida do homem; é ilegítimo desejar o que a aumenta." (LP, p.20)

Considerando que a razão é constitutiva da própria humanidade do homem, de todo homem e de todos os homens, "o dever principal do (homem moral) está em respeitar a razão em todo ser humano, e respeitá-la em si mesmo respeitando-a nos outros" (PP, p.31). Isso significa primeiramente que deve abster-se de exercer violência a quem quer que seja. "Ele não pode esquecer-se [...] de que não tem o direito de querer determinadas conseqüências (de seus atos), por exemplo, aquelas que transformariam outros homens em *coisas*." (*id.*)

O homem que optou pela razão, por desejar que a coerência de seu discurso determine e transforme sua vida, submete suas decisões ao "critério da universalidade" (PM, p.52): "Cada um deve se comportar de maneira tal que seu modo de agir, o modo como toma decisão, possa ser pensado como um modo de agir de cada um e de todos, em outros termos, que seja tal que possa ser universalizado." (PR, p.269) Ora, a "contradição primeira", que destrói toda coerência do discurso e da vida, é "a que existe entre violência e universalidade" (PM, p.53). Por isso, o homem não pode aproximar-se da universalidade a não ser que tenha optado pela não-violência: "ela é universal" (LP, p.64).

A violência, porém, permanece sempre como outra possibilidade do homem que optou pela razão, pelo universal e, portanto, pela não-violência. Assim, o filósofo nunca terá terminado de transformar a si mesmo norteando-se pela razão. E, mais do que isso, o homem escolhe a razão num mundo em que outros homens escolheram a violência. Por isso, o filósofo deve também procurar envidar esforços para educar os outros à razão e para transformar o mundo a fim de pôr termo – na medida do possível – ao reinado da violência. É por isso que "a não-violência é o ponto de partida e ao mesmo tempo o objetivo final da filosofia" (LP, p.59).

A CONFRONTAÇÃO COM OS OUTROS

O homem-filósofo não é um ser solitário; pertence a uma comunidade histórica e assim é levado a confrontar seu próprio discurso com o dos outros. Não terá segurança de que esse confronto possa ocorrer fora do âmbito da violência. Aquele que optou pelo discurso racional contra a violência pode deparar-se com a "violência do homem que não aceita o discurso desse outro homem e procura satisfazer-se lutando pelo seu próprio discurso, que considera único não só para ele, mas para todos, e tenta torná-lo realmente único pela supressão real de todos aqueles que têm outros discursos" (LP, p.57). O diálogo pode, assim, revelar-se impossível e cede lugar à luta violenta. Mas isso acontecerá "contra a vontade de homens que tenham por princípio fundamental comum o da discussão não-violenta – vontade suficientemente forte para conseguir estabelecer um acordo relativo a suas incompatibilidades, que ficarão assim neutralizadas" (PM, pp.45-46).

Vê-se, assim, que o diálogo é realmente o "domínio da não-violência" (LP, p.24), mas o próprio homem racional rapidamente descobre os limites. "O diálogo mente ao afirmar que pode eliminar a violência." (PR, p.280) A discussão, ou seja, "a confrontação não-violenta dos opostos" (PM, p.43), só é possível entre os que Éric Weil designa "verdadeiros homens" (LP, p.25), ou seja, os que optaram pelo discurso racional. É evidente que mesmo em meio à comunidade dos "verdadeiros homens", a violência continua uma possibilidade, mas quem a emprega exclui a si mesmo dessa comunidade. Por isso, a primeira constatação à qual os "verdadeiros homens" chegam é "a inadmissibilidade da violência entre eles" (LP, p.26).

No entanto, enfatiza Éric Weil, os "verdadeiros homens" não excluíram a violência completamente; ao contrário, ela lhes parece necessária para, por um lado, neutralizar e impedir a atuação deletéria dos homens irracionais que, dentro da própria comunidade, recusam o diálogo e optam pela violência; e, por outro, para combater e vencer os bárbaros vindos de fora que, a qualquer momento, poderão agredi-los. Para se defender dessa dupla ameaça, a comunidade dos verdadeiros homens "outorgou-se uma constituição política e militar" (LP, p.25).

Toda comunidade histórica precisa, efetivamente, organizar-se para poder coibir indivíduos e grupos que "recusam submeter-se à razão" (PP, p.132). Esta organização é que constitui o Estado. Para opor obstáculos aos indivíduos e aos grupos irracionais que ameaçam a paz social e perturbam a ordem pública, para impedir sua atuação nociva, o Estado é levado a empregar a violência. Éric Weil faz uma releitura da definição mais difundida de Estado moderno segundo a qual este se caracteriza por "deter o monopólio do uso da violência" (PP, p.142). Assim, numa sociedade moderna, "ninguém pode ser coagido, em qualquer campo, a não ser pelo Estado" (PP, p.142).

O que justifica a violência do Estado é a necessidade de trazer de volta à razão os indivíduos que recorrem à violência em seu interesse próprio e para satisfazer seus próprios desejos. "O primeiro crime, o crime fundamental no Estado moderno, é constituído pelo exercício da violência (mesmo indireta) por um indivíduo a título individual." (PP, p.142) O Estado considera sempre o indivíduo como um ser virtualmente violento e que, a qualquer momento, pode vir a sê-lo realmente.

Para que a ação do Estado não seja ela mesma arbitrária, é preciso que seja determinada observando-se o respeito à lei. Éric Weil completa a primeira definição que designou ao Estado moderno, especificando que sua característica essencial é ser um "Estado de direito", ou seja, que sua ação, bem como a do cidadão, "é regulada pelas leis" (PP, p.143). Portanto, "o Estado [...], pela lei, regula o exercício da violência" (*id.*). Assim, a função do Estado é coagir o indivíduo, obrigando-o a obedecer à lei, a comportar-se racionalmente e educar o homem para a razão. Dessa forma, o Estado garante a segurança dos indivíduos racionais, protegendo-os da violência dos que não o são.

Claro que Éric Weil tem consciência de que todo Estado, apesar de todas as garantias elaboradas teoricamente pela lei e pela constituição, pode transformar-se num "instrumento de opressão" (PP, p.132). "Aquele que pensa", afirma ele, "[...] não ignora que todo Estado é formado por seres violentos, que qualquer grupo de governo é constituído por indivíduos afeitos à obstinação e, por conseguinte, todo Estado sempre corre perigo de trair seu conceito, o conceito que o justifica", e assim a coerção exercida por ele torna-se uma "coerção injusta" (PP, p.261). Mas o filósofo não pode fazer outra coisa exceto assumir esse risco, determinando-se a fazer tudo que estiver a seu alcance para controlá-lo, pois com certeza "ele sabe que a existência do indivíduo racional, que justifica o Estado, só é possível e duradoura no Estado racional" (*id.*).

A NECESSIDADE DA CONTRA-VIOLÊNCIA

Paradoxalmente, a filosofia que, em sua essência, é recusa da violência, não recusa de forma absoluta a violência. Ela própria, reconhece Éric Weil, "recomenda o emprego da violência, por ter sido levada a constatar que deve opor-se à violência" (LP, p.58). Mas, continua ele, "essa violência é tão-somente o instrumento necessário (tecnicamente necessário num mundo em que ainda vigora a lei da violência) para criar um estado de não-violência" (LP, pp.58-59).

O homem que optou pela razão e pela não-violência deve, portanto, enfrentar a violência que se manifesta na história e não pode deixar de entrar no campo da ação política, a fim de trabalhar pela chegada de um mundo em que a razão e a não-violência prevaleçam nas relações humanas. "É em relação à história que a opção pela não-violência ganha seu sentido concreto." (EC II, p.214) Mas aqui Éric Weil insiste que, para chegar a esse objetivo, os meios da razão e da não-violência se revelam radicalmente insuficientes. "A violência, em si mesma, é a negação de todos os sentidos, o absurdo em estado puro; mas cairemos nos mais violentos (e nos mais evitáveis) conflitos exteriores se nos convencermos de que basta falar de não-violência e de vida segura na sociedade." (PP, p.233) Já que o homem irracional não se deixa convencer pelos argumentos da razão, será preciso coibi-lo pelos argumentos da violência. Acrescenta Éric Weil: "Se propor aos homens usar a razão em vez de impor-lhes seu uso fosse um procedimento suficiente para que se tornassem racionais, a violência há muito teria deixado de reinar entre nós." (PP, p.21) O homem racional não pode contar com a "força do bem" para combater a violência dos homens maus: "No plano da realidade e da realização, o bem não tem força, toda a força se encontra do lado do mal." (PP, p.45)

De acordo com Éric Weil, "nenhum outro procedimento além da persuasão seria permitido a quem não se dispusesse a sacrificar a pureza de sua vontade à utilidade, tal como esta se define na vida cotidiana" (PP, p.21). Mas, como os meios da persuasão, do modo como são exercidos na discussão, revelam-se inoperantes para convencer os que fizeram a escolha da violência em vez da razão, o homem racional, se quiser efetivamente assumir suas responsabilidades na história, será realmente obrigado a empregar os meios da violência para coibi-los. Para Éric Weil, ante a violência dos homens irracionais, não há alternativa exceto entre, por um lado, o fracasso dos meios da não-violência (que leva a um fracasso da não-violência na história) e, por outro, o sucesso dos meios da violência (que permite ou pelo menos salvaguarda o possível sucesso da não-violência na história).

SER SÁBIO NO MUNDO

O homem que tivesse intenção de conduzir-se no mundo obedecendo exclusivamente aos princípios da moral pura, exatamente por querer manter a pureza de sua vontade, acabaria por recusar toda ação. "Claro que é possível rejeitar toda violência", observa Éric Weil, "mas aquele que quiser tomar essa decisão, e tomá-la seriamente, sai automaticamente do campo da política; ele poderá aceder à santidade, deixará de agir" (PP, p.232). Mas ao deixar de agir, abandona o mundo à ação dos violentos. O homem moral deve, portanto, recusar-se a ceder à "inclinação de entregar-se ao conforto de uma consciência moral pura, mas puramente negativa" (PP, p.18).

Em todo caso, esse repouso será provavelmente logo perturbado, pois o homem da moral pura arrisca-se a ser ele mesmo vítima da violência de homens irracionais. Pode, desse modo, "aceitar sacrificar sua vida para ele mesmo não ser violento" (PR, p.273), mas, neste caso, deverá "aceitar também, de acordo com o princípio da universalização de seu preceito, sacrificar a sobrevivência de todo ser moral e, assim, da própria moral" (*id.*). O homem moral tem, por isso, o dever de defender sua vida para poder continuar a defender a moral. Assim, Éric Weil acaba por enunciar este extraordinário paradoxo: "O defensor da moral" pode se restringir "ao emprego da violência no intuito de defender a possibilidade da não-violência em sua própria pessoa" (PM, p.39). Éric Weil reconhece, todavia, que "podem surgir algumas situações [...] em que a morte voluntariamente aceita, por vezes procurada, poderá ser desejada como único meio de introduzir a nova moral concreta na consciência dos contemporâneos e das gerações futuras" (PM, p.117).

Portanto, é no mundo que o homem-filósofo deve viver a sabedoria a que aspira. "Não se trata de morrer para o mundo, de distanciar-se, de retirar-se, não se trata de ser sábio fora do mundo, ou ao lado dele, mas dentro do mundo." (LP, p.438) A filosofia indica a via da "sabedoria prática", ou seja, a "faculdade do homem de discernir, graças à experiência e à reflexão, aquilo que conduz ao resultado almejado" (PM, p.191). Se essa sabedoria for somente prática, certamente poderá inspirar e dirigir o comportamento e a ação do homem imoral e violento; desse ponto de vista, ela é moralmente neutra. Mas, à medida que o indivíduo compreende que "a violência constitui o mal para o homem e para os homens", a "sabedoria prática e moral viva não podem mais ser separadas: a decisão pela não-violência constitui o guia dessa sabedoria, que, sem ela, não passaria de um instrumento da arbitrariedade" (PM, p.191). Para discernir a conduta a adotar na situação concreta em que se encontra, o homem racional deve dar prova de prudência. "A prudência é a sabedoria prática que determina a execução e conduz ao êxito as iniciativas do indivíduo moral." (PM, p.126) Mas a prudência não aconselha ao homem racional a inatividade, aconselha a que gênero de ação ele deve se consagrar.

O homem que optou pela razão precisa agir para encarnar a razão no mundo. "Assim, a filosofia do homem filósofo só alcança sua finalidade com a ação. [...] A filosofia se realiza e alcança seu fim na ação. [...] Qualquer tipo de fuga é proibida." (LP, pp.417-418) E, de acordo com Éric Weil, para ser eficaz, na maioria das vezes, a ação terá que ser violenta. Ele não considera razoável a recusa absoluta à violência, pois tal atitude só pode ter, como conseqüência, reforçar a ascendência da violência no mundo e abandoná-lo às forças da insanidade. Por isso, "após todas as tentativas empreendidas, não há outros meios para a razão senão os da violência" (EC II, p.217). Em certos momentos, a violência pode ser "nobre e justa" (PP, p.233).

A VIOLÊNCIA COMO MEIO DE REALIZAR A NÃO-VIOLÊNCIA

Éric Weil, entretanto, não esquece que é a opção pela não-violência que fundamenta a atitude do homem racional no mundo. A não-violência não é apenas uma exigência filosófica, é também uma exigência política. Não deve ser uma preocupação exclusiva do filósofo que reflete perante a história, mas também a do homem político que atua na história. "A não-violência na história e pela história tornou-se o objetivo da história e é concebida como seu objetivo. [...] O progresso rumo à não-violência define para a política o sentido da história." (PP, p.133) Mas, precisamente, para realizar a não-violência na história é necessário – tecnicamente necessário – empregar os meios da violência. "A não-violência como opção fundamental é, e só é fundamental, no sentido estrito: é dela assim como do bem político soberano que procede a reflexão, somente nela descobre-se sua finalidade por ter sido ela seu ponto de partida. Entre os pontos de partida e de chegada, a não-violência precisa se realizar, em meio à violência e, logo, também pelo emprego dos meios da violência." (EC II, p.410)

Portanto, é a serviço da não-violência que é necessário empregar a violência. A não-violência como finalidade da história justifica a violência como meio de ação na história. "A opção pela não-violência não é uma opção pelo não emprego da violência; ao contrário, a opção só tem sentido caso se admita que no mundo da violência e contra a violência, consciente ou não de sua natureza, só a violência é eficaz no interesse da não-violência." (EC II, pp.409-410) Éric Weil é, pois, categórico: só os argumentos impactantes da violência são suscetíveis de ser ouvidos pelo homem violento e só estes, por conseguinte, podem impulsionar o passo da não-violência na história. "O historiador aprende a ver a evidência, difícil de ser apreendida, de que a decisão pela não-violência, a não ser que se queira recusar a história e aceitar a violência e a morte, deve lutar contra a violência por meio da violência, único 'argumento' compreensível pelos violentos." (EC II, p.252) Em outro trecho, Éric Weil afirma: "A violência existe entre nós, e se a não-violência não quiser ceder terreno à violência, será obrigada a empregar os únicos meios que seu adversário conhece." (EC I, p.171)

O homem político que assume a responsabilidade pelo futuro da comunidade não costuma dar ouvido às lições de moral dos que pregam a não-violência. "Se quiser ser bem-sucedido, será obrigado a empregar os meios, os únicos meios a que os violentos são sensíveis, os mesmos que estão habituados a empregar. Quando se tem o encargo da política, não se combate os violentos com uma atitude de recusa a toda violência." (EC I, p.165)

Segundo Éric Weil, "a violência foi e ainda é a *causa motora* da história", embora a eliminação da violência seja sua "*causa final*" (PP, p.232). Assim, à luz da história, logo, do historiador e, conseqüentemente, do filósofo, a violência, embora considerada em si mesma seja negativa, representou e representa ainda um papel positivo para o advento da liberdade no mundo. A violência deve ser "entendida naquilo que tem de positivo, a mola propulsora sem a qual não haveria movimento; não passando de negatividade em cada ponto, ela é, na totalidade, a positividade do Ser que se reconhece racionalmente como liberdade" (LP, p.55).

O FIM JUSTIFICA OS MEIOS

Para Éric Weil, não resta dúvida de que "é o fim que justifica os meios" (EC I, p.169). Ele se mostra surpreso pelo fato desse princípio ter má reputação e escandalizar os homens morais. "Ora, este princípio não só é verdadeiro, como enuncia um truísmo. De fato, como um meio poderia justificar-se se não por seu fim?" (EC II, p.209) Claro que os meios da violência contradizem a exigência moral de não-violência; considerados em si mesmos, são imorais e, portanto, execráveis, mas são necessários na medida em que só eles permitem combater eficazmente a violência dos homens maus.

No entanto, Éric Weil não ignora que o princípio segundo o qual os fins justificam os meios comporta o perigo de que quaisquer meios sejam justificados por qualquer tipo de fim. "Em geral", observa ele, "as promessas mais nobres e merecedoras da colaboração de todos servem apenas de fachada à preguiça moral, aos mais baixos instintos, à covardia, à frieza de coração: o fim justifica, então, qualquer meio, simplesmente porque a invocação do fim fará calar toda objeção, toda discussão a respeito do valor moral e até mesmo da adequação técnica dos procedimentos" (PM, p.67). Éric Weil está consciente do risco de que esse princípio, por mais verdadeiro que seja, abre a porta à arbitrariedade. "Se o homem político", pergunta ele, "tem o direito de empregar a violência e a astúcia, não estamos concedendo-lhe o direito à arbitrariedade? [...] Não estamos nos expondo aos mais graves riscos ao admitir a violência e a mentira?" (EC II, p.167). "Como evitar", pergunta ele ainda, "que, conscientemente ou não – a inconsciência não é desculpa – sejamos cúmplices de uma violência que não se coloca a serviço da razão e não luta contra a violência privada, arbitrária, egoísta, aquela que não visa o universal?" (EC II, p.168). Quem é que não proclama que sua causa é justa e sua luta é a do bem contra o mal, a da verdade contra o erro? "Uma vez introduzida a violência na vida política, seja qual for o lado que a tenha invocado pela primeira vez, é muito difícil confiná-la novamente ao arsenal das armas disponíveis, mas de que não nos servimos." (EC II, p.383) Aliás, ao mesmo tempo em que afirma a verdade deste princípio, Éric Weil não esconde sua inquietação com o uso que pode lhe ser dado. "Não há necessidade", afirma ele, "de procurar exemplos para provar que, mais de uma vez no curso da história, o perigo inerente ao princípio foi transformado em catástrofe" (EC I, p.169).

O perigo maior está em esquecer-se de que os meios da violência são apenas necessários e isso não é justificativa para se tornarem bons. O homem político, acrescenta Éric Weil, "nunca pode esquecer que esses meios são perigosos, não apenas porque alimentam as tensões, os conflitos, as paixões entre as nações e os grupos, mas também e principalmente porque, precisamente nas situações em que têm êxito, podem ser considerados, e geralmente o são, como atos admiráveis para eles mesmos" (EC I, pp.171-172). Éric Weil recusa veementemente os historiadores, filósofos e chefes políticos que pregam o "evangelho da violência", pois "contra eles, a moral abstrata [...] simplesmente tem razão" (EC II, p.252).

Éric Weil não esquece também de que os homens que terão o encargo de executar a decisão do homem político de recorrer aos meios da violência terão, eles próprios, de sofrer com os meios condenáveis que mobilizarem. "A violência, por mais necessário que pareça seu emprego de imediato, estimula os cidadãos a praticar atos, a desenvolver hábitos contrários à racionalidade" e, "assim, eles acabam recebendo uma contra-educação" (PP, p.238). O homem moral, por sua vez, será levado a recusar-se a admitir a necessidade de tais meios imorais, para ter sua consciência em paz. Mas Éric Weil continua considerando essa abstenção do homem moral como uma fuga diante de suas responsabilidades. A verdadeira obrigação moral não consiste em fugir dessa necessidade, mas em assumi-la, esforçando-se por vencê-la. É por isso que, ao mesmo tempo que reconhece a necessidade política do emprego dos meios condenáveis da violência, Éric Weil afirma que sua única justificativa real é preparar uma sociedade em que estes já não serão necessários. "Os meios condenáveis são impostos (ao homem político) pelos homens maus. Positivamente, porém – e isto é decisivo –, seu objetivo é tornar o emprego de tais meios supérfluo e realmente condenável, ou seja, tecnicamente inoperante, tecnicamente injustificável." (EC I, p.170) Se o homem de Estado, insiste ele ainda, "deve lutar contra o mal pelo mal, cabe-lhe provar e convencer de que foi coagido e obedeceu à necessidade da violência, com o fim único de eliminar essa mesma necessidade" (EC I, p.172).

SUPERAR A NECESSIDADE DA VIOLÊNCIA

Dessa forma, Éric Weil reafirma categoricamente a necessidade de realizar a não-violência na história, sobrepujando e superando a necessidade de recorrer à violência. Aliás, ele acredita que a humanidade já realizou progressos consideráveis nesse sentido: "O simples fato de que acabamos por considerar a violência aberta ou camuflada como um mal já é uma prova, em comparação aos milênios em que a humanidade admirou sinceramente o forte e o astuto." (EC I, p.170) Éric Weil está convencido de que a violência impulsionou o avançar da não-violência na história. "Não existe nenhuma contradição histórica absoluta entre a violência e a não-violência: na medida (grande em comparação com o passado) em que a não-violência existe no mundo atual, é porque provém da violência – e continua a ser seu objetivo." (PP, p.233)

Enfim, Éric Weil acredita que a humanidade chegou hoje a um estágio de sua evolução que lhe tornou possível transpor uma etapa decisiva na efetivação da não-violência: "Daqui para frente, a humanidade pode desejar conscientemente o que sempre procurou de modo mais inconsciente. Pode pensar a não-violência e a honestidade e pode agir de modo que sua realização seja cada vez mais completa." (EC I, p.171) A partir de agora, a não-violência poderá cada vez mais substituir a violência para realizar o sentido da história. "De hoje em diante, será preciso construir um mundo em que a moral possa viver com a não-violência, um mundo em que a não-violência não seja simples ausência de sentido – sentido este que a violência procurava na história sem saber o que procurava, que ela criou violentamente e continua a procurar por meios violentos. A tarefa consiste em construir um mundo em que a não-violência seja real sem eliminar *nem* o absurdo da violência, *nem* seu sentido positivo para a vida dos homens." (PP, p.234) Éric Weil chega a pensar que a sociedade pode hoje entrever a realização do ideal que lhe foi destinado desde sempre pelo homem que optou pela razão e, portanto, pela não-violência: "O direito da sociedade moderna tenderá sempre a reduzir o papel dos fatores históricos, para chegar, no ideal, a um sistema puramente racional, regulando as relações entre os indivíduos de tal forma que toda a violência seja excluída." (PP, p.83)

CAPÍTULO 12

DIÁLOGO COM ÉRIC WEIL

DECIDIR-SE PELA NÃO-VIOLÊNCIA

Depois de fazer um longo percurso com Éric Weil, deixando-o falar e ouvindo-o atentamente, chegou o momento de estabelecer com ele uma longa conversa, a fim de expor nossas convergências e divergências.

É preciso destacar que o grande mérito de Éric Weil reside em afirmar de forma inequívoca que a violência contradiz radicalmente a exigência de razão que o homem tem em si e constitui a base de sua humanidade: para se tornar real e plenamente um homem, o indivíduo deve optar livremente pela razão, renunciando a violência. Weil não ignora que o homem é um ser de necessidades, desejos e paixões, e, como tal, é um ser violento. Mas, precisamente, *se o homem é capaz de se compreender como um ser violento, é porque já traz em si a idéia de não-violência*. A violência é uma possibilidade do homem e vai permanecer sempre assim. No entanto, o homem possui outra possibilidade que corresponde a uma exigência constitutiva de seu ser: a não-violência.

Para cumprir sua humanidade, o homem necessita passar pelo crivo da razão seus desejos e paixões, submetendo-os à sua resolução: decidindo-se pela não-violência. Essa decisão pela não-violência dá sentido à sua existência, ou seja, dá-lhe orientação e significado. Assim, toda reflexão filosófica de Éric Weil se baseia no conceito de violência e, portanto, no de não-violência. Ao tentar identificar o núcleo do pensamento de Éric Weil, Gilbert Krischer afirma: "No nível categorial, a violência é o conceito daquilo que ameaça o homem em sua própria humanidade: a supressão da relação humana do homem com o homem, com o outro homem e com o homem que ele é. É ela que o desumaniza, é esse outro do homem que habita no homem, com quem o homem está em conflito, conflito este que constitui o homem em sua própria humanidade. O homem cai em si na experiência da violência."[1] A violência é a irracionalidade, a contradição, o *non-sense* porque é desumana. Por isso, o homem racional deve decidir afastar a violência e optar definitivamente pela não-violência, sabendo que essa opção deverá ser renovada a cada instante, a fim de afastar a possibilidade sempre presente da violência.

Assim, a violência se encontra desqualificada pela filosofia de Éric Weil e qualquer "evangelho da violência" é recusado: *só a exigência de não-violência consolida a humanidade do homem.* A não-violência não deve se contentar em balizar o pensamento do homem; mais do que isso, deve determinar sua atitude na vida, seu comportamento com os outros homens e sua participação na história. A não-violência será, portanto, uma sabedoria prática, pois o homem que optou pela não-violência não é um ser solitário: vive numa comunidade histórica e tem interesses comuns aos dos outros homens. Ele não pode fugir ao encontro e à presença de outras pessoas para ser mais fiel à sua opção pela não-violência. Deve ser solidário à sua comunidade; é junto a ela que deve promover o avanço da não-violência, uma vez que, se a comunidade dá sentido à existência pessoal do homem racional, ela confere também sentido à história coletiva dos homens e dos povos. Compete ao homem racional a responsabilidade de agir de modo que a própria história se torne cada vez mais não-violenta.

À medida que os outros também optem pela razão, pelo discurso e pela não-violência, existe para ele a possibilidade de estabelecer com os outros um diálogo, de iniciar uma discussão. Juntos formam a comunidade dos "verdadeiros homens". Uma discordância entre eles não é motivo para passar à violência, já que estabeleceram como regra comum não recorrer a ela. A discordância precisa ser superada pela discussão, e, caso não se possa chegar a um acordo, devem, pelo menos, pôr-se de acordo quanto ao objeto de discordância e, assim, desarmar qualquer conflito entre eles. A não-violência será a regra de ouro a prevalecer nas relações entre os verdadeiros homens que escolheram a razão e renunciaram à violência.

ESCOLHER ENTRE MATAR E MORRER

Éric Weil não ignora, porém, que o homem racional irá deparar-se inevitavelmente com a violência dos homens irracionais, tanto dentro como fora de sua comunidade. Qual deverá ser, então, a atitude do homem que optou pela não-violência ao se deparar com uma situação em que terá de escolher entre matar ou morrer? Se considerarmos exclusivamente a exigência formal da moral pura, Éric Weil não tem nenhuma dúvida de que o indivíduo deve escolher morrer, para não ser ele próprio violento. No entanto, ele critica essa escolha, contesta-a e finalmente acaba por recusá-la. Recusa-a como um impulso ao qual o homem moral não deve ceder. Aceitar a opção de morrer apresenta-se a Éric Weil como uma solução de facilidade. De fato, a morte livra o homem moral de todas as dificuldades que encontra na vida para ser fiel à moral. A morte, de certa forma, vai simplificar-lhe a vida. Por isso, Éric Weil presume que aquele que opta por morrer demonstra mais covardia do que coragem.

Ele recusa tal escolha sobretudo porque, ao aceitar morrer, o homem moral abandona o mundo à violência dos homens imorais, deserta da história, quando é na história que é preciso vencer a violência e promover o progresso da razão. Éric Weil chega a afirmar que, do ponto de vista da exigência da moral concreta e histórica, não mais da moral formal e abstrata, o homem moral deve escolher matar em vez de morrer, para preservar a possibilidade de concretizar a não-violência, em si mesmo e em sua comunidade.

Cabe aqui iniciar nossa discussão com Éric Weil. Em primeiro lugar, é preciso que o indivíduo se encontre numa situação excepcional para, com todo conhecimento de causa, precisar escolher entre morrer ou matar. Regra geral, terá de escolher entre dois *riscos*, o de matar e o de morrer, e isso já é bem diferente, porque, *a priori,* não foi comprovado que, ao enfrentar o risco de morrer em vez de matar, as probabilidades de que o matem sejam realmente maiores.

Além disso, temos certa dificuldade em concordar com Éric Weil, quando enfatiza que é fácil para o homem moral preferir morrer a ter de matar. Estaríamos mais inclinados a pensar que o medo de morrer continua a ser mais forte no homem moral do que o medo de viver e, por conseguinte, ele mesmo está naturalmente mais propenso a matar do que a morrer. Mas, sobretudo, não acreditamos que aquele que aceita morrer por fidelidade à sua opção pela não-violência esteja deixando a história e abandonando-a à violência dos homens irracionais. Aquele que morre em conseqüência da violência dos maus, não porque esta o tenha apanhado em sua fuga ou surpreendido em sua retirada, mas porque decidiu enfrentá-la para barrar-lhe o caminho e impedi-la de continuar sua corrida desvairada na história, dando seguimento à sua ação destruidora, este homem, mais que qualquer outro, está presente na história. Não somente está e continua na história, como também atua na história, ele faz história. Para ele, não se trata de proteger sua própria pureza, mas de proteger a história da impureza da violência. Ao recusar tornar-se ele próprio cúmplice da violência, constrói contra ela, com seu próprio corpo, uma nova frente de resistência. Ele tem consciência de que, aceitando recorrer à violência, abriria, pelo contrário, uma brecha que lhe daria passagem.

Aquele que aceita morrer para não matar pode *esperar* contribuir efetiva e eficazmente para extinguir a violência no mundo. O que está em jogo aqui é, de fato, *a esperança,* enquanto opção filosófica. Enfim, parece-nos necessário interpretar o pensamento de Éric Weil a respeito da necessidade da violência em termos de desesperança. Uma pessoa que aceita matar para não morrer arrisca-se a contribuir para reacender a violência no mundo. Então, aos olhos da própria história e de acordo com o critério de eficácia na história, é razoável esperar ser mais operacional morrer, para realizar hoje a não-violência em si mesmo, do que matar, para manter a possibilidade de realizá-la amanhã. Aquele que aceita morrer para realizar a não-violência em si, realiza-a naquele exato momento na história. Aquele que aceita morrer opondo-se com todas as forças à violência da história e, recusando-se, para isso, ser ele próprio violento, descerra uma esperança na história: educa melhor os homens para a razão e para a não-violência do que aquele que aceita matar para vencer a violência. A violência do homem racional tem, efetivamente, toda chance de servir de pretexto à violência do homem irracional.

Parece-nos, assim, essencial inverter a ordem da regra e da exceção estabelecida por Éric Weil. De acordo com ele, quando o homem moral tem de escolher entre matar ou morrer, a regra é matar, embora reconheça que pode haver exceções. Parece-nos, ao contrário, que, para o homem que optou pela não-violência, a regra deve ser preparar-se para morrer, para não matar, apesar de existirem situações excepcionais em que não saberia agir de outra forma, exceto matar para opor obstáculo a uma violência ainda maior, sobretudo quando há risco de que pessoas muito próximas possam ser atingidas ou mortas. Isto posto, seria dar provas de temeridade fingir esquecer-se de que aquele mesmo que escolheu a não-violência como regra de conduta pode, em certas circunstâncias, não ter coragem de morrer e assim decidir matar porque o medo de ser morto é mais forte do que sua vontade de não matar. Nesse caso, quem pode lançar-lhe a primeira pedra?

Enfim, Éric Weil acredita que para manter a coesão de sua própria comunidade e para preservar, assim, a possibilidade de que seus membros vivam moralmente, os verdadeiros homens devem aceitar recorrer à violência para trazer de volta à razão aqueles que optaram pela violência. Mas ele reintroduz, assim, a necessidade da violência na própria vida do homem que optara pela não-violência; toma, porém, a precaução de reafirmar que a não-violência continua a ser o fim da história, sua causa final, mas apenas para melhor justificar a violência como meio necessário – tecnicamente necessário – para atingir tal fim.

O FIM JUSTIFICA OS MEIOS?

Quando Éric Weil estabelece o dualismo da violência do homem irracional e do homem racional, e com esse dualismo fundamenta seu raciocínio para afirmar a necessidade da contra-violência para conter a violência, ele está simplificando excessivamente a realidade, pois, na maioria dos conflitos violentos, é praticamente impossível estabelecer uma delimitação tão manifesta e categórica entre os comportamentos dos dois adversários. Na maioria das vezes, cada um deles pode invocar boas razões para estar em conflito com o outro. Cada um deles pode argumentar que só está defendendo seu direito em relação ao outro. Aliás, é notório como um e outro recorrem à mesma retórica de legitimação. Os discursos com que justificam a própria violência são, de fato, perfeitamente simétricos e com freqüência são também parcialmente bem fundamentados.

Não é plausível, portanto, ater-se ao esquema justificativo segundo o qual os homens racionais seriam obrigados a recorrer à violência dos malfeitores, dos perversos, dos criminosos ou dos insanos. A história, ontem como hoje, está repleta de conflitos homicidas em que cada uma das duas comunidades em oposição poderia argumentar, com a mesma sinceridade (mas sinceridade não significa verdade), que está apenas se defendendo de um inimigo que ameaça seu direito à existência.

Para Éric Weil, é evidente que o fim justifica os meios. Se houver contradição entre a não-violência, considerada como fim da história, e a violência, como meio de agir na história, o homem racional terá que assumir essa contradição, mesmo que nunca deva resignar-se a ela, mas, ao contrário, esforçar-se permanentemente por superá-la. Parece-nos, aqui, que a reflexão de Éric Weil no que tange à relação entre o fim e os meios constitui um ponto frágil de seu pensamento. Evidentemente, ele não ignora os perigos nem os riscos inerentes ao princípio da justificação dos meios pelo fim, mas, a nosso ver, a forma um tanto expeditiva como defende e legitima este princípio não oferece qualquer possibilidade efetiva de se precaver contra uns e outros. Com efeito, mesmo que seja necessário que o fim seja justo para que os meios o sejam, de modo algum é o bastante. O fim não justifica quaisquer meios. A própria história nos mostra que meios nocivos pervertem o fim em nome do qual são utilizados. Existe, na realidade dos fatos, uma coerência, uma homogeneidade entre a natureza dos meios mobilizados e a natureza do fim a que se chega. A exigência de empregar meios coerentes com o fim almejado não é apenas uma questão de moralidade, mas também, e indissociavelmente, uma questão de eficácia. Éric Weil não nos parece ter prestado suficiente atenção ao elo orgânico entre o fim e os meios. Ele não dedica bastante tempo em observar o ato de violência que julga necessário para conter a violência do homem irracional e em examinar todas as conseqüências, tanto para quem o comete como para quem o sofre. Isso o dispensa de constatar que este ato de violência é também um malogro da razão.

A VIOLÊNCIA PODE SER O ANTÍDOTO DA VIOLÊNCIA?

Éric Weil constrói seus argumentos sempre a partir do postulado segundo o qual a ação contra a violência – quer se trate da violência da delinqüência, da injustiça, da opressão ou da agressão, sem que, aliás, ele faça, de modo geral, distinção entre essas diferentes violências – é necessariamente violenta; no entanto, convém lembrar que esse postulado não foi realmente discutido. Na leitura, nota-se que ele o considera indiscutível. Ora, precisamente, este postulado nos parece amplamente discutível. Gostaríamos de discuti-lo, continuando nosso diálogo com Éric Weil.

Entre os meios suscetíveis de trazer o homem irracional de volta à razão, Éric Weil só se refere à persuasão e à violência. Mas, para que a persuasão possa alcançar seu objetivo, seria necessário que o indivíduo que escolheu a violência decida-se livremente a renunciar a ela, opte pela razão e aceite a discussão. Isso não é impossível, visto que o homem violento continua perfeitamente capaz de agir pela razão, mas não é o mais provável. E na medida em que a persuasão não consiga convencer aquele que optou pela violência, Éric Weil afirma que o homem racional não tem outra possibilidade senão escolher também ele a violência para coibir o outro, já que os fortes argumentos da violência seriam os únicos que ele poderia ouvir. Mas, os que acreditam que a violência é a única linguagem a ser entendida pelos adversários e a levá-los a aceitá-la, só ouvem e só sabem falar unicamente essa linguagem. Dessa forma, encerram-se a eles próprios na fatalidade da violência.

Éric Weil não deixa lugar a uma coerção não-violenta, ou seja, uma coerção que defenda outros argumentos, diferentes dos da razão, mas que não entrariam na lógica desumana e desumanizante da violência. A noção de coerção não-violenta está totalmente ausente do campo de reflexão de Éric Weil. Para ele, a não-violência só pode ser colocada em prática no diálogo e na discussão: a não-violência só pode ser a não-violência do discurso. Ele desconhece a não-violência da ação, e ignora tudo sobre a ação não-violenta, que pode obrigar o indivíduo irracional a aceitar a discussão, exercendo contra ele uma força que não é violência, ou seja, que não fira sua humanidade.

De acordo com Éric Weil, toda ação na história é necessariamente violenta e aquele que renunciar à violência renuncia à ação na história, sob pretexto de salvaguardar a pureza de sua vontade. Devemos reconhecer que essa tese não tem fundamento. Parece-nos que seu erro decisivo está em não ter estabelecido uma distinção entre força e violência. Ele refere-se sempre à violência de maneira genérica e engloba neste único termo todas as formas de coerção. Não dá lugar a uma força não-violenta que não se baseie unicamente na força da razão, mas também na força da ação; não reserva nenhum lugar a uma ação não-violenta que mobilize uma real força de coerção que nada deva à lógica destruidora e homicida da violência.

"Parece-me bastante claro", afirma Patrice Canivez, "que Weil tem em vista uma intervenção do filósofo na história, cujo resultado seria dar a esta história uma versão não-violenta da ação, ou seja, num sentido preciso do termo, uma versão propriamente política da ação. [...] Sem dúvida, este ponto encontra-se em correspondência com a atitude socrática do filósofo, isto é, com sua recusa da violência ativa".[2] Mas ao afirmar isso, Patrice Canivez vai além das idéias de Éric Weil. É claro que essa interpretação está em consonância com a lógica da filosofia de Weil e, neste sentido, é fiel a seu pensamento, que, no entanto, não foi explicitamente formulada por ele. Não resta dúvida de que toda a reflexão filosófica de Éric Weil manifesta o desejo de uma "versão não-violenta da ação", mas ele próprio não percebeu claramente a possibilidade dessa ação. Por isso, sempre defendeu a necessidade da ação violenta. Patrice Canivez explica que o próprio Éric Weil considerou situações em que a ação pode se tornar não-violenta: "Essencialmente para o governo, já que este age por meio da discussão."[3] Entretanto, neste caso, o governo discute mais do que age e visa somente persuadir interlocutores que não escolheram a violência. Ora, a ação que constitui um desafio tanto para o filósofo como para o homem político é aquela que age contra a violência. Enfim, a procura efetiva das possibilidades de ação não-violenta realiza o cumprimento da filosofia de Éric Weil, mas realiza-a fora de sua própria visão. Se quisermos ratificar a afirmação de Patrice Canivez, será preciso colocar-se por detrás dos ombros de Éric Weil, e descobrir horizontes que ele mesmo não contemplou.

A VIOLÊNCIA NÃO RECONHECE LIMITES

Ao reconhecer a necessidade da violência, certamente Éric Weil gostaria de limitar-lhe o emprego ao estritamente necessário. Mas, devido à sua lógica inteiramente mecânica, a violência não reconhece nenhum limite. Quando lhe concedem um lugar, quer logo ocupar todo o espaço. Éric Weil percebe esse perigo, mas parece-nos que não lhe dedica a re-flexão necessária para circunscrevê-lo e tentar prevenir-se contra ele.

Embora creia que deve afirmar a necessidade da violência, Éric Weil pensa que a humanidade chegará a eliminar essa necessidade. Mas esta expectativa arrisca-se a ser ilusória, porque postula que todos os homens terão livremente decidido optar pela razão, renunciando a violência. Éric Weil pode mesmo exigir que o homem racional que usa de violência para vencer a violência dos maus tenha a firme intenção, e mais do que isso, tenha uma vontade persistente de recorrer a esse meio apenas para criar um mundo em que não mais será necessário. Mas, contrariamente ao que afirma, isso não é decisivo, pois não depende do homem racional, depende dos homens irracionais e de sua disposição em optar pela razão. Ora, Éric Weil não ignora que, a homens entregues a suas paixões, pode-se até exigir, mas não se pode esperar, que sejam racionais.

Afirmar que a ação do homem racional deve visar também a eliminação da violência que luta contra a violência injusta, significa, para quem for estritamente fiel ao "sistema" de Éric Weil, postular uma história liberta da violência injusta, o que implica que a história esteja liberta do homem injusto. Mais uma vez, aqui, postula-se uma *u-topia* que não se realizará *em lugar algum*. Convém admitir que o sistema de Éric Weil tornou-se prisioneiro de uma contradição irredutível e que, por conseguinte, não funciona.

Quando ele tenta fazer um balanço da história, mais precisamente da violência na história, parece-nos estar demonstrando um otimismo não confirmado pelos fatos. As conclusões a que chega dão conta de um progresso da não-violência na história que nos deixa um tanto céticos. De qualquer modo, esse progresso não é linear. Por cada avanço paga-se um preço muito alto, e nenhum deles é definitivamente conquistado. Além disso, os retrocessos são tantos e tão profundos que hesitamos muito em crer que o balanço geral seja positivo. Se a regra for vencer a violência pela violência, e reduzir assim o número das vítimas, as exceções à regra – que mostram que a violência só faz aumentar a violência e aumentar o número de vítimas – são demasiado numerosas, demasiado repetitivas e demasiado graves para serem apenas exceções. Contradizem a regra a tal ponto que terminam por aboli-la.

Na realidade, sempre existirão homens irracionais entre nós que não se deixarão convencer pela força da razão. Será realmente preciso coibi-los pela violência, se não houver outra possibilidade de impedi-los de causar o mal, tal como afirma Éric Weil. Por isso, a despeito de querer apostar tudo na razão como pretende ele, para reafirmar que a não-violência é realmente o sentido e a finalidade da história, a lógica de sua filosofia não permite entrever uma história isenta da lógica da violência. Ele mesmo concedeu demasiado crédito à violência para que se possa esperar que os homens conseguirão libertar a história de sua ascendência. Claro, ele não encerra a história na fatalidade da violência, como fazem as ideologias da violência. Defende, até o fim de sua reflexão, a viabilidade de uma história não-violenta, pois não é por fatalidade que os homens escolhem a violência. Escolhem-na livremente. De qualquer modo, nem todos fazem essa opção e Éric Weil acredita que são cada vez menos numerosos. Mas, se é verdade ser suficiente que alguns entre eles escolham a violência para que os que escolheram a razão precisem recorrer à violência para neutralizá-los, conclui-se que a história está presa à necessidade da violência. Evidentemente, de nada serve acusar os deuses ou um destino qualquer: o erro é dos homens irracionais. No entanto, não seria oportuno fazer a pergunta que Éric Weil não faz: o erro não seria dos homens racionais que não souberam encontrar outros meios, diferentes dos da violência, para vencer a maldade dos homens irracionais?

EMMANUEL LEVINAS: A CRÍTICA ÉTICA DO ESTADO

Emmanuel Levinas refere-se à obra de Éric Weil, especificamente quando reconhece a necessidade do Estado.[4] Mas é mais prudente ao tentar conjurar os perigos inerentes à gestão da sociedade pelo Estado.

A relação entre os homens não se limita ao face a face de um com o outro. Tão logo surge um terceiro, urge organizar a justiça que exige leis e instituições, ou seja, o Estado. Levinas não discorda de que a obrigação de fazer justiça necessita "uma certa violência".[5] O homem violento que ameaça o próximo "chama a violência".[6] Conseqüentemente, de acordo com Levinas, "não se pode dizer que toda violência seja ilegítima".[7] Entretanto, ele sempre mantém presente o fato de que em toda violência há uma parte irredutível de injustiça.

As regras e as leis universais, segundo as quais o Estado julga os cidadãos, apenas podem produzir uma injustiça imperfeita que, inquestionavelmente, não faz justiça à pessoa julgada; esta é única, mas não é reconhecida como tal. O Estado "não desata os nós, corta-os"[8], e a justiça repressiva se mantém sempre "à beira da injustiça possível".[9] Na maioria das vezes, a ação do Estado se volta contra o bem que lhe cabe prover: "A guerra e a administração, ou seja, a hierarquia com a qual se instaura e se mantém o Estado, alienam o Mesmo que deviam manter em sua pureza; para suprimir a violência, é preciso recorrer à violência."[10] Segundo Levinas, "a política entregue a si mesma traz em si uma tirania".¹¹ É fundamental, portanto, que o Estado não fique entregue a "suas próprias necessidades".¹² Por isso, "a política deve sempre ser controlada e criticada a partir da ética".¹³

O Estado que recusa deixar-se arrastar por sua própria lógica – Levinas o chama de "Estado liberal" – deve estar "sempre preocupado com seu atraso na exigência do rosto do outro".¹⁴ O Estado deve ter a consciência pesada por nunca ser suficientemente justo. Precisa ter remorso por seu rigor. A necessidade de uma justiça aplicada sob proteção das leis do Estado não exime o homem de sua responsabilidade para com o outro homem. "No Estado em que as leis funcionam em sua generalidade, em que os veredictos são proferidos com plena atenção à universalidade, uma vez pronunciada a justiça, existe ainda para a pessoa, enquanto única e responsável, a possibilidade ou a exigência de revisar o rigor da justiça sempre rigorosa. Amenizar a justiça e ouvir o apelo pessoal é o papel de cada um."¹⁵

Para Levinas, qualquer forma de ordem social baseada na hierarquia só pode produzir uma justiça imperfeita: "Para mim, o elemento negativo, o elemento de violência no Estado, na hierarquia, manifesta-se mesmo quando a hierarquia funciona perfeitamente, quando todos se curvam às idéias universais. Há crueldades terríveis precisamente porque nascem da Ordem racional. Existem lágrimas que um funcionário do governo não consegue ver: as lágrimas do Outro. [...] Só o Eu pode perceber as 'lágrimas secretas' do Outro, vertidas exatamente pelo funcionamento racional da hierarquia. Por isso, a subjetividade é indispensável para garantir aquela não-violência que o Estado [...] procura igualmente."¹⁶ Ao analisar as condições de possibilidade de ordem política na obra de Emmanuel Levinas, Vincent Tsongo Luutu declara: "Ao mostrar como a política nem sempre garante, como deveria, os nobres objetivos que se propõe, e ao levá-la a sentir o peso terapêutico da consciência, a ética desperta, como por uma ação profética, o humano dentro do político. [...] O humano, alicerce da filosofia de Levinas, é a capacidade de dizer não ao desumano próprio da totalidade triunfante."¹⁷

GANDHI IGNORADO

Emmanuel Levinas procede, assim, a uma crítica do Estado, que não encontramos na obra de Éric Weil. Em suma, o Estado de Éric Weil tem a consciência tranqüila. Mas Levinas tampouco pergunta se não seria possível opor-se à violência que ameaça o outro homem por outros métodos que não os da violência homicida. Nem um nem outro fazem qualquer referência a Gandhi. Em síntese, parece que o erro de Éric Weil foi exatamente de ter ignorado Gandhi e nada ter aprendido com ele. Aqui surge uma pergunta que parece não ter resposta: como explicar que Éric Weil não tenha dado atenção às idéias e à ação de Gandhi? Como explicar que, em toda sua obra, não tenha dito uma palavra sobre Gandhi? Como pode suceder que o filósofo que refletiu durante toda a vida sobre a violência e a não-violência não tenha estado, num ou noutro momento, em consonância com aquele que, desde o final da década de 1930, já havia sido consagrado pela história como o "apóstolo da não-violência"? Evidentemente, Éric Weil não pôde deixar de ouvir falar da ação não-violenta mobilizada por Gandhi para libertar seu povo da violência da opressão colonial britânica. Como explicar que o testemunho de Gandhi, a quem Albert Einstein se referiu como "o maior gênio político de nossa civilização"[18], não tenha sido levado em consideração por Éric Weil, que em momento algum Gandhi tenha contribuído para sua reflexão? É verdade que Gandhi não era propriamente um filósofo. Era mais do que isso, era um sábio e, aos olhos do próprio Éric Weil, a sabedoria é a completude da filosofia. Era também um homem político e, como tal, num momento decisivo da história de seu povo, tornou-se o principal artífice de sua libertação. Por outro lado, Éric Weil, na esteira de Hegel, não cessou de refletir sobre a história que, de certa forma, constituía a matéria-prima de sua reflexão. Foi assim que ele refletiu muito sobre Maquiavel, a quem quis fazer justiça, defendendo-o das acusações feitas a ele e avaliando-as falaciosas. Por que, então, não refletiu sobre Gandhi?

É necessário esclarecer que nosso propósito não é lamentar que Éric Weil não tenha aderido aos princípios e às teses enunciadas por Gandhi a respeito da não-violência. Lamentamos o fato de que ele não os tenha levado em conta, não os tenha discutido, não tenha confrontado os princípios e as teses de sua própria filosofia com o pensamento e a ação de Gandhi. Sem querer prever conclusões a que teria chegado Éric Weil, parece-nos que uma tal confrontação teria sido de grande fecundidade.

Contrariamente às afirmações de Éric Weil, Gandhi demonstrou que era possível renunciar a qualquer emprego de violência e, ao mesmo tempo, estar presente e agir na história de sua própria comunidade. Bem cedo, a atenção de muitos filósofos foi atraída pelo caráter excepcional das ações do líder indiano. Já em 1927, Jacques Maritain afirmava em *Primazia do espiritual*: "O exemplo de Gandhi deveria nos envergonhar."[19] Em 1933, num estudo intitulado *De la purification des moyens (Da purificação dos meios)*, Maritain examina minuciosamente "o testemunho de Gandhi". Ele expressa certas reservas e críticas à doutrina gandhiana, reprovando-a por condenar em princípio e de uma maneira absoluta todo emprego dos meios da violência. Pergunta-se ele, entretanto, se "a *técnica* de Gandhi", retificada e readaptada, "não poderia, como ele mesmo tantas vezes declarou, ser aplicada tanto no Ocidente como no Oriente, em substituição aos combates temporais, em favor da pessoa humana e da liberdade".[20]

O CAMPO INEXPLORADO DOS MÉTODOS NÃO-VIOLENTOS

Por sua vez, Emmanuel Mounier põe-se à escuta de Gandhi desde 1933, concedendo ampla atenção aos meios de ação não-violentos que ele preconiza para libertar seu povo. "Não há a menor dúvida para nenhum de nós de que a violência é uma impureza e que um ideal prático de não-violência deve ser o limite de que necessitamos incessantemente procurar nos aproximar." Nessa perspectiva, ele declara sua intenção "de estudar e experimentar todo campo ainda não explorado dos métodos não-violentos, sem jamais perder de vista sua eficácia, procurando recuperar o tempo perdido para não suspender inutilmente nossa ação". Evidentemente, Mounier não descarta totalmente a necessidade do emprego de meios violentos, mas impõe-lhe várias condições e a primeira dentre essas é: "Depois de amadurecidos, providos de eficiência e experimentados heroicamente todos os meios não-violentos que estiverem à nossa disposição, só aceitaremos a violência como recurso extremo."[21]

Em fevereiro de 1949, Paul Ricœur publica na revista *Esprit* um artigo intitulado "O homem não-violento e sua presença na história"[22], em que também destaca a contribuição de Gandhi para a história: "Por mais que ele seja inimitável, por mais limitada que seja sua obra, Gandhi representa, em nosso tempo, mais do que uma esperança, uma demonstração. [...] Gandhi não esteve menos implacavelmente presente na Índia que Lênin na Rússia." O que parece especialmente exemplar a Ricœur nas campanhas de ação conduzidas por Gandhi é o fato de realizarem a reconciliação dos fins e dos meios. Ele assinala que, "longe de exilar os fins para fora da história e desertar do projeto pertinente aos meios deixando-o entregue à sua impureza, o não-violento se esforça por uni-los numa ação que seria intimamente uma *espiritualidade* e uma *técnica*". Reconhece ainda que os ocidentais ignoram tudo a respeito dessa técnica de ação e desse método de resistência, e cometem um grave equívoco por não estudá-los.

É difícil não pensar na hipótese de que, se também Éric Weil tivesse dado atenção à obra de Gandhi, ele teria sido levado a retificar algumas de suas afirmações e reconhecido a possibilidade de uma ação não-violenta na história.

CAPÍTULO 13

GANDHI, A EXIGÊNCIA DA NÃO-VIOLÊNCIA

O nome e o rosto de Gandhi tornaram-se familiares aos ocidentais, no entanto seu pensamento e ação continuam amplamente desconhecidos. Geralmente, nutrem por ele uma admiração longínqua, como uma daquelas personagens que a lenda revestiu com uma aura de sabedoria, mantendo, entretanto, certo distanciamento. Não há um esforço de aproximação para escutá-lo e compreendê-lo. Gandhi continua, portanto, completamente desconhecido, apesar da celebridade.

As pessoas associam a palavra não-violência ao nome de Gandhi; por outro lado, a não-violência de Gandhi se mostra "excepcional", por isso não se poderia tomá-la como "exemplar". A idéia que predomina no Ocidente acerca do pensamento de Gandhi é de que é caracterizado de um orientalismo pouco transparente, que não diz respeito àqueles que se preocupam com o realismo e a eficácia, isto é, àqueles que pretendem ser "racionais". Entretanto, o aporte de Gandhi é essencial à compreensão da não-violência. Existe um antes e um pós-Gandhi, tanto em relação à reflexão filosófica da exigência ética da não-violência, que consolida a humanidade do homem, como também na experimentação da estratégia de ação não-violenta, que permite a resolução pacífica dos conflitos. Por outro lado, também é verdade que o pensamento de Gandhi não é de acesso fácil. Suas palavras e textos são inúmeros, mas também se caracterizam como circunstanciais, e, para serem assimilados de forma adequada, devem ser restituídos ao contexto preciso em que foram expressos. Gandhi não nos legou qualquer tratado sintético que pudesse apresentar claramente sua própria concepção de não-violência, fazendo-se portanto necessário decifrá-la em meio a todas as suas afirmações. Além disso, Gandhi é um personagem complexo. "Este homem era um extraordinário paradoxo"[1], afirma Nehru, com propriedade. Seu pensamento apresenta, muitas vezes, contrastes que surpreendem nossos raciocínios cartesianos e deixam-nos desconcertados. É preciso certo esforço para ir além desses contrastes e até contornar algumas de suas afirmações. Entretanto, não poderíamos condensar o pensamento de Gandhi num "gandhismo" qualquer, que se apresentaria como uma doutrina fechada em si mesma. Gandhi não nos oferece respostas para serem repetidas, mas convida-nos a formular, com ele, questões essenciais que dizem respeito ao próprio sentido de nossa existência e de nossa história. E, tal como tentou pôr em prática em sua época, cabe-nos conceber, aqui e agora, as melhores respostas.

A PROCURA DA VERDADE

Ao escrever sua autobiografia, Gandhi deu-lhe o título de *Minha vida e minhas experiências com a verdade*. A vida, para ele, não tem outro objetivo, ou outro sentido, a não ser a procura da verdade: "Na realidade", afirma ele, "não há nada, não existe nada exceto a verdade. [...] Só a devoção a essa verdade justifica nossa existência. A verdade deve constituir o centro de toda nossa atividade".[2] Ele tem profunda convicção de que a verdade do homem encontra-se dentro do próprio homem, e que não deve ser buscada fora dele. "Que é a verdade?", indaga-se Gandhi. "É uma pergunta difícil. Encontrei a resposta solucionando-a por mim mesmo, dizendo que é aquilo que nos diz a voz interior."[3] Para auto-governar sua vida, o homem não tem outra possibilidade exceto prestar atenção a essa "voz suave e serena"[4], que fala dentro dele. Ela é a única voz que pode guiá-lo no caminho da verdade. Esta "voz da consciência" é o "juiz supremo da legitimidade de cada ato e de cada pensamento".[5]

Assim, o homem deve assumir plenamente sua autonomia de um ser livre e responsável: deve, ele próprio, promulgar as leis que orientem seus pensamentos, suas palavras e ações (autô-nomo, do grego *autos*, ele próprio, e *nomos*, lei: que é regido por suas próprias leis), sem submeter-se a qualquer autoridade externa, seja religiosa, social ou política a lhe ditar a conduta. Semelhante submissão constituiria, na verdade, uma renúncia pela qual o indivíduo alienaria sua liberdade. É claro que essa autonomia implica inevitavelmente a possibilidade de se enganar, mas só correndo esse risco é que o homem pode chegar à verdade. "Em nossos esforços para ir adiante", afirma Gandhi, "pode acontecer de nos enganarmos, às vezes, de forma absurda. Mas o homem é um ser que deve dirigir a si mesmo; esta autonomia pressupõe a possibilidade de incorrer em erros e corrigi-los tantas vezes quanto necessário".[6] Gandhi está convencido de que, se o homem sincero se enganar ao experimentar o que acredita ser a verdade, não poderá deixar de descobrir seu erro. "Nesta busca desinteressada pela verdade, ninguém consegue ficar perdido por muito tempo. No momento em que tomamos o caminho errado, tropeçamos e, dessa forma, somos reconduzidos ao caminho correto."[7] Apenas quando promete obediência a uma autoridade exterior, o indivíduo corre o risco de persistir no erro.

Aquele que busca a verdade deve convencer-se de que está sempre a caminho e nunca conseguirá alcançar o fim do caminho. A verdade que ele percebe é fragmentária, relativa, parcial e, logo, imperfeita. Por isso, o homem não deve nunca querer impor sua verdade aos outros. Segundo Gandhi, "a regra de ouro de nossa conduta é a tolerância mútua".[8] Quando lhe fizeram observar que a busca da verdade conduz os indivíduos a opiniões diferentes, ele responde: "É por isso que a não-violência é um corolário necessário. Sem isso, haveria confusão ou algo pior."[9] A verdade que Gandhi procura não se situa na esfera das idéias abstratas, mas encontra-se firmada em atitudes concretas. Considerando que o homem é essencialmente um ser de relação, o que se mostra vital é a *verdade de sua relação com o outro*. Em outras palavras, a verdade do homem não reside tão-só na retidão de suas idéias como também na integridade da relação que mantém com o outro. Ora, a violência vem "falsear" essa relação, ela a deforma, desfigura, desnaturaliza. Portanto, só é possível estabelecer uma verdadeira relação com o outro tomando-se o cuidado de evitar qualquer espécie de violência contra ele. Como ressaltou Joan Bondurant, a filosofia gandhiana está integralmente centrada na idéia de que "o único teste da verdade é a ação que se caracteriza pela recusa em causar mal ao outro".[10] A verdade não se encontra no homem considerado em sua individualidade, mas na relação com o outro, numa relação que respeite a verdade do outro.

Gandhi acredita que a não-violência tenha sido descoberta por algum "antigo sábio em busca da verdade", por ter compreendido que aquele que persiste em querer destruir os seres que lhe apresentam dificuldades tomou o caminho errado. Assim, ele comprovou na prática que "quanto mais recorria à violência, mais se afastava da verdade".[11] Tendo em vista que todos os homens participam da mesma humanidade, exercer violência à humanidade do outro é atacar sua própria humanidade, e esta dupla violência significa a destruição da verdade. "A não-violência", afirma Gandhi, "é o fundamento da busca da verdade. Não há um dia em que eu não perceba, na prática, a inutilidade dessa busca caso não esteja apoiada na não-violência. Opor-se a um sistema e atacá-lo está certo; mas opor-se ao seu autor e atacá-lo, equivale a opor-se a si mesmo, a tornar-se seu próprio agressor".[12] Dessa forma, Gandhi acaba por convencer-se de que "a violência é um suicídio".[13] Não só porque a violência exercida pelo homem a seu adversário arrasta ambos a uma engrenagem em que ele próprio corre o risco de se ver esmagado, mas sobretudo porque a violência que exerce, mesmo quando esta lhe permite sair-se vencedor, fere gravemente sua própria humanidade. O homem é o primeiro a sofrer a violência que exerce, fere-se no âmago de seu ser com sua própria violência, e pode ser fatalmente ferido.

Gandhi está convicto de que a exigência de veracidade é inseparável da exigência de não-violência: "Sem a não-violência, não é possível procurar e encontrar a verdade. A não-violência e a verdade encontram-se tão estreitamente entrelaçadas que é praticamente impossível distinguir e separá-las uma da outra. São como duas faces da mesma moeda, ou melhor, de um disco metálico liso e sem nenhuma ranhura. Quem poderá dizer qual o verso ou o reverso? No entanto, a não-violência é o meio, e a verdade é o fim. Meios para serem meios devem sempre estar ao nosso alcance, de modo que a não-violência é nosso supremo dever."[14]

O CUMPRIMENTO DO BEM

Com certeza, Gandhi não ignora a existência de um instinto no homem que o leva a exercer violência ao outro para satisfazer suas necessidades, saciar seus desejos e defender seus interesses. Mas esse instinto de violência corresponde à parte animal da natureza humana e existe também no homem uma exigência de não-violência que corresponde à parte espiritual de sua natureza: "Enquanto animal, o homem é violento, mas como espírito, ele é não-violento. A partir do momento em que desperta para as exigências do espírito que nele habita, torna-se impossível continuar violento."[15]

Segundo Gandhi, para realizar sua humanidade, o homem deve esforçar-se por cumprir a exigência da não-violência em sua atitude para com os outros. "A não-violência é o artigo primeiro de minha fé, e é também o artigo último do meu credo."[16] Assim, a verdade que Gandhi procura não é só a verdade do pensamento é, simultaneamente, a verdade da ação. A verdade é indissociável do pensamento justo e da ação justa. Se o pensamento justo é necessário à ação justa, a busca da verdade não tem por objetivo último a compreensão daquilo que se constitui como verdadeiro, mas sim o cumprimento do bem. A verdade, em suma, não é teórica, mas ética. *O que é essencial para o homem não é ter razão, mas ser bom.* Pode-se alimentar a ilusão de ser o único a ter razão em relação aos outros – ou único juntamente com sua comunidade, raça, nação ou religião –, mas só é possível ser bom junto com outros. A vontade de ter razão dá origem à guerra; a paz só pode originar-se da decisão de ser bom. A bondade é a primeira e a última expressão da verdade. Isso implica recusar, de uma vez por todas, fazer o mal para defender aquilo que se constitui como verdadeiro, essa é precisamente a contradição em que se encontram enclausuradas as ideologias da violência.

A primeira exigência da verdade é abster-se de toda e qualquer violência para com todos os seres vivos. Esta exigência de não-violência permanece negativa e não basta a si mesma, mas é primordial. Ela não cumpre todas as exigências da verdade, mas só ela permite cumpri-las. A verdade não exige apenas abster-se de fazer mal aos outros, ela requer que se queira bem aos outros, ou seja, que se manifeste bondade para com os outros. "A não-violência", afirma Gandhi, "é abstenção completa da intenção de causar mal a qualquer ser vivo. A não-violência, em sua forma ativa, é a tolerância para com qualquer ser vivo. Ela é amor perfeito".[17]

Ao longo de suas experiências, Gandhi descobre que "é pelo amor que se pode chegar mais perto da verdade".[18] Segundo ele, existe um elo tão estreito, uma correlação tão profunda, uma coerência tão essencial entre a verdade, o amor e a não-violência que, indubitavelmente, existe entre eles uma verdadeira identidade. As ideologias dominantes enganam e desencaminham os homens ao fazê-los crer que é possível conjugar o amor e a violência, ocultando, com isso, a antinomia fundamental que existe entre eles. "O termo 'amor'", observa Gandhi, "possui muitas acepções diferentes, pelo menos em inglês, e enquanto amor humano, no sentido de paixão, pode ser também aviltante".[19] E para compreender corretamente o pensamento de Gandhi quando ele evoca o amor que se transforma em paixão e não hesita em recorrer à violência para alcançar seus fins, não se deve pensar que esteja se referindo ao amor entre dois seres humanos, mas ao amor dos indivíduos pelo seu clã, sua nação, sua raça, sua religião etc., uma vez que são sobretudo estes amores suscetíveis de se tornar fatais.

Gandhi se recusa a acreditar que seja necessário recorrer à violência para combater a violência dos homens que não se deixam conduzir pela razão. Na verdade, o efeito produzido está fadado a ser contrário ao que se pretende, pois neste caso "a cadeia de violência alonga-se e reforçar-se".[20] A violência, que é sempre um mal, não pode exercer o controle sobre o mal para combatê-lo. Só é possível lutar contra o mal oferecendo-lhe uma resistência que esteja enraizada no bem. "A ciência nos ensina", observa Gandhi com muita pertinência, "que uma alavanca só pode mover um corpo se seu ponto de apoio estiver fora do corpo ao qual se aplica. Da mesma forma, para suplantar o mal é preciso manter-se fora dele, no terreno firme do bem sem qualquer condescendência".[21] Responder à violência pela violência significa submeter-se à lógica da violência e reforçar sua ascendência sobre a realidade. A única maneira de resistir à violência é invalidar sua lógica, começando por abster-se de qualquer ato que possa reforçá-la. "A não-violência não significa renunciar a toda luta efetiva contra o mal. Pelo contrário, a não-violência, tal como eu a concebo, é uma luta mais ativa e mais eficaz contra o mal do que a lei de talião, cuja natureza tem por efeito aumentar a perversidade."[22]

A VIRTUDE DA INTREPIDEZ

Gandhi coloca a intrepidez à frente das virtudes do homem forte. Ser intrépido, de acordo com o significado etimológico da palavra (do verbo *trepidere*, tremer) é não esmorecer ante o perigo. Segundo Gandhi, "a intrepidez revela que o indivíduo está liberto de todo temor exterior, seja o da doença, dos ferimentos físicos, da morte ou da perda de seus bens".[23] Para dar provas da verdade e para combater a injustiça, é preciso primeiramente que o homem supere o medo existente em seu íntimo e que lhe aconselha a se resguardar de qualquer perigo. "A força", afirma Gandhi, "reside na ausência de temor".[24]

A pessoa que se liberta do medo, não sentirá mais necessidade de se proteger do perigo, protegendo-se por detrás das armas. Na verdade, o violento é um homem que tem medo. "Os bravos", afirma Gandhi, "não são aqueles que estão armados de espadas, de fuzis etc., são os intrépidos. Apenas aqueles que estão dominados pelo medo munem-se de armas".[25] Aquele que deseja a paz deve ter a coragem de desafiar as armas dos que preparam a guerra. "Sou um homem de paz. [...] Quero a paz guardada no peito do homem que se expõe às flechas do mundo inteiro, mas que é protegido de todo o mal pelo poder do Criador."[26]

O homem que escolhe a não-violência tem consciência de que, ao recusar matar, corre o risco de ser morto; portanto precisa dominar o medo gerado por esse risco: "Assim como é preciso aprender a matar para praticar a arte da violência, também é preciso aprender a nos preparar para a morte, exercitando-nos na não-violência. A violência não liberta do medo, mas procura combater a causa do medo, ao passo que a não-violência liberta de todo medo. [...] Conseqüentemente, de acordo com a opção feita à violência ou à não-violência, deve-se recorrer a técnicas diametralmente opostas."[27] Libertando-se do medo da morte, o homem liberta-se de seu desejo de violência: "Para se defender, não é necessário ter a força para matar; é vital ter antes de tudo a força para morrer. Se estivéssemos prontos para morrer, já nem sequer teríamos o desejo de opor-nos à violência."[28] Superando o medo da morte, o homem acede à liberdade: "Viver livre é estar pronto para morrer, se preciso for pelas mãos de seu próximo, mas jamais matá-lo. Seja qual for a razão, todo homicídio ou mal infligido a uma pessoa é um crime contra a humanidade."[29] Quando o homem morre em consonância com a exigência de verdade que nele existe, esta morte não é uma derrota, pelo contrário, ela consagra sua vitória sobre a violência. "Acredito", afirma Gandhi, "que nada melhor pode acontecer àquele que escolheu a não-violência do que encontrar a morte no próprio ato da não-violência, ou seja, na busca da verdade".[30] A derrota seria negar, renunciar a exigência da verdade e consentir em recorrer à violência. A morte que ocorre ao trilhar o caminho da verdade e da não-violência é a suprema vitória do homem intrépido que não esmoreceu ante os perigos e os sofrimentos, a vitória daquele que recusou defender sua vida e aceitou morrer para salvaguardar o sentido de sua vida. "Por nada deste mundo quero abafar a voz suave de minha consciência ou a expressão do que existe de mais profundo em mim. [...] Essa voz suave nunca me engana. Até agora, ela vem me dizendo: 'Não tenha medo. [...] Esteja pronto para morrer por aquilo que dá sentido a sua vida.'"[31]

É possível, aliás, que o fato de recusar imitar a violência do adversário quando este pensava merecer um revide, o surpreenda, o perturbe, o desconcerte e finalmente o desarme. De fato, observa Gandhi, "não há satisfação em matar aquele que acolhe bem a morte, e é por isso que os soldados gostam de atacar o inimigo quando este responde aos golpes com golpes e a violência com a violência".[32]

O consentimento à morte dado por aquele que corre o risco da não-violência está diametralmente em oposição a uma aceitação passiva, a uma resignação. "Não se pode ensinar a não-violência àquele que tem medo de morrer", afirma Gandhi, "e não tem a energia para resistir. Um rato indefeso não é não-violento por deixar-se comer pelo gato".[33] Aquele que optou pela não-violência não morre porque a morte surpreendeu-o pelas costas, ele encontra a morte olhando-a nos olhos, ele morre por resistir à violência que o agride. Mesmo sua morte é resistência. Mas o homem não poderia garantir e ninguém poderá dizer qual será sua atitude no momento da prova suprema. "Terei em mim a não-violência dos bravos?", indaga-se Gandhi. "Só minha morte pode dizer. Se eu vier a morrer na seqüência de um atentado, e nos lábios tiver uma prece pelo meu assassino, conservando no coração o sentimento da presença de Deus, só assim será possível deduzir que tenho a não-violência dos corajosos."[34] Gandhi morreu exatamente em consonância com o que dissera. Sabemos, hoje, o que ele próprio ignorava: ele possuía realmente a não-violência dos bravos.

O PRIMADO DA RAZÃO

Uma das razões pelas quais os filósofos em sua maioria ignoraram o pensamento de Gandhi foi provavelmente por ter atribuído uma conotação religiosa à expressão de sua convicção no que concerne à não-violência. Predomina a impressão de que sua reflexão sobre a não-violência insere-se no registro da religião e que seria necessário, de certo modo, partilhar sua fé em Deus para ter a mesma convicção. A nosso ver, existe nesta questão um mal-entendido, mas é preciso reconhecer que Gandhi também é responsável por ele, na medida em que revestiu, na maior parte das vezes, sua mensagem sobre a não-violência de uma referência a Deus, quando, na verdade, não é um homem "religioso", no sentido em que não mantém uma relação pessoal com um Deus pessoal. De acordo com Gandhi, "Deus não é uma pessoa"[35], mas "uma força de vida que permanece imutável e sustenta todos os seres".[36] Assim, o Deus que ele venera não tem nome nem rosto. "Não vi Deus", confessa ele, "e não o conheço. [...] Não disponho de nenhuma palavra para caracterizar minha crença em Deus".[37] Enfim, para Gandhi, Deus é a verdade que se encontra no âmago do ser humano. Com isso, acaba por substituir a afirmação religiosa "Deus é a verdade" pela expressão "A verdade é Deus".[38] Há mais que uma mera *nuance* entre os posicionamentos implicados pelas duas formulações. Aquele que pensa que "Deus é a verdade" considera que basta ter fé na palavra de Deus revelada pela religião – isto é, por *sua* religião – para estar de posse de toda a verdade. Facilmente se deixa convencer de que aquele que se recusa a crer nessa asserção comete um erro; e, para defender a verdade e combater o erro, considera seu dever não só atacar ostensivamente as heresias, como também iniciar uma luta contra os heréticos. Portanto, é grande o risco da máxima "Deus é a verdade" se transformar numa afirmação totalitária, convertendo-se em guerra santa. Gandhi assinala que, de fato, "milhões de homens se apoderaram do nome de Deus e, invocando-o, cometeram atrocidades indescritíveis".[39]

Pensar que "a verdade é Deus" implica num posicionamento intelectual e espiritual totalmente diferente, pois nesse caso a verdade não se deixa conhecer pelo homem por uma revelação vinda do exterior, mas por uma exigência interior, expressa pela "voz suave e serena" de sua consciência, ou seja, pelos ditames da razão. É, portanto, a razão que conduz Gandhi à descoberta da exigência de não-violência. Ele não hesita em afirmar que "a razão é um outro nome da não-violência".[40] Com isso, Gandhi afirma o primado da razão sobre a religião e entende que lhe cabe a autonomia de avaliar a verdade dos textos sagrados segundo as exigências de sua consciência. "Não posso deixar um texto sagrado suplantar minha razão."[41] Por isso, Gandhi não hesita em recusar nas religiões aquilo que sua capacidade de discernimento não aprova: "Recuso qualquer doutrina religiosa que não esteja em consonância com a razão e que se oponha à moral. [...] Nunca devemos pactuar com o erro, mesmo quando apoiado em textos sagrados."[42]

O critério decisivo em que Gandhi se apóia para avaliar o ensinamento das diferentes religiões é sua conformidade com a exigência moral: "Desde minha juventude, aprendi a apreciar o valor das escrituras apoiando-me em seus ensinamentos éticos."[43] Portanto, Gandhi está "firmemente convicto de que não há outra religião a não ser a verdade".[44] Ele não anseia "servir a outro Deus a não ser a verdade"[45]; entende que deve "adorar Deus em forma de verdade".[46]

Diante do exposto, cabe indagar se Gandhi não teria dotado sua mensagem de não-violência de maior clareza e força se a tivesse desvinculado de seu envoltório religioso, formulando-a com um maior rigor filosófico. Se não o fez, cabe a nós a tarefa se quisermos ventilar o alcance universal de sua mensagem.

A RESISTÊNCIA NÃO-VIOLENTA

Para Gandhi, a busca pela verdade identifica-se com a luta pela justiça. Foi na África do Sul, onde residiu de 1893 a 1914, que Gandhi organizou pela primeira vez uma resistência não-violenta, tendo como objetivo a defesa dos direitos dos imigrantes indianos na África ante o poder racista branco. Em 1942, Gandhi afirma que "ao tratar desse problema, veio-me à mente o método da não-violência. As diferentes medidas que adotei não eram as de um visionário ou as de um sonhador, mas estavam à altura de um homem prático às voltas com problemas práticos".[47] Em outro momento, também torna explícito como teve a idéia de organizar a luta dos indianos da África do Sul e apresenta a não-violência como um método de ação que constitui uma alternativa à violência: "Até 1906, aceitava unicamente o poder da razão. [...] Mas fui forçado a reconhecer que o poder da razão era ineficaz por ocasião da situação mais crítica que encontrei na África do Sul. [...] Era a hora da vingança. Falava-se em saquear tudo. Foi, então, que tive que fazer a escolha entre tornar-me cúmplice da violência ou encontrar um outro método que permitisse solucionar a crise e evitar um massacre. Ocorreu-me, assim, a idéia de que deveríamos recusar obedecer a uma legislação degradante e deixar as autoridades nos colocar na prisão se fosse de seu agrado."[48]

No momento em que começa a organizar a luta, Gandhi utiliza a expressão "resistência passiva" para designar o movimento que está surgindo por suas mãos. "Em meio aos ingleses," assinala ele, "cada vez que uma pequena minoria desaprovava alguma legislação injusta, em vez de se revoltar, assumia a atitude de resistência passiva não se submetendo à lei e incorrendo em sanções pela desobediência".⁴⁹ Entretanto, no decorrer da luta, Gandhi conscientiza-se de que a expressão utilizada "dava incontestavelmente brecha à confusão"⁵⁰ e "arriscava-se a dar origem a terríveis mal-entendidos".⁵¹ Mais especificamente, a resistência passiva era, em sua concepção, a arma do fraco e foi considerada como tal. "Embora evite a violência a que não pode recorrer o fraco, ela não a exclui se, de acordo com a opinião daquele que pratica a resistência passiva, as circunstâncias assim exigirem."⁵²

Para Gandhi, era vital tornar compreensível que, se os indianos renunciavam recorrer à violência, não era por covardia; pelo contrário, era porque tinham a força para poder superar o desejo de vingança em busca de uma solução pacífica ao conflito que os opunha aos brancos. Portanto, quis cunhar uma nova palavra que pudesse traduzir sua luta. Finalmente, optou pelo termo sânscrito *satyagraha*: "*Satya* (verdade) implica o amor, e *agraha* (firmeza) equivale a um sinônimo de força. Comecei então a chamar o movimento indiano '*satyagraha*', ou seja, força que nasce da verdade e do amor. A partir daquele momento, deixamos de utilizar a expressão 'resistência passiva'".⁵³ Ainda em relação ao significado do termo *satyagraha*, Gandhi esclarece: "Seu significado fundamental é ater-se à verdade, por conseguinte: a força da verdade. Também chamei-o força do amor ou força da alma."⁵⁴

Sem dúvida, as expressões "força da verdade" e "força do amor" utilizadas por Gandhi suscitam questionamentos. Em que sentido é possível falar em "força da verdade" quando se trata de lutar contra uma injustiça social caucionada por uma ideologia política? A "força da verdade" seria por si só suficiente para convencer um adversário determinado a defender seus poderes, interesses e privilégios? E bastaria para se opor eficazmente à força da violência de um inimigo sem escrúpulos? A "força do amor" poderia falar à consciência e converter um adversário firmemente decidido a recorrer a todos os meios para conseguir seus fins?

O PODER DO SOFRIMENTO

Para Gandhi, o ponto de apoio em que se sustém a alavanca da resistência não-violenta é o sofrimento daquele que pretende manter-se fiel à verdade e recusa ser cúmplice do mal. Vejamos seu raciocínio: "Na prática do *satyagraha*, logo descobri que a busca da verdade não admitia que a violência fosse imputada ao adversário, mas que era possível levá-lo a renunciar ao erro por meio da paciência e da compaixão. [...] E a paciência significa a aceitação do sofrimento. No plano político, porém, a luta em prol da população consiste fundamentalmente em opor-se ao erro das leis injustas. Quando não se consegue persuadir o legislador a reconhecer seu erro por meio de petições e ações correlatas, a única e última solução, se não quisermos submeter-nos ao erro, consiste em utilizar a força física ou em aceitar o sofrimento, atraindo para si a pena prevista em caso de infração à lei."[55]

Assim, de acordo com a própria doutrina definida por Gandhi, aquele que faz a opção de resistir empregando meios não-violentos não tem por objetivo coagir o adversário, mas obter sua adesão pela aceitação do sofrimento. É por isso que "deve acreditar na bondade inerente à natureza humana"[56] e estar convencido de que "o sofrimento aceito com humildade em defesa de uma causa justa tem sua virtude própria, infinitamente maior que a força da espada".[57] Afirma Gandhi ainda: "Para se chegar a um resultado decisivo, não basta empregar argumentos racionais; é preciso também falar ao coração e, por conseguinte, valer-se do poder do sofrimento."[58] Por isso, ele não teme apresentar-se desarmado diante do tirano: "Procuro deixar completamente cega a espada do tirano, sem atacá-lo com um aço mais afiado, mas frustrando-lhe a expectativa de me ver oferecer-lhe resistência física. Terá em mim uma resistência de alma que o livrará de seu abraço opressivo. No início, a resistência o deixará cego e em seguida irá obrigá-lo a inclinar-se."[59]

Nesta perspectiva, segundo Gandhi, a resistência não-violenta não visa constranger nem perturbar o adversário para obrigá-lo a ceder. A vitória, por conseguinte, não depende do número de pessoas que estejam comprometidas com a resistência, mas somente de sua capacidade de suportar sofrer pela verdade e pela justiça: "Não creio que a força do número seja necessária quando a causa é justa."[60] Gandhi chega a afirmar que a vitória da não-violência no combate à injustiça é possível se apenas um só homem se consagrar totalmente à verdade e manifestar um amor perfeitamente puro para com seus adversários. Assim, a desobediência civil constitui uma rebelião pacífica mais eficaz do que a revolta armada e não pode fracassar se os resistentes estiverem determinados a enfrentar provas muito duras, pois está "firmada na convicção implícita da eficácia absoluta do sofrimento inocente".[61] Enfim, Gandhi afirma que "a fibra mais rígida deve consumir-se no fogo do amor. Se não se dissolver, é porque o fogo não é suficientemente forte".[62]

Uma vez mais, tais afirmações suscitam objeções e passamos a ter certa dificuldade em acompanhar o raciocínio de Gandhi até seu termo. É claro que, da mesma forma que a violência exacerba o desejo de violência do adversário, a não-violência pode deixá-lo sem ação. Ao contrário da violência, a resistência não-violenta deixa ao adversário um espaço em que tem a possibilidade de tomar consciência da injustiça pela qual é responsável e decidir livremente modificar seu comportamento. O sofrimento daquele que escolheu não revidar golpe por golpe pode efetivamente falar mais alto ao coração do adversário e desarmá-lo. Qualquer homem pode converter-se e desviar-se do mal. A não-violência permite a conversão do adversário, e, mais que isso, favorece-a e facilita-a, mas não tem o poder de impô-la. Se essa conversão é sempre possível, a experiência revela que não é a mais provável em muitas circunstâncias. Quando Gandhi afirma a capacidade da não-violência em converter o mais inflexível dos adversários apenas com a força absoluta da verdade, do amor e do sofrimento, não consegue ser convincente. Neste momento, fecha-se numa visão idealista do homem e expressa uma concepção irrealista da não-violência, que se encontram desmentidas pelos fatos que sabemos serem obstinados.

A ESTRATÉGIA DA AÇÃO NÃO-VIOLENTA

Se, por vezes, Gandhi chega a perder-se no idealismo ao querer expor com clareza sua profunda convicção na não-violência, em contrapartida, demonstra grande realismo na organização da ação não-violenta. É preciso, de certo modo, compensar o idealismo de algumas de suas idéias levando em conta o realismo da maioria de suas ações. Aliás, Gandhi era a tal ponto lúcido que não adaptava sua teoria em função dos imperativos da prática. Tem consciência de que os indianos comprometidos com a campanha de não-cooperação de 1920 não o fizeram na qualidade de adeptos convictos da doutrina de não-violência espiritual e, no entanto, afirma que o compromisso que assumiram estaria à altura de libertar a Índia da opressão britânica: "Como sou um homem prático, não espero que a Índia possa reconhecer a possibilidade prática da vida espiritual na esfera política. A Índia considera-se impotente e sente-se paralisada diante dos canhões, tanques e aeroplanos dos ingleses, e adota a não-cooperação porque se sente frágil. No entanto, ela assegurará o mesmo objetivo se um número suficiente de pessoas colocar este método em prática. A Índia estará livre do peso esmagador da injustiça britânica."[63] Aqui, Gandhi destaca especificamente que a força do número é um dos elementos determinantes da eficácia política de uma resistência não-violenta.

Em janeiro de 1942, perante o Congresso indiano, Gandhi defende sua política, justificando sua opção pela não-violência como método de luta eficaz para alcançar a independência. "A não-violência é meu credo, o sopro de minha vida. Mas nunca a apresentei à Índia como um credo ou, aliás, a quem quer que fosse, exceto em momentos de conversas informais. Apresentei-a ao Congresso como um método político destinado a solucionar problemas políticos. É possível que seja um método novo, mas, nem por isso, perde seu caráter político. [...] Como método político, poderá sempre ser alterado, modificado, transformado e, até mesmo, substituído por um outro. Portanto, quando eu falo que nossa política não deve ser abandonada hoje, estou me referindo à sabedoria política, ou seja, à perspicácia política. Ela serviu-nos no passado, permitiu que pudéssemos percorrer inúmeras etapas rumo à independência, e enquanto homem político quero adverti-los que seria um grande equívoco pretender abandoná-la. Se, durante todos estes anos, tive o respaldo do Congresso, foi por minha condição de homem político. Não seria justo portanto qualificar meu método como religioso somente pelo fato de ser novo."[64]

Nehru, ao narrar a luta pela independência da Índia, também evidencia a dimensão política da não-violência proposta por Gandhi: "Durante anos e anos, a doutrina da não-violência de Gandhi predominou na evolução política de nosso país. [...] Ela teve um papel capital em nossa vida política e social; e atraiu considerável atenção do mundo inteiro. É evidente que ela era tão velha quanto o pensamento humano. Mas, talvez, Gandhi tenha sido o primeiro a aplicá-la maciçamente a movimentos políticos e sociais. [...] Posso afirmar com toda convicção que o método da não-violência nos prestou serviços inestimáveis."[65] Em outra referência, Nehru ressalta: "Houve aqueles que se referiram à ação não-violenta como uma quimera; ela foi, aqui, o único meio *real* de ação política."[66]

Entretanto, essas afirmações de Gandhi e de Nehru não são tão simples quanto se possa imaginar, pois, se Gandhi teve que convencer seus interlocutores do Congresso indiano de que a não-violência proposta por ele era um método político e não religioso, foi justamente porque teriam algum motivo para duvidar. Se ele teve que tranqüilizá-los, é porque de fato estavam inquietos, visto que muitos dos discursos de Gandhi, e não somente suas conversas informais, despertaram questionamentos quanto ao caráter político de sua não-violência. "Para nós, assim como para o Congresso de modo geral, a não-violência não era e nem poderia ser uma religião, uma fé dogmática infalível. Ela só podia ser uma política, uma tática que prometia determinados resultados e, portanto, era por esses resultados que deveríamos avaliá-la."[67] O que não impediu a Nehru, por diversas ocasiões, censurar Gandhi pelo fato de alimentar uma confusão entre a política e a religião: "Eu o censurava fortemente por sua forma de abordar o campo político recorrendo ao sentimento e à religião, e por suas freqüentes alusões a Deus."[68]

É preciso, portanto, seguir Gandhi textualmente quando afirma que a não-violência é "um método político destinado a solucionar problemas políticos" e analisar suas campanhas de não-cooperação referindo-se a critérios políticos. A não-violência irá se revelar manifestamente como meio técnico que permite agir de modo eficaz na resolução de conflitos políticos.

CAPÍTULO 14

GANDHI: ARTESÃO DA NÃO-VIOLÊNCIA

Ao escolher a resistência não-violenta, Gandhi busca dar mostras de realismo. "Uma vez que o recurso às armas era impossível e indesejável", afirma ele ao relatar o início de sua mobilização na Índia, "o único modo de resistência efetiva ao governo era parar de cooperar com ele. Assim, consegui chegar à palavra 'não-cooperação'".[1] Ele tem consciência de que a ação dos indianos na conquista de sua independência era uma prova de resistência contra os ingleses. Em março de 1922, não hesita em afirmar que o diálogo entre os ingleses e os indianos é tão impossível quanto entre gatos e ratos: "O inglês geralmente é altivo; não nos compreende; considera-se um ser superior. Pensa estar no mundo para nos fazer obedecer. Conta com seus canhões e fortes para se proteger. Ele nos menospreza. Quer forçar-nos a cooperar com ele, isto é, quer que sejamos seus escravos. Então, temos de vencê-lo sem dobrar os joelhos diante dele, mas mantendo-nos à distância, sem odiá-lo nem prejudicá-lo. Molestá-lo seria uma covardia. Se recusarmos totalmente a nos considerar como seus escravos e deixarmos de prestar-lhe reverência, nosso dever estará cumprido. O rato não pode deixar de evitar o gato; no entanto, só poderá negociar com ele se o gato já tiver desgastado unhas e dentes."[2] Por isso, a ação não-violenta deve colocar sua força a serviço da justiça: "Indiscutivelmente, é inútil apresentar uma reivindicação sem a sustentação da força."[3]

O FIM E OS MEIOS

A necessidade de "forçar" o adversário a reconhecer as exigências da justiça não justifica todos os meios. Tanto na busca da verdade como na da eficácia, a qualidade dos meios mobilizados para alcançar o fim almejado reveste-se de uma importância decisiva. "Por mais clara", afirma Gandhi, "que seja a definição do objetivo que queremos alcançar e nosso desejo de conseguir chegar lá, não bastam para nos indicar o caminho enquanto não determinarmos ou não utilizarmos os meios necessários. Por isso, tive sobretudo o cuidado de preservar esses meios e desenvolver sua aplicação. [...] Creio que avançaremos rumo ao objetivo na exata medida da lisura de nossos meios".[4] Os meios utilizados devem ser coerentes com o fim almejado: "Os meios são como a semente e, o fim, a árvore. A relação é tão inevitável entre o fim e os meios como entre a árvore e a semente. [...] Colhemos exatamente aquilo que semeamos."[5]

Evidenciando o nexo orgânico que une o fim e os meios, Gandhi não está se restringindo unicamente à afirmação de um princípio filosófico e moral, mas expressando também um princípio estratégico sobre o qual tem a intenção de construir a eficácia de sua ação política. A violência é ineficaz porque, embora possa se prestar a uma causa justa, contém em si uma parte irredutível de injustiça. "Motivações de cunho íntegro jamais podem justificar uma ação condenável ou violenta"[6], afirma Gandhi.

A ação não-violenta deve visar a vitória, mas seu fracasso, sempre possível, não a faz perder seu sentido; ela é por si mesma uma vitória. "A própria natureza da resistência não-violenta é tal que os frutos do movimento estão contidos no próprio movimento."[7] De fato, "para um lutador, a própria luta já é uma vitória"[8], contanto que não se engane nem quanto ao fim nem quanto aos meios.

Portanto, há "dois tipos de força que podem apoiar as reivindicações"[9]; o primeiro, "a força das armas", mas Gandhi recusa-se a recorrer a elas, pois julga "os resultados maléficos".[10] "O segundo tipo de força pode ser expresso assim: 'Se não concordarem com nossas exigências, deixaremos de ser seus colaboradores. Só podem governar-nos enquanto permanecermos governados; deixaremos de manter qualquer relação com os senhores'."[11] Desse modo, o poder dos governantes pode ser reduzido a nada se os governados recusarem submeter-se à sua autoridade. A coerção torna-se efetiva a partir do momento em que as ações de não-cooperação dos cidadãos conseguem exaurir as fontes do poder do governo, de modo que este não possa mais fazer-se obedecer. Assim, uma nova relação de força pode se estabelecer, possibilitando aos resistentes obter o reconhecimento de seus direitos.

O PRINCÍPIO DE NÃO-COOPERAÇÃO

Segundo Gandhi, o que constitui a força do império britânico nas Índias não reside tanto na capacidade de violência dos ingleses quanto na capacidade de resignação dos indianos. "Não são tanto os fuzis britânicos quanto nossa cooperação voluntária a responsável por nossa sujeição."[12] Portanto, para se libertarem do jugo britânico, os indianos devem parar de cooperar com o governo que os oprime. "O governo", assegura Gandhi, "não tem nenhum poder, exceto a cooperação voluntária ou forçada do povo. A força que ele emprega é a que nosso povo lhe fornece inteiramente. Sem nosso apoio, cem mil europeus não poderiam ocupar sequer a sétima parte de nossas aldeias. [...] A questão com a qual nos deparamos é, por conseguinte, opor nossa vontade à do governo ou, em outras palavras, deixarmos de cooperar com ele. Se nos mostrarmos firmes na nossa intenção, o governo se verá forçado a dobrar-se à nossa vontade ou desaparecer".[13] É evidente que, neste aspecto, o propósito de Gandhi não é converter os ingleses – mesmo que, por outro lado, não pretenda renunciar a esse objetivo –, mas exercer pressão sobre o governo britânico.

A recusa de cooperar com a injustiça é, ao mesmo tempo, uma exigência ética que obriga o indivíduo não ser cúmplice do mal e um princípio estratégico que lhe permite lutar contra a injustiça. O cidadão não poderia pretextar a coerção da lei para justificar sua cooperação com a injustiça. "A desobediência civil é o direito imprescritível de qualquer cidadão. Não poderia renunciar a ele sem deixar de ser um homem. [...] Não dar continuidade à desobediência civil seria aprisionar a consciência."[14] A exigência da consciência deve estar acima da imposição da lei, pois "a lei da maioria nada tem a dizer quando é a consciência que deve se pronunciar". A virtude maior do cidadão não é a obediência, mas a responsabilidade: "Se um governo comete uma grave injustiça, o cidadão deve deixar de cooperar com ele no todo ou em parte, de modo a impedir os dirigentes de perpetuar suas ações condenáveis."[16]

Gandhi lastima que, no que tange a uma parte essencial e geralmente decisiva, a educação esteja apoiada no dever de obediência à autoridade, que condiciona a criança de forma a transformá-la em cidadão submisso e irresponsável. Ele critica as escolas por "ensinar às crianças a considerar a obediência ao Estado como superior à obediência à própria consciência e por corrompê-las com falsas doutrinas relativas ao patriotismo, ao dever de obedecer aos superiores, de modo que se deixam seduzir facilmente pelos artifícios do governo".[17] O cidadão dá provas de covardia ao trocar a segurança e a tranqüilidade pessoais pela submissão incondicional ao Estado. Deve ter a coragem de desobedecer-lhe quando lhe ordenam a participar de uma injustiça. "A desobediência civil", afirma Gandhi, "é uma revolta, mas sem nenhuma violência. Aquele que trilha o caminho da resistência civil de forma resoluta não reconhece a autoridade do Estado. Torna-se um fora-da-lei que se arroga o direito de ignorar qualquer lei do Estado contrária à moral".[18]

A COERÇÃO DA AÇÃO NÃO-VIOLENTA

Gandhi acredita que a opressão sofrida pelos indianos não decorre da maldade dos ingleses, mas da crueldade do sistema colonial britânico. Entende, assim, que é o sistema institucional e legislativo que deve ser combatido. "Nossa não-cooperação não visa atacar os ingleses nem o Ocidente, mas o sistema que os ingleses nos impuseram."[19] Assim, a luta não-violenta consiste em erradicar o mal sem eliminar o malfeitor: "Procuro sempre", afirma Gandhi, "atacar o mal onde quer que esteja e jamais prejudicar aquele que é responsável por ele".[20] Se não é possível convencer nem converter o malfeitor, é preciso torná-lo incapaz de cometer o mal, privando-o do apoio sem o qual ele se torna impotente. "Nossa resistência à opressão britânica não significa que queremos mal ao povo britânico. Procuramos convertê-lo, e não combatê-lo no campo de batalha. Nossa revolta contra a autoridade britânica é desarmada. Mas, *quer convertamos ou não os britânicos* [ênfase nossa], estamos decididos a tornar seu domínio impossível por meio da não-cooperação não-violenta. É um método invencível por sua própria natureza, pois está apoiado no conhecimento de que nenhum espoliador pode conseguir seus intentos sem um certo grau de cooperação voluntária ou forçada por parte de sua vítima."[21]

A resistência não-violenta consiste em impedir que o adversário possa causar qualquer mal, privando-o de toda cooperação. "Imaginem um povo inteiro", afirma Gandhi, "recusando-se a obedecer às leis em vigor e pronto para suportar as conseqüências dessa insubordinação. Toda a máquina legislativa e executiva seria, desse modo, completamente paralisada".[22] É, portanto, a união que faz a força e não apenas a legitimidade da causa. Por isso, o resistente não-violento "deve mobilizar a opinião pública contra o mal a que se propõe eliminar por meio de uma agitação ampla e intensa. Quando a opinião pública se conduz de maneira coerente no combate a um abuso social, as figuras de maior destaque no poder não irão ousar exercê-lo ou manifestar-lhe publicamente seu apoio. Uma opinião pública consciente e inteligente é a arma mais poderosa do resistente não-violento".[23] À pergunta de um jornalista relativa à pressão que espera exercer sobre as autoridades britânicas ao organizar o movimento de resistência, Gandhi responde: "Creio que, se a população deixar de apoiar completamente até nas menores coisas, o governo estará diante de um impasse."[24] A não-cooperação é, portanto, um método político que visa impedir o adversário de agir antes mesmo que ele renuncie voluntariamente à injustiça que comete. "Para conseguir a reparação da injustiça, não devemos esperar que o culpado tome consciência de sua iniqüidade. Não devemos, por medo de sofrer ou de ver outros sofrendo, continuar a ser cúmplices. Pelo contrário, é preciso combater o mal deixando de dar nossa contribuição direta ou indireta ao malfeitor."[25]

É evidente que Gandhi sabe por experiência própria que o Estado não deixará de recorrer aos meios de que dispõe para combater e tentar desintegrar o movimento que resiste à sua autoridade, mas está convencido de que o povo, desde que se mantenha coeso, tem o poder de contrapor-se a essa repressão. "Nenhuma polícia ou exército podem abalar a vontade de todo um povo firmemente decidido a resistir até esgotar suas últimas forças."[26] E se o Estado não consegue destruir a força que impulsiona o movimento de resistência, não terá outra saída exceto encontrar uma solução negociada do conflito.

De fato, é preciso evidenciar a extrema lucidez de Nehru ao afirmar: "Qualquer que fosse a porção de conversão presente no espírito de seu autor, a não-violência, na prática, era realmente uma arma, um poderoso instrumento de coerção, mesmo considerando que devesse ocorrer da forma mais civilizada e menos repreensível."[27]

"A MARCHA DO SAL"

Para evidenciar a exeqüibilidade da não-violência como "método político destinado a solucionar problemas políticos", faz-se necessário analisar a campanha de não-cooperação organizada por Gandhi em 1930. Em 31 de dezembro de 1929, à meia-noite, o Congresso Nacional da Índia pronuncia-se solenemente a favor da independência e decide organizar uma campanha de desobediência civil para alcançar esse objetivo. Gandhi decide então desafiar o governo britânico pedindo aos indianos para desobedecerem abertamente à lei que os obrigava ao pagamento do imposto sobre o sal. Em 2 de março de 1930, ele lança um ultimato ao vice-rei, lorde Irwin, em que afirma:

> Se a Índia deve viver como uma nação, se quisermos interromper o processo que leva este povo a morrer lentamente de fome, é necessário encontrar imediatamente um remédio que possa aliviá-lo. Já não é uma questão de convencer por meio de argumentos. O problema encontrará por si só a solução por uma das duas forças em confronto. Ante os argumentos convincentes ou não, a Grã-Bretanha defenderá seu comércio e seus interesses na Índia utilizando todas as forças de que dispõe. A Índia, por conseguinte, deve juntar força suficiente para poder libertar-se do abraço da morte. [...] O partido da violência está ganhando terreno e não esconde tal fato. Seu objetivo é o mesmo que o meu. Mas estou convencido de que ele não poderá trazer alívio aos milhões de indianos que sofrem em silêncio. Cada vez mais me convenço de que apenas a não-violência, contanto que seja fiel a seus meios, pode derrotar a violência organizada do governo britânico. Muitos consideram que a não-violência não é uma força ativa. Minha experiência, por mais limitada que seja, mostra que ela pode ser uma força muito ativa. Minha intenção é colocar em movimento esta força, tanto contra a violência organizada da autoridade britânica, como contra a violência não organizada do partido crescente da violência. Ficar sentado tranqüilamente seria dar rédeas a essas duas violências. Em virtude de minha fé incondicional e inquebrantável na não-violência, eu seria culpado se esperasse por mais tempo. A não-violência será expressa através da desobediência civil. [...] Minha ambição não é nada menos do que converter o povo britânico por meio da não-violência e, desse modo, fazê-lo tomar consciência do mal que causou à Índia. Minha intenção não é causar mal a seu povo. Desejo servi-lo como desejo servir a meu próprio povo.

[...] Se o povo juntar-se a mim, como espero, os sofrimentos que ele suportará, a menos que a Grã-Bretanha decida rapidamente rever seus procedimentos, serão suficientes para comover os corações mais endurecidos. A organização da desobediência civil terá por objetivo combater os males já assinalados. [...] Peço-lhes que tracem o caminho para colocar fim imediato a esses males, abrindo assim a via para uma verdadeira conferência, que reúna homens iguais entre si. [...] Mas se não encontrarem uma forma de remediar esses males e se minha carta não comover seu coração, então no décimo primeiro dia deste mês, com todos meus companheiros, que poderão se juntar a mim, tomarei a iniciativa de violar os dispositivos da lei sobre o sal.[28]

Gandhi reafirma, assim, sua ambição de converter os ingleses, mas a ação de desobediência civil a que se propõe visa obrigar o governo britânico a satisfazer às reivindicações dos indianos, tal como comunica explicitamente no discurso de 10 de março, ou seja, na antevéspera do lançamento da campanha: "Suponhamos que dez pessoas em cada uma das setecentas mil aldeias da Índia decidam fabricar sal e desobedecer assim à lei, que pensam vocês que este governo poderá fazer? Mesmo o pior ditador que puderem imaginar não conseguiria dispersar tantos regimentos de resistentes civis pacíficos, fazendo falar seus canhões. Por menor que seja a participação ativa de cada um, asseguro-lhes que serão capazes de exaurir esse governo em pouquíssimo tempo."[29]

O vice-rei não se deixa de forma alguma convencer nem comover com o ultimato de Gandhi e expressa em nota formal que lamenta saber que ele adotou "uma linha de conduta que só poderia conduzir à violação da lei e colocar em perigo a paz pública".[30] Ao tomar conhecimento da resposta, Gandhi declara: "De joelhos, eu pedi um pedaço de pão e, em seu lugar, recebi uma pedra!"[31] Em 12 de março, no mesmo dia do início da campanha, ele responde nestes termos ao vice-rei: "A única lei que a nação conhece é a vontade dos administradores britânicos, a única paz pública que a nação conhece é a paz de uma prisão pública. A Índia não passa de uma vasta prisão. Pois bem! Recuso esta lei e considero meu sagrado dever quebrar a lúgubre monotonia da paz imposta à nação e que fere seu coração, privando-a de liberdade."[32]

GANDHI SE INSURGE CONTRA O IMPÉRIO BRITÂNICO

Na manhã de 12 de março de 1930, Gandhi deixa a cidade de Ahmedabad liderando setenta e nove companheiros numa caminhada até o povoado de Dandi, situado na costa do Oceano Índico, numa marcha de 390 quilômetros aproximadamente. Durante a marcha, Gandhi encontra tempo para escrever artigos para seu jornal *Young India*. No dia 27 de março, publica um artigo intitulado "O dever de deslealdade", em que afirma: "Hoje, o Estado é uma instituição que, para qualquer pessoa que o conhece, não merece a lealdade. Está corrompido. Inúmeras leis que regem a conduta das pessoas são desumanas. [...] Este sistema de governo baseia-se ostensivamente na exploração impiedosa de milhões de indianos. [...] Por isso, é um dever de todos aqueles que têm consciência do terrível mal imposto pelo sistema de governo da Índia, ser desleais e tornar pública sua deslealdade. [...] É um dever, de todos aqueles que tomaram consciência da natureza perversa desse sistema, destruí-lo sem demora. É seu dever manifesto correr todos os riscos para alcançar este objetivo."[33]

Depois de caminhar vinte e cinco dias, Gandhi e seus companheiros chegam a Dandi, em 5 de abril de 1930. No dia seguinte, às oito e meia da manhã, ele vai até à praia e pega em sua mão um punhado de sal deixado pelas ondas. A partir daquele momento, declara-se insubmisso ao império britânico. Está lançada a palavra de ordem da desobediência civil a todos os indianos, pedindo-lhes que se apropriem ilegalmente do sal. No dia 8 de abril, declara: "Hoje, toda a honra da Índia está simbolizada por um punhado de sal na mão dos resistentes não-violentos. A mão que segura este sal pode ser ferida, mas este sal não será devolvido espontaneamente."[34] Os indianos participam com entusiasmo nessa insurreição pacífica. Nehru compartilha a admiração suscitada por Gandhi, que teve a idéia genial "de encontrar o gesto que falasse à multidão, e por levá-la a agir com ordem e disciplina".[35] A desobediência civil é estendida a outros campos. "O vice-rei", relata Nehru, "facilitou-nos neste sentido a tarefa, publicando decretos proibindo-nos esta ou aquela forma de atividade. Como tais decretos eram insuficientes para controlar a situação, novos decretos eram editados. Estava formado o círculo vicioso".[36]

As autoridades que, no início, acreditavam mais prudente não intervir, passaram a ordenar inúmeras prisões. No dia 1º de maio, Gandhi escreve ao vice-rei para lhe comunicar sua intenção de ocupar e apropriar-se dos depósitos de sal de Dharasana. O governo decide reagir rapidamente e, em 5 de maio, Gandhi é preso. A incursão em Dharasana ocorre em 21 de maio com a participação de dois mil voluntários. Estes sofrem a repressão feroz dos policiais a golpes de cassetetes, com brutalidade. Dois resistentes são mortos e mais de trezentos ficam feridos.

As prisões rapidamente ficam superlotadas, com oitenta mil rebeldes aproximadamente. "Do ponto de vista político", observa Louis Fisher em *Vida de Mahatma Gandhi*, "a situação era insustentável" para as autoridades britânicas.[37] A fim de tentar retomar a iniciativa, lorde Irwin acredita que deve fazer um gesto conciliatório permitindo que os principais dirigentes do Congresso, que estavam encarcerados em diferentes locais, fossem transferidos à prisão onde se encontrava Gandhi, a fim de se entenderem com outros líderes indianos mais moderados. Tais negociações são realizadas entre 13 e 15 de agosto de 1930, mas sem qualquer resultado. Provocam, no entanto, a cólera de Winston Churchill: "O governo da Índia", ironiza ele, "colocou Gandhi na prisão e sentou-se atrás da porta de sua cela, pedindo-lhe para ajudá-lo a superar suas dificuldades".[38] O governo de Londres compreende, no entanto, que não conseguirá controlar a situação sem aceitar negociar diretamente com os dirigentes do Congresso, sugerindo ao vice-rei colocá-los em liberdade. Em 25 de janeiro de 1931, lorde Irwin decide libertar Gandhi e vários de seus companheiros. "Meu governo", afirma ele num comunicado, "não impõe condições a esta libertação, porque pensamos que a esperança de restaurar a paz encontra-se essencialmente na possibilidade de conduzir as discussões com os implicados em condições de total liberdade".[39]

Em 17 de fevereiro 1931, Gandhi chega ao palácio do vice-rei para se encontrar com lorde Irwin. Churchill, a seu modo, não se engana sobre o alcance histórico deste acontecimento. "É um espetáculo horrendo e nauseabundo", declara ele, "ver o senhor Gandhi, advogado sedicioso que se faz agora de faquir, subir, seminu, as escadarias do palácio do vice-rei para parlamentar de igual para igual com o representante do imperador, enquanto continua a nos desafiar organizando e dirigindo uma campanha de desobediência civil".[40]

Gandhi e Irwin assinam em 5 de março de 1931 o Pacto de New Delhi. Muitos indianos – e entre eles vários líderes do Congresso, à frente dos quais se encontra Nehru – consideram que Gandhi mostra-se excessivamente conciliador com o vice-rei. Certamente não se enganam, pois a campanha de desobediência civil colocou Gandhi em posição de força e à altura de obter de seu adversário maiores concessões. No entanto, apesar de reconhecer que o pacto concluído com o governo não se deve a uma "mudança de sentimento"[41] por parte dos dirigentes britânicos, Gandhi avalia que as cláusulas do acordo constituem um bom sinal. Embora a independência não tenha sido ainda consolidada, ele acredita que uma nova porta para a liberdade acaba de se abrir.[42]

Assim, a mobilização de cidadãos para uma resistência não-violenta permite exercer uma real coerção sobre aqueles que têm poder de decisão. No entanto, há um outro elemento primordial em qualquer estratégia de ação não-violenta. Ao desafiar abertamente o poder do opressor, ao ousar enfrentá-lo, ao dominar o medo, ao desobedecer às ordens, ao aceitar sofrer sem pensar em vingança, o oprimido prova a si mesmo que é um ser digno e livre, reabilita-se a seus próprios olhos e retoma o poder sobre a própria vida. Nesse momento, qualquer que seja a força material que possibilita ao opressor impor sua lei ao oprimido ainda por algum tempo, este último já terá recobrado a liberdade. A campanha de desobediência civil de 1930 foi decisiva ao povo da Índia por permitir-lhe recuperar a dignidade. A independência da Índia, embora não constasse do texto do pacto concluído entre Gandhi e a autoridade britânica, já se inscrevera na história. O poeta Rabindranath Tagore soube evocar perfeitamente a vitória conquistada por seu povo: "Aqueles que vivem na Inglaterra compreenderam agora que a Europa perdeu definitivamente seu antigo prestígio moral na Ásia. De agora em diante já não é considerada campeã mundial da lealdade nem expoente de princípios elevados, mas a defensora da supremacia da raça ocidental e exploradora daqueles que estão fora de suas fronteiras. Na realidade, trata-se de uma grave derrota moral para Europa. Embora a Ásia ainda seja materialmente frágil e incapaz de se defender de uma agressão quando seus interesses vitais são ameaçados, não é menos verdade que pode permitir-se olhar a Europa do alto quando outrora a contemplava de baixo."[43]

A VIOLÊNCIA É PREFERÍVEL À COVARDIA

Gandhi convenceu-se de que a não-violência é a arma mais poderosa para conquistar a justiça, mas se não tivesse desaprendido a acreditar na eficácia da violência, provavelmente não teria hesitado em pegar em armas para combater o imperialismo britânico que oprimia seu povo: "Minha opinião é que aqueles que acreditam na violência devem aprender a manejar armas. Com certeza, eu preferiria que a Índia recorresse às armas para defender sua honra do que vê-la tornar-se ou continuar a ser covardemente a impotente testemunha de sua desonra."[44] Portanto, ele não teria hesitado em "correr o risco da violência para não passar a imagem de uma raça emasculada".[45] Aquele que teme o risco da violência é incapaz de correr o risco da não-violência: "Não há nenhuma esperança de ver um covarde tornar-se não-violento, mas essa esperança não é interditada ao homem violento."[46] A não-violência é uma resistência, um enfrentamento, uma luta, um combate, por isso, encontra-se mais distanciada da covardia, da passividade e da resignação do que da violência. "A não-violência", afirma Gandhi, "supõe antes de tudo ser capaz de lutar. Mas ao mesmo tempo é preciso, consciente e deliberadamente, reprimir todo desejo de vingança. Não obstante, a vingança tem mais valor do que a submissão meramente passiva. [...] No entanto, o perdão é superior a tudo. A vingança é também uma fraqueza, que nasce do medo real ou imaginário de sofrer uma injustiça".[47]

Em face da injustiça, as ideologias dominantes que afirmam a necessidade da violência pretendem impor a obrigação da escolha entre a violência e a covardia. O argumento incessantemente alegado para justificar a violência, e pretensamente acima de qualquer suspeita, é sua necessidade para combater a violência. Este argumento implica um corolário: renunciar à violência justa é deixar livre curso à violência injusta. A recusa da violência, a que geralmente se associa a não-violência, só pode ser conseqüência da covardia. Enquanto o debate manter-se fechado no dilema "violência-covardia", o indivíduo irá se sentir obrigado a escolher a violência. O homem pode recusar a violência por covardia, ou seja, por medo de correr os riscos implicados por ela, mas tal recusa está em oposição à não-violência preconizada por Gandhi: "Minha não-violência não autoriza a fugir ao perigo e a deixar sem proteção aqueles que nos são caros. Se for preciso escolher entre a violência e uma fuga covarde, só posso preferir a violência à covardia."[48] Por isso, é necessário sair do dilema que nos lança um ultimato para optar entre a violência e a covardia.

Na verdade, ante a violência injusta, o homem não está diante de duas, mas de três possibilidades: a covardia, a violência e a não-violência. Neste ponto, o pensamento de Gandhi não apresenta ambigüidade: *é melhor a violência do que a covardia, mas a não-violência é melhor que a violência.* "Creio realmente que, se fosse absolutamente necessário escolher entre a covardia e a violência, eu aconselharia a violência. [...] Mas creio que a não-violência é infinitamente superior à violência."[49] Quando Gandhi toma conhecimento de que os homens de uma aldeia fugiram para escapar à polícia, que saqueava suas casas e molestava suas mulheres, acreditando, com isso, dar mostras de não-violência, ele considera vergonhoso terem se enganado a este ponto sobre o sentido da não-violência: "Eu gostaria de vê-los interpor-se como escudo entre os mais fortes, que se mostravam ameaçadores, e os mais fracos, que precisavam de proteção. Sem qualquer espírito de vingança, deveriam ter assumido todos os sofrimentos do combate, aceitando inclusive o risco de morrer, sem jamais fugir à tormenta. Já haveria alguma coragem em defender com a espada seus bens, sua honra e religião. Teria sido ainda mais nobre poder defender-se sem devolver mal com o mal. Mas é indigno, imoral e desonroso abandonar seu posto e, para salvar a pele, deixar tudo à mercê dos malfeitores."[50]

Gandhi não ignora que a violência foi, via de regra, a arma da liberdade: "As páginas da história estão manchadas do sangue derramado por aqueles que lutam pela liberdade."[51] Gandhi não condena esses combatentes, mas parece-lhe que é chegado o tempo de sair desta espiral de violência em que se deixaram arrastar opressores e oprimidos. Ele considera que os soldados da liberdade, que recorreram às armas de destruição para combater a opressão, deixaram-se cegar pela violência. Está convencido de que, para alcançar a liberdade, o caminho da violência é, na verdade, um desvio semeado de emboscadas e perigos, que o realismo aconselha evitar. Ele anseia que seu povo tome o atalho da não-violência. Está convicto de que os indianos não precisam recorrer às armas da violência para conquistar a liberdade. "Uma nação de 350 milhões de pessoas não necessita do punhal do assassino, não necessita do veneno, tampouco da espada, da lança ou do fuzil. Basta-lhe a própria vontade e a capacidade de dizer 'não', e esta nação hoje aprende a dizer não."[52]

A VIOLÊNCIA PODE PARECER NECESSÁRIA

Gandhi tem consciência de que a não-violência do homem não pode ser absoluta: "Enquanto não formos espíritos puros, a não-violência perfeita será tão teórica quanto a linha reta de Euclides."[53] Mesmo que seja apenas para viver, o homem é obrigado a praticar determinados atos de violência. "O próprio fato de comer, beber, mover-se implica necessariamente uma parte de violência, de destruição de vida, por ínfima que seja."[54] O homem, todavia, deve restringir-se à estrita necessidade. Por respeito à vida dos animais, Gandhi recusa a ingestão de carne, bem como atribui a maior importância à proteção da vaca preconizada pelo hinduísmo, visto que ela "significa a proteção de todas as criaturas criadas por Deus"[55], "é a proteção de qualquer vida, de tudo que no mundo é frágil e impotente".[56]

O indivíduo também não poderia aspirar a viver sem qualquer compromisso com todas as injustiças sociais da desordem estabelecida, que também se constituem outras violências estruturais. "Enquanto o homem viver em sociedade, não poderá deixar de ser cúmplice de certas formas de violência."[57] Se é impossível ao homem evitar qualquer tipo de violência, "uma questão se impõe: qual é o limite a respeitar para não ir além?".[58] Gandhi evita dar-lhe uma resposta formal que seria extensiva a todos em todas as situações. O que importa a todos é fazer recuar este limite até o ponto mais distante possível por um esforço individual. Ele reconhece que o homem pode se deparar com uma situação em que não terá outra escolha exceto recorrer à violência para evitar o pior. É possível que seja forçado a matar "para proteger aqueles que estão a seus cuidados".[59] "Se um homem numa crise de loucura e desvario lançar mão de uma espada para matar todos os que encontre pela frente sem que ninguém ouse imobilizá-lo vivo, aquele que matar esse louco homicida será merecedor do reconhecimento da comunidade e será considerado um homem bom por seus semelhantes."[60] Mas nem mesmo essa violência seria uma fatalidade, e Gandhi, em seguida, acrescenta: "No entanto, há uma exceção, se assim se pode dizer. O sábio que consegue apaziguar o furor desse homem perigoso não tem o direito de matá-lo. Não estamos falando aqui de seres que estão perto de atingir a perfeição. Estamos nos referindo ao dever da sociedade, dos seres humanos comuns e imperfeitos."[61]

Alguns talvez sejam levados a pensar que ao reconhecer a necessidade de recorrer à violência para evitar o pior, Gandhi esteja preconizando a tese clássica da legítima defesa, tal como é apresentada por todas as doutrinas morais que se apóiam no direito natural. Na verdade, não é bem assim, pois existe uma diferença radical entre o pensamento de Gandhi e essas doutrinas, na medida em que estas recorrem à violência como regra geral para se defenderem de uma agressão e ignoram totalmente as possibilidades práticas da ação não-violenta; mais que isso, afirmam sua ineficácia antes mesmo de conhecê-las. Embora possam acreditar, por princípio, que a violência se constitui apenas o último recurso, concretamente não oferecem outra alternativa, e assim a violência se impõe, via de regra, como única possibilidade de enfrentar uma agressão. Gandhi, pelo contrário, está convencido de que a não-violência oferece efetivamente a possibilidade de solucionar pacificamente os conflitos que se apresentam. Assim, ele enfatiza que não se deve recorrer à violência exceto "quando for inevitável e somente após ter refletido de forma amadurecida e após ter esgotado todos os meios de evitá-la".[62] E aqui esta frase não tem nenhum cunho retórico. Enfim, quando reconhece que a violência pode ser necessária, Gandhi evita referir-se a processos de legitimação que a justifiquem. A necessidade da violência não elimina a exigência de não-violência.

LIBERTAR A ÍNDIA DE UM ESTADO INDIANO

Ao longo de toda luta pela independência da Índia, uma das preocupações primordiais de Gandhi foi não só combater a tutela do império britânico, como também permitir ao povo indiano governar a si mesmo, sem recorrer a mecanismos de coerção violenta que caracterizam o método governamental do Estado. Segundo Gandhi, o melhor meio oferecido aos indianos para resistir ao governo britânico e retirar-lhe todo poder é aprender a governar a si mesmos, ou seja, tornar-se autônomos. Esta é também uma das principais razões pelas quais ele preconiza a não-violência como meio de resistência. Isto porque, Gandhi está convencido de que aqueles que aconselham a violência para combater os ingleses não saberiam agir de forma diferente se chegassem a tomar o poder, exceto governar a Índia pela violência: "Tão logo consigam expulsar os ingleses e tomar o lugar deles no poder, vão exigir que todos obedeçam à sua lei."[63] Tomar o poder pelo fuzil significa condenar-se a exercê-lo pelo fuzil. Por isso, o movimento de resistência organizado por Gandhi visa sobremodo organizar o poder dos indianos que tomar o poder dos ingleses. A estratégia de ação não-violenta não visa prioritariamente tomar o poder *para* o povo, mas organizar a tomada de poder *pelo* povo. "A independência", afirma Gandhi, "significa aprender a dirigir a si mesmo, portanto depende de nós. [...] Agora, vocês sem dúvida compreenderão por que nosso objetivo não deve ser prioritariamente a expulsão dos ingleses".⁶⁴ É preciso que os indianos aprendam a não aceitar "nenhuma tirania; nem a da lei inglesa, nem a da lei indiana".⁶⁵ Os indianos nada ganharão em trocar o domínio do Estado britânico pelo de um Estado indiano. "Se a única mudança pretendida restringir-se à cor do uniforme militar, não precisaremos criar tantas histórias. De qualquer modo, nesse caso, não é o povo que estará sendo levado em conta. Será explorado da mesma maneira ou mais que nas condições atuais."⁶⁶

Por isso, Gandhi organiza de forma simultânea a não-cooperação com o sistema colonial e um "programa construtivo" em que centra esforços na mobilização dos indianos, a fim de que participem diretamente da gestão de seus interesses. O programa construtivo consiste, ao mesmo tempo, no combate às instituições, às estruturas e às leis que provocam as injustiças, na proposição de novas instituições, estruturas e leis que tragam uma solução construtiva aos diferentes problemas, colocando-as em prática, a fim de constatar sua exeqüibilidade. Mais do que se limitar a exigir do poder adverso que encontre uma solução justa ao conflito em curso, trata-se de tentar inscrever esta solução na realidade. Segundo Gandhi, existe uma "conexão necessária entre o programa construtivo e a desobediência civil"⁶⁷, e ele não hesita em afirmar: "O corpo da não-violência desarticula-se se não houver uma forte confiança no programa construtivo."⁶⁸

Gandhi considera que as escolas e universidades da Índia encontram-se "sob influência de um governo que arbitrariamente despojou a nação de sua honra e, por conseguinte, é dever da nação retirar seus filhos dessas instituições".⁶⁹ Tal política de não-cooperação só tem sentido se a nação se encarregar da educação das crianças. "Abandonar as atuais escolas é tomar consciência de que somos capazes de organizar nosso próprio ensino, apesar das dificuldades do tamanho do Himalaia."⁷⁰

Em várias ocasiões, Gandhi se afasta voluntariamente das controvérsias políticas em que percebe estagnada a luta pela independência, para se consagrar a tarefas concretas de promoção social junto à população indiana, dedicando-se principalmente aos mais pobres: "Não procuro libertar apenas a

Índia da opressão dos ingleses. Estou decidido a libertá-la de todas as formas de servidão que pesam sobre ela."[71] Dessa forma, ele se empenha totalmente em organizar a luta contra o desemprego, a intocabilidade, o casamento entre crianças, o alcoolismo, a falta de higiene da população, a superstição das massas etc. "Para Gandhi", observa seu biógrafo B. R. Nanda, "a libertação política dependia de uma renovação social e econômica do país que somente poderia ser atingida mediante esforços do próprio povo".[72]

É nesta perspectiva que se deve compreender o movimento do *khadi* (tecido indiano), pelo qual Gandhi organiza por toda Índia a fiação e a tecelagem à mão. A roca – estampada na bandeira nacional da Índia – tem, de fato, um significado estreitamente relacionado à luta pela independência. Nas mãos dos indianos, a roca torna-se uma arma econômica e política de grande eficácia. Vinculada ao boicote dos tecidos ingleses, a roca torna-se o símbolo da independência econômica que começa concretizar-se e por si só constitui um desafio político ao poder estrangeiro. Com a fiação manual, milhares de indianos livram-se do desemprego e da miséria. Principalmente, como enfatizou Nehru, ela contribuiu para "devolver a autoconfiança e o auto-respeito a muitas pessoas".[73] O movimento do *khadi* permite também aproximar as aldeias e as cidades, de modo a fortalecer a unidade de todos os indianos em sua luta pela dignidade.

Gandhi não visa construir um Estado indiano partindo do modelo do Estado britânico. Pelo contrário, afirma que a filosofia política da não-violência implica uma crítica radical do Estado, visto que a violência é constitutiva deste. "O Estado", afirma ele, "representa a violência em sua forma intensificada e organizada. O indivíduo tem uma alma, mas o Estado, máquina sem alma, não pode dispensar a violência, já que a ela deve sua existência".[74] Portanto, ele deseja que a coesão da sociedade indiana, que deve nascer da independência, não se baseie na coerção exercida pelo Estado sobre os indivíduos, mas na responsabilidade e autonomia dos indivíduos. Para ele, a autonomia da Índia "significa que cada camponês tome consciência de ser o artífice do próprio destino".[75] Numa verdadeira democracia, cada cidadão deve ser "o arquiteto de seu próprio governo".[76] "A autonomia individual supõe um esforço contínuo para continuar independente do domínio exercido pelo governo, quer seja estrangeiro ou nacional."[77]

A condição ideal da sociedade seria aquela em que nenhuma coerção seria exercida contra os cidadãos: "Seria um estado de anarquia esclarecida.

Num país assim, cada um seria seu próprio senhor. Ele próprio se conduziria de forma a nunca ter que incomodar seu semelhante."[78] E tal anarquia implicaria naturalmente "a extinção do Estado".[79] Gandhi, no entanto, tem consciência de que se trata de um ideal inacessível aos homens. "Na vida nunca realizamos completamente o ideal. Daí a célebre afirmação de Thoreau de que o melhor governo é aquele que governa menos."[80]

DEMOCRACIA E NÃO-VIOLÊNCIA

Gandhi está convencido de que existe uma perfeita compatibilidade entre democracia e não-violência: "Creio que a verdadeira democracia só pode nascer da não-violência."[81] Tendo em vista que uma sociedade democrática não pode ser uma sociedade sem conflitos, é preciso empenhar-se por administrá-los em conformidade com os princípios e os métodos da não-violência. Apenas a dinâmica da não-violência permite conjugar a ordem e a justiça. "A verdadeira democracia ou a autonomia das massas", assinala Gandhi, "jamais poderá ser realizada por meios falaciosos e violentos, pela simples razão de que o corolário natural de seu emprego é a eliminação de qualquer oposição pela supressão ou extermínio dos adversários. Isso impede a conquista da liberdade individual. Esta não se desenvolverá plenamente a não ser num regime de real não-violência".[82] Para Gandhi, a democracia ocidental é apenas formal. Ele certamente tem razões suficientes para crer que "não foi por métodos democráticos que a Inglaterra apoderou-se da Índia".[83] Aliás, não foi também por meios democráticos que ela governou a Índia. A verdadeira democracia somente será efetivada quando a violência, como método de governo, for deslegitimada. "Se a Índia quiser evoluir para a democracia, não deverá se comprometer com a violência e a mentira."[84] Está convicto de que uma revolução violenta não conseguirá estabelecer a democracia. Referindo-se à Revolução Francesa e à Revolução Russa, afirma: "Estou convencido de que, à medida que essas lutas foram sendo conduzidas com a arma da violência, fracassaram em realizar o ideal democrático. Na democracia que idealizei, uma democracia estabelecida pela não-cooperação, haverá a mesma liberdade para todos."[85] Tanto pela organização das ações de não-cooperação como pela implementação do programa construtivo que oferecem a cada indivíduo a possibilidade de expressar seu poder de cidadão e de assumir sua própria responsabilidade, a luta não-violenta, por si mesma, permitiu aos indianos aprenderem a se autogovernar. Gandhi espera demonstrar, assim, que "a verdadeira independência não virá da tomada de poder por alguns, mas do poder que todos terão de se contrapor aos abusos de autoridade. Em outras palavras, deveremos chegar à independência inculcando nas massas a convicção de que têm a possibilidade de controlar o exercício da autoridade e mantê-lo dentro de seus limites".[86] Para que a Índia se torne realmente autônoma, em vez de constituir um Estado forte, Gandhi acredita ser necessário permitir a cada aldeia tornar-se autônoma: "A independência deve começar pela base. Assim cada aldeia será uma república."[87]

Em 1946, às vésperas da independência, Gandhi declara: "Nossa não-violência nos conduziu à porta da independência. Deveremos renunciar a ela depois de ter transposto esta porta? De minha parte, estou firmemente convencido de que a não-violência dos bravos, tal como imaginei, oferece os meios mais eficazes para enfrentar tanto uma agressão estrangeira quanto uma desordem interna, do mesmo modo que nos permitiu conquistar a independência."[88] Mas ele sabe que a Índia ainda não chegou ao estágio de poder praticar a não-violência dos corajosos. Por isso, admite que quando a Índia estiver livre da opressão britânica será preciso manter uma força policial. Esta, no entanto, terá uma concepção inteiramente diferente que a da polícia inglesa. "Seus integrantes serão homens que acreditarão na não-violência."[89] Também, neste ponto, Gandhi reconhece que, em certas ocasiões, talvez seja necessário recorrer à violência para manter a ordem, caso fique demonstrado que não se tem outra alternativa.

Em relação ao exército, Gandhi não acredita na possibilidade de suprimi-lo de um dia para outro. Certamente, ele espera que os indianos sejam capazes de se defender de uma agressão estrangeira, opondo-lhe uma resistência não-violenta e quer prepará-los para essa eventualidade. Mas se não conseguir fazê-los partilhar sua convicção, não terão outra possibilidade a não ser preparar-se para se defender empregando meios da violência. Neste ponto também, Gandhi acredita dar mostra de realismo e não admite que por fraqueza os indianos renunciem à violência. Para ele, "o pior crime dos britânicos é ter desarmado e emasculado todo um povo".[90]

A principal condição exigida para que uma sociedade seja governada pela lei da não-violência é que seja constituída, em sua maioria, por cidadãos que tenham voluntariamente optado pela não-violência como norteadora do comportamento pessoal, social e político. Gandhi entende que esta condição é extremamente difícil para se tornar real. Por isso, considera irrealista pensar que um governo possa tornar-se completamente não-violento. "Hoje", afirma Gandhi em 1940, "não posso conceber semelhante idade de ouro. Mas acredito na possibilidade de uma sociedade em que a não-violência seja predominante. Trabalho para isso".[91] Mas enquanto a cultura de uma sociedade for dominada pela ideologia da violência, só poderá ser governada pela lógica da violência. Para que uma sociedade seja regida pela dinâmica da não-violência é necessário que sua cultura seja permeada pela filosofia da não-violência. A mutação que se impõe, portanto, às nossas sociedades é passar de uma cultura da violência para uma cultura da não-violência. Exatamente este é o desafio – extraordinário – a que somos confrontados neste início do século XXI.

CAPÍTULO 15

AS CHANCES DE UMA CULTURA DA NÃO-VIOLÊNCIA

Hoje, considerada por muitos não-razoável, a não-violência não é suscetível de atrair a atenção nem o interesse. Na melhor das hipóteses, desperta a simpatia distante de certo número de pessoas, que ainda manifestam uma extrema reserva em relação à não-violência. Tudo acontece como se as pessoas racionais sentissem, ante o olhar dos outros, certo pudor que as impedisse de levar a não-violência a sério.

A NECESSIDADE DE COMBATER A VIOLÊNCIA IRRACIONAL

Se a não-violência continua parecendo irracional à maioria, não é porque se duvida que ela possa corresponder, no absoluto, e portanto no abstrato, à exigência moral do homem racional. Mas a não-violência focada sob esse prisma permanece confinada a um princípio da moral pura, ou seja, puramente formal, desprezando as realidades concretas do mundo histórico em que o homem deve agir. Todos reconhecem que o princípio de não-violência é universal, mas é apenas para afirmar que este só poderia ser aplicado na história se todos os homens fossem capazes de discernimento justo e já tivessem decidido livremente renunciar à violência, o que, de fato, nunca se concretizou e nunca o será certamente.

Nessas condições, a maioria acredita ter razão ao pensar que a não-violência, ao mesmo tempo em que expressa a exigência moral do indivíduo que procura um sentido à sua existência no mundo, não estaria à altura de corresponder à necessidade técnica da ação eficaz na história. Por isso, a maioria continua convicta de que somente a violência corresponde aos imperativos técnicos da ação política que visa construir uma sociedade pacífica.

O argumento invocado pelo homem "racional" – pelo menos, ele afirma-se como tal e geralmente é reconhecido como tal – para legitimar a violência é que ela é necessária para barrar, afastar e, à medida do possível, eliminar a violência dos homens irracionais. De fato, considerando-se que o homem se comporta naturalmente e com mais freqüência cedendo aos desejos da paixão em vez de se submeter às exigências da razão, ele é muito mais "mau" do que "bom", está mais propenso a fazer o mal do que o bem. Como pretende, antes de tudo, satisfazer suas necessidades e seus desejos, é naturalmente egoísta; vê o outro como um adversário e um rival que precisa ser combatido. A imagem do homem naturalmente bom que teria sido pervertido pela sociedade não passa de um mito. O que existe no mundo real e na história concreta é a violência que fere e mortifica a humanidade, a violência com seu cortejo de destruições, injustiças, sofrimentos, infortúnios e mortes. E essa violência que pesa constantemente sobre os homens como ameaça mortal provém ao mesmo tempo do interior e do exterior da sociedade; portanto, para sobreviver e para viver, os homens têm o dever de se organizar para se defender dessa dupla ameaça.

Na medida em que o homem racional tem consciência do mal objetivo constituído pela violência é levado a optar por combatê-lo, para tentar construir um mundo em que prevaleçam a ordem, o direito, a segurança, a justiça e a paz, ou seja, a não-violência. E o único meio técnico que parece capaz de combater eficazmente a violência é a violência. Por isso, os homens racionais procuraram construir um Estado forte, que dispõe de todos os meios da violência necessários para, de um lado, coagir os inimigos que integram a sociedade a se submeter à lei e, de outro, combater os inimigos que provêm do exterior que pretendam lhes impor sua própria lei. O Estado arroga-se assim o direito ao monopólio do uso legítimo da violência, deixando crer que o faz para preparar o tempo da não-violência.

A VIOLÊNCIA LEGITIMADA PELA NÃO-VIOLÊNCIA

A violência é considerada pelo homem racional que tenciona agir eficazmente na história como único meio de conseguir realizar a não-violência, ou seja, o fim da história. A partir do momento em que se admite que o fim justifica os meios, *a não-violência justifica a violência*. Portanto, a violência segunda, a contra-violência, pela qual o homem racional combate a violência primeira dos homens desprovidos de discernimento, torna-se ela mesma razoável. Mais do que isso, o homem violento tem o direito de se prevalecer de uma moral superior à do homem não-violento. Decisivamente, apenas a violência é moral, porque só ela pode realizar a não-violência na história. A violência acha-se então legitimada pela não-violência, e toda e qualquer crítica que o homem não-violento possa dirigir ao homem violento se reduz a nada, já que este está autorizado a se prevalecer do próprio argumento da não-violência para justificar sua ação na história. Considerando-se, portanto, que a não-violência é o argumento irrecusável da violência, esta se torna totalmente indiscutível. E, de fato, ela não é discutida.

Assiste-se, dessa forma, a uma inversão de valores: o homem não-violento passa a ser pego em falta pelo homem violento, que o acusa de se tornar cúmplice da violência, de aceitar seu jogo e lhe deixar livre curso, de deixar a história sob seu jugo, uma vez que, por si mesma, a não-violência não oferece nenhum meio técnico de combate à ação irracional daqueles que destroem a paz da sociedade política. O homem não-violento é ainda acusado de se comprazer com a hipocrisia, ao fazê-lo observar que não lhe é lícito *falar* da não-violência na medida em que ele pode se beneficiar de uma segurança pessoal e coletiva que deve àqueles que não hesitaram, correndo os maiores riscos, em apelar à violência. Mais do que ninguém, o homem não-violento merece, assim, a censura feita por Péguy aos discípulos de Kant, de terem as mãos puras, mas não terem mãos. E retomando ainda as palavras de Péguy, o homem violento reconhece ter as mãos nodosas, calosas, pecaminosas, mas se prevalece de ter, por vezes, as mãos cheias.[1] Trata-se, na verdade, de uma infundada acusação que se faz ao homem não-violento quando o censuram de ser cúmplice da violência irracional por recusar recorrer à violência pretensamente razoável. O homem não-violento coerente com as exigências da razão tem consciência de que é a violência irracional que provoca a engrenagem da violência, e sua recusa à violência é, antes de tudo, à da violência primeira que gera a injustiça. Ele está igualmente consciente de que sua recusa não pode ser reduzida a uma condenação moral, mas que deve expressá-la por meio de uma ação na história.

A NÃO-VIOLÊNCIA COMO OBRIGAÇÃO PARA COM O OUTRO

Certamente, a exigência da não-violência requer do indivíduo um esforço para se abster – manter-se afastado – de qualquer espécie de violência, mas, ao mesmo tempo e de forma mais intensa ainda, requer que ele lute contra a violência que impregna as relações humanas em meio à comunidade histórica a que pertence. De forma inconteste, a satisfação da primeira condição surge, aos olhos daquele que optou pela não-violência, como condição necessária, embora não suficiente, para a satisfação da segunda. O destino individual do homem só poderia ter sentido se estiver em estreita ligação com o destino de sua comunidade e, transpassando suas fronteiras, mas através dela, com o da humanidade inteira. O homem que escolheu a não-violência tem consciência de que não pode buscar seu contentamento na solidão. Deve efetivar a não-violência em meio à sua própria comunidade, no mesmo lugar em que os demais não são não-violentos, pelo menos nem todos o são. Enquanto exigência moral, a não-violência é, simultânea e indissociavelmente, obrigação para consigo mesmo e para com outros, de forma que é inútil pretender estabelecer uma predominância de uma sobre a outra. Na vida, a obrigação para consigo mesmo só é expressa pela obrigação para com os outros e só se efetiva na relação com os outros.

A não-violência não pode fundamentar uma moral da intenção pura que conduziria o indivíduo a desinteressar-se das conseqüências de suas decisões e de seus atos. Precisamente por se interessar pelas conseqüências da violência é que o homem não-violento a recusa. O homem não-violento tem tanta consciência como outra pessoa qualquer – ou talvez mais – de que uma ação não é apenas moral só pelas intenções, mas decisivamente pelas conseqüências. O homem não-violento não poderia retirar-se do mundo para melhor se preservar da impureza da violência. Se deixasse o mundo, abandonaria nas mãos de quem não tem nenhum escrúpulo em agir com violência; ele se tornaria efetivamente cúmplice do império da violência. É num mundo tal como é, ou seja, violento, que ele deve empenhar-se em viver segundo as exigências da não-violência. O que importa, do ponto de vista da moral que fundamenta a exigência de não-violência, não é a pureza individual do homem solitário que recusa comprometer-se com a realidade e renuncia a assumir suas responsabilidades na história; o que importa, é o progresso efetivo da não-violência nas relações entre os homens em meio à sociedade.

É claro que se o homem não-violento renuncia à violência é para evitar deixar-se aprisionar numa engrenagem que destruiria sua própria humanidade. Ele reivindica, sem precisar desculpar-se por isso, que reconheçam a legitimidade de tal preocupação que, para ele, é constitutiva da exigência filosófica que dá sentido e transcendência à sua vida. Mas se o homem não-violento renuncia à violência é também e indissociavelmente com a preocupação de proteger a humanidade dos outros, a fim de que, pelo menos, não tenham de sofrer em conseqüência de seus atos. A recusa da violência não é um fim em si, não constitui o objetivo que o homem não-violento procura alcançar. A recusa da violência é apenas a dimensão negativa da não-violência. Sua dimensão positiva é estimular o progresso da não-violência, ou seja, da justiça nas relações entre os homens. Esse progresso constitui, portanto, o alvo que o homem não-violento procura alcançar. E se ele não ignora poder ser levado a aceitar morrer para não renunciar às convicções que dão um sentido à sua vida, ele fará tudo que esteja a seu alcance para escapar dessa situação. Se for necessário correr conscientemente o risco de morrer, não seria para proteger sua pureza, mas para combater as injustiças que violentam os oprimidos, para recusar as mentiras com que os opressores justificam tais injustiças.

RECUSAR PRIMEIRAMENTE A COVARDIA

Para determinar sua conduta ante a injustiça, o homem não tem diante de si apenas a alternativa violência/não-violência; desde o primeiro momento, uma outra opção se apresenta a ele: a recusa à ação. A opção entre a violência e a não-violência só existe para aquele que já tenha se decidido agir contra a injustiça. O debate sobre a violência e não-violência só pode ser suscitado de forma correta se um terceiro pólo for levado em conta: o da inatividade, ou seja, da fuga, da passividade, da resignação enraizada no medo e manifestada na covardia. Qualquer discussão a respeito encontra-se descaracterizada enquanto estiver apoiada unicamente em dois pólos (violência/não-violência), e não em três (covardia/violência/não-violência).

É preciso reconhecer que aquele que escolheu a violência para combater a injustiça já está dando provas de coragem ao superar o medo e ao recusar ser covarde. Se a não-violência não for primeiramente confrontada à covardia, seu oposto, nunca chegaremos a compreendê-la quando a confrontarmos à violência. A questão "violência/não-violência" só estará corretamente configurada se apresentar a escolha entre duas formas de resistência contra a injustiça e entre duas formas de risco ante a violência adversa. Nos dois casos, a atitude pode ser corajosa e intrépida, a intenção boa e pura, a vontade firme e determinada. Isso não entra em debate. A discussão deve incidir sobre duas formas de meio, de técnica, de método de ação que devem ser avaliadas não somente em função de sua moralidade, mas também em função da eficácia em alcançar o fim almejado.

O homem não-violento não ignora que a luta contra a violência precisa ser eficaz. Ele sabe que não basta ter razão contra a violência, é necessário subjugá-la. Mas precisamente existe uma contradição irredutível entre o meio técnico da violência e o fim moral da não-violência. O homem que acredita ser "racionalmente" realista aceita assumir essa contradição, considerando que ela lhe é imposta pela necessidade técnica da ação política. E considera que, afinal, como só a violência permite colocar fora de ação os homens irracionais, ela é necessária para fazer recuar a violência e avançar a razão na história real dos homens. Mas seria bem assim?

A VIOLÊNCIA É SEMPRE IRRACIONAL

Não poderíamos emitir, com certeza, o mesmo juízo moral em relação à violência do homem irracional e à contra-violência do homem racional, mas esta continua ainda uma violência e, como tal, não é racional. Não basta que a decisão de utilizar a violência pareça racional para que a ação violenta seja racional. Qualquer violência traz em si uma parte irredutível de irracionalidade. No nível abstrato, pode-se usar a razão para recorrer à violência, porém na prática não se mata racionalmente. A violência pode ser lógica, mas jamais racional. Considerando-se verdadeiro que todo homem traz em si a exigência de não-violência, para ser violento, é preciso que esteja "fora de si".

Se o homem racional busca atender simultaneamente a coerência do discurso e a coerência da vida, a contra-violência, a que acredita dever recorrer impulsionado pela necessidade, só pode causar-lhe mal-estar no mais profundo de si. Evidentemente, o homem racional não pode satisfazer-se com a violência pretensamente racional, visto que esta invalida simultaneamente a coerência de seu discurso e de sua vida. Ele não pode ignorar que, para ser violento, renuncia, ainda que momentaneamente, à razão. Ele não pode deixar de ter consciência de sua contradição quando legitima o meio da violência tendo em mente o fim da não-violência; não pode deixar de ter consciência dessa contradição, que todas as ideologias dominantes procuram ocultar. Sobretudo, não deve descansar até que consiga superar essa contradição.

Por mais que se faça necessária, a violência é uma necessidade trágica. Toda violência é um fracasso dramático para a comunidade dos homens racionais e nenhum deles pode lavar as mãos pretextando inocência. *Justificar a violência acobertado pela necessidade é tornar a violência efetivamente necessária.* Já significa justificar as violências que irão ocorrer e aprisionar o futuro dentro da necessidade da violência; significa recusar antecipadamente toda inventividade, toda criatividade que permitiria libertar o futuro do passado. Que o homem racional seja levado, impelido pela necessidade, a recorrer à violência para evitar uma violência pior, só pode conduzi-lo a tornar-se ainda mais prisioneiro da mesma necessidade, em situações semelhantes e circunstâncias comparáveis no futuro.

O MEIO DA VIOLÊNCIA CONTRADIZ O FIM DA NÃO-VIOLÊNCIA

Aliás, a contradição entre o fim da não-violência e o meio da violência não é somente teórica, é também técnica. Não está apenas circunscrita a princípios abstratos, mas inserida também nos resultados concretos da ação e pode comprometer seriamente a eficácia da violência. Não seria, enfim, a contradição entre o meio e o fim a mais forte das contradições? Não seria, na maioria das vezes, a violência que se fortalece? A violência do homem racional não traria legitimidade à violência do homem irracional que poderia alegar defender uma causa justa para justificar sua ação? De fato, qual é o homem que não pretende que sua violência seja legítima? A história não está cheia de violências, abrigadas sob o argumento da razão, mas que fizeram a razão regredir?

A violência escapa ao homem que a emprega. Ele não consegue agarrá-la de forma a poder controlar seu emprego. Literalmente, ela lhe escapa das mãos e já não obedece senão a suas próprias leis. Ela desenvolve sua própria lógica e se torna autônoma. Por isso, o homem que optou pela violência não pode continuar a ser dono das conseqüências de seus atos. Estas lhe escapam totalmente. A violência é engrenagem: a violência do homem irracional justifica a violência do homem racional; por sua vez, a violência do homem racional justifica a violência do homem irracional. A legitimação da violência é, assim, um dos fatores decisivos para tornar a violência necessária. A violência é encadeamento; ela cria sua própria fatalidade. O homem racional imita a violência empregada pelo homem irracional, ao passo que o homem irracional imita a legitimação da violência elaborada pelo homem racional, de tal maneira que, enfim, quer se trate de comportamentos ou de discursos, uma perfeita reciprocidade se estabelece entre o homem racional e o homem irracional.

Evidentemente, a tese segundo a qual a violência do homem racional é necessária para combater a violência do homem irracional parece apoiar-se em argumentos convincentes. Mas, ao contrário do que se admite geralmente, parece-nos que ela é mais convincente na teoria do que na prática. A história de ontem e de hoje mostra-nos que a aplicação dessa tese vem provocando um desencadeamento de violências absolutamente desnecessário. Assim, a própria história contradiz com demasiada freqüência e profundidade essa tese para que ela possa continuar a ser o fundamento da regra de conduta dos homens racionais. Na verdade, a história não funciona como pretende a tese. Em vez de extinguir a violência do homem irracional tal como a água apaga o fogo, a violência do homem racional não viria, na maior parte das vezes, alimentá-la, tal como a madeira alimenta a chama? A questão mereceria ser apresentada ao homem racional. Mais exatamente, deveria ser apresentada pelo homem racional.

A história prova que, freqüentemente, o meio da violência toma o lugar do fim da não-violência. O meio encobre o fim. Dizer que a não-violência é o fim da história, mas que esta necessita e justifica os meios da violência, é deslocar a não-violência para o fim da história, mas de uma história sem fim. É o mesmo que situar a não-violência fora da história e consagrar a violência na história. É o mesmo que privar a história de um fim, ou seja, de sentido.

A VIOLÊNCIA É UM MECANISMO CEGO

Os homens racionais que decidem recorrer à violência raramente são aqueles que a exercem. Dão ordem de execução a outros e nada nos convence de que estes tenham consciência de estar a serviço da não-violência e conseqüentemente tomem as precauções necessárias para agir em conformidade. Em outras palavras, teriam eles essa possibilidade? A intenção ponderada pela razão que se encontra na origem da ação deles tende a desaparecer com o efeito mecânico da violência. Teoricamente, têm a tarefa de agir pela não-violência; concretamente, na própria lógica da técnica que precisam aplicar, estão agindo pela violência. Os agentes de execução da violência estão unicamente preocupados em ser eficazes e não têm tempo para incomodar-se com considerações morais. Por sua própria brutalidade, o mecanismo da violência é cego. Conduz quase sempre aqueles que agem pela violência a ir mais longe do que o necessário em relação à racionalidade, em razão da qual se decidiu utilizar a violência. Esta se caracteriza por preencher todo o espaço em que atua. Ela afeta, assim, tudo o que se encontra nesse espaço e é ilusório pensar que eliminará só o mal. A violência que tem por finalidade preparar o tempo da não-violência acaba quase sempre gerando violência pura, ou seja, a violência pela violência.

A contradição entre a não-violência do fim e a violência do meio vai se desenvolver e intensificar-se desmesuradamente no espaço político, que é imenso, separando o homem que decide a violência daquele que a executa. O homem político pretende decidir racionalmente recorrer à violência para defender a ordem ou restabelecer a paz, e justifica sua decisão invocando os mais elevados valores morais da humanidade. Mas, em primeiro lugar, para aplicar a violência é necessário convencer os homens a serem violentos. O apelo à violência pode pretender apoiar-se na razão, mas, para ser ouvido, apela mais à paixão que à razão. Na verdade, é a paixão, muito mais que a razão, que arma o braço daquele que executa a violência. A violência tem necessidade portanto de uma propaganda que fale mais à paixão do que à razão. Na execução da violência, o que importa não é mais *a moral* dos homens, mas somente *o moral*. Por não se servirem da capacidade de discernimento, os homens violentos precisam estar convencidos de ter razão, a fim de conseguir, custe o que custar, que outros se rendam à sua razão. E para estimular o moral daqueles que colocam a violência em prática, empenham-se em convencê-los de que estão realizando a mais justa e nobre das tarefas. A ideologia tem por função inocentar a violência, encobrindo qualquer contradição entre seus meios e o fim que a justifica. Mas a violência jamais é *i-nocente*, pois traz em si uma parte irredutível de *nocividade* (as duas palavras têm a mesma raiz: *nocere*, que causa dano). Honrar a violência é não só desonrar-se, mas é, sobretudo, desonrar as vítimas da violência. Considerada em si mesma, a violência é sempre degradante. Dizer que é necessária não contradiz essa afirmação, mas, pelo contrário, reforça-a. De fato, nunca é honroso para o homem ver-se prisioneiro da necessidade, sobretudo quando esta o obriga a fazer uso da violência a outros homens. A honra do homem continua a ser a não-violência, mesmo quando a necessidade o obriga a recorrer à violência. É de suma e decisiva importância que, no próprio momento em que o homem acredita, pressionado pelas circunstâncias, não poder agir de outra forma, exceto empregar a violência, ele se recorde de que só haverá honra para ele na prática da não-violência. As razões pelas quais o homem recorre à violência podem ser honrosas, mas nem por isso torna a violência honrosa também.

A VIOLÊNCIA INSTRUMENTALIZA O HOMEM

Na extremidade da cadeia das ordens e das obediências, alguns homens são instruídos para executar as mais condenáveis ações, que nada têm de racionais e que são a própria negação dos valores em nome dos quais supõem estar agindo. Nesta extremidade da cadeia, o executante é apenas um instrumento a serviço da violência, um acessório mecânico, puro instrumento técnico. Nesse momento, tudo contribui para que o homem seja privado de sua humanidade. É uma das características da violência instrumentalizar o homem que a exerce. E essa instrumentalização é uma desumanização. Em seu livro *Liberdade, para quê?*, Georges Bernanos descreve a relação que "o homem com a metralhadora" mantém com sua arma: "A metralhadora dispara ao sinal do chefe do homem com a metralhadora, e, ao sinal deste chefe, o homem com a metralhadora dispara sobre qualquer coisa. [...] No homem com a metralhadora a que me refiro, o acessório não é a metralhadora, mas sim o homem. O homem de que falo está a serviço da metralhadora e não a metralhadora a serviço do homem, não se trata do 'homem com a metralhadora', mas 'da metralhadora com o homem.'"[2]

Tudo tem início, portanto, na exaltação da nobreza de uma causa e tudo termina na aceitação das violências mais ignóbeis. Exalta-se a grandeza do sacrifício dos que aceitam morrer pela causa, mas, na realidade, esses mesmos homens recebem a missão de matar por ela. Toda a "lógica" da violência consiste precisamente em matar para não morrer. E como os homens têm o furor de viver, matam furiosamente. Enquanto o poeta exalta a glória dos que morrem "nas grandes batalhas [...] com todo aparato dos grandes funerais"[3]; o filósofo disserta sobre a necessidade de o homem racional recorrer à violência para preparar uma terra de não-violência; o homem político enaltece o dever patriótico dos cidadãos de defender a honra dos homens livres; o general celebra a coragem do soldado que enfrenta todos os perigos e corre os maiores riscos para salvar a nação; o sacerdote pede a benção do deus dos exércitos para aqueles que estão prontos a sacrificar a vida no cumprimento do dever; aquele que a miséria da vida forçou a fazer das armas seu ofício ou que a força da propaganda obrigou a alistar-se, o homem das fileiras, o homem da última fileira – precisamente o homem com a metralhadora, pois em quase todas as guerras, apesar da automatização e sofisticação dos sistemas de armas, é ele quem tem a última palavra –, pronto para a batalha, treinado para não mostrar sentimento, aguerrido para esquecer seu medo, exercitado para interiorizar a crueldade da guerra, encontra-se diretamente confrontado com a violência que o instrumentaliza e desumaniza. Não, não é verdade que o homem das fileiras, da última fileira, conduza-se como homem capaz de discernimento! Na embriaguez da violência, só sente desprezo por todos os valores exaltados pelo homem "racional" para justificar a guerra. Assim, o homem das fileiras, da última fileira, fornece a matéria-prima para: os versos do poeta, os tratados do filósofo, os discursos do homem político, as proclamações do general, as orações do sacerdote e, mais tarde, para as narrações do historiador, mas aquele homem da última fileira é, mais do que tudo, uma vítima.

Como objeção, pode-se alegar que o homem "racional", que decidiu empregar a violência, não teve deliberadamente a intenção de praticar ações condenáveis. Certamente, mas ele aceitou o processo que as provocou por um encadeamento mecânico. Elas são apenas conseqüências inevitáveis, praticamente inevitáveis, de sua decisão, e ele não poderia recusar-se a assumir a responsabilidade de seus atos. Provavelmente, seria injusto recriminar o homem racional que decidiu empregar a violência para defender uma causa justa. Sua intenção talvez seja pura, mas não levou suficientemente a sério as conseqüências de sua decisão, julgando-se não responsável pelas conseqüências. Na realidade, a violência está baseada numa moral da intenção que exclui com freqüência uma moral da responsabilidade. Novamente, os valores foram invertidos. Qualquer que seja a intenção – que, de fato, pode ser pura – de quem decide recorrer a ela, *a violência nunca é um ato dignificante, é sempre degradante*.

A história mostra que, quase sempre, passa-se da legitimação da violência, que a considera uma necessidade técnica, à sua justificação, que a glorifica como virtude moral. Assiste-se assim a construção de uma ideologia que oculta e finalmente elimina toda contradição entre o fim e o meio da ação violenta. Se a não-violência é efetivamente o fim da história, então o homem racional é desafiado a inventar meios não-violentos para agir na história.

O fato de que, no passado, tenha sido, na maior parte das vezes, pela *ação violenta* que o homem racional combateu as violências da opressão ou da agressão, mostra a *necessidade da ação*, mas não prova a *fatalidade da violência*. Certamente, na medida em que o meio técnico da violência foi o único utilizado para tentar vencer as violências irracionais, era o único a dar provas de uma certa eficácia. E precisamos reconhecer que, por vezes, seu efeito benéfico na história foi mais forte que o efeito maléfico. Seria mais válido portanto empregar aquele meio, do que não agir de modo algum. É verdade que o homem não-violento é também herdeiro das lutas violentas ocorridas no passado e beneficiário também de suas experiências. Conserva a memória dessas lutas, mas isso não lhe obriga a pensar que a violência continua a ser *hoje* uma necessidade; ao contrário, se foi efetivamente o fim da não-violência que justificou no passado o meio da violência, não tem apenas o direito, mas tem, *hoje*, o dever de se questionar para saber se não existiriam outros meios que não estejam em contradição com o fim almejado. A questão que se apresenta *hoje* ao homem racional é saber se não seria possível inventar uma outra história experimentando uma outra técnica de ação sem ser a da violência.

É verdade que não basta que a não-violência corresponda à exigência moral a que se obriga o filósofo, é preciso ainda que satisfaça a necessidade técnica que se exige do homem político. Mas é também uma exigência moral, tanto para um como para outro, perguntar se a opção a favor da não-violência permitiria descobrir uma técnica que facilita agir de maneira racional e responsável na história. Para escapar ao círculo vicioso em que a reflexão filosófica e o pensamento político se fecharam durante séculos, convém ao mesmo tempo recusar a legitimação moral da violência e elencar as possibilidades técnicas da não-violência.

É claro que todo homem "racional" reconhece que a violência só deveria ser a *ultima ratio*, o último argumento, e só deveria ser empregada como último recurso, quando todos os outros meios foram utilizados inutilmente; ele concorda que se deve recorrer à violência o menos possível e só em caso de estrita necessidade e, neste caso, deverá escolher a violência menor. Efetivamente, o homem "racional" afirma que o agir humano deve situar-se resolutamente na dinâmica de uma *economia de violência*. O homem que optou pela não-violência poderia ratificar tais afirmações, mas na condição de que os "outros meios", ou seja, os meios da ação não-violenta sejam efetivamente experimentados. Ora, é preciso reconhecer: os que afirmam a necessidade da violência, via de regra nunca experimentaram a não-violência. Uma coisa é afirmar: deve-se recorrer à violência o menos possível; outra coisa é dizer: deve-se recorrer à não-violência sempre que possível. *Se o homem não se prepara para mobilizar os meios de ação não-violenta sempre que possível, a violência será sempre necessária.* Só se pode fazer realmente economia da violência optando resolutamente pela não-violência. *A economia da violência só é possível dentro da dinâmica da não-violência.*

A NECESSIDADE DE COERÇÃO

A ação coerente, cuja finalidade é combater a violência na história, não pode se reduzir ao diálogo e à discussão visando trazer de volta à razão os homens irracionais. O que caracteriza a violência é exatamente a recusa ao diálogo e à discussão. É claro que o homem violento continua a ser um homem "racional", no sentido em que continua suscetível de atender aos imperativos da razão, capaz de se deixar convencer por argumentos da razão. Portanto, não é inútil tentar convencê-lo pelo raciocínio. Mas, em geral, a violência o fará surdo aos ditames da razão. Na medida em que o discurso racional não exerce influência sobre o homem violento, será impossível convencê-lo a renunciar à violência. Portanto, a ação racional contra a violência configura-se obrigatoriamente numa ação coercitiva sobre o homem violento. Para que a não-violência possa prevalecer nas relações humanas dentro da própria comunidade, seria ilusório remeter-se à boa vontade de uns e outros. É preciso criar instituições de governo que disponham de meios de coerção para que a lei seja respeitada – o que implica especialmente a instituição de uma "força pública", de uma polícia e de uma justiça. Não seria nada realista pretender, em nome da não-violência, organizar uma sociedade sem um governo a que se reconheça o direito e os meios de coagir os cidadãos. Sem tal governo, deixa-se o campo livre no interior da sociedade a conspirações e máfias, que não teriam escrúpulo algum em fazer reféns os cidadãos, pela ameaça constante dos piores meios da violência. A questão consiste, assim, em saber se toda coerção é necessariamente violenta ou se não seria viável colocar em prática formas de coerção não-violentas. Antes de responder, é preciso interrogar a não-violência.

 A questão a que hoje está confrontado o homem racional é a seguinte: a não-violência só poderia consolidar uma atitude moral em face da história ou poderia consolidar uma atitude responsável na história? A não-violência condenaria o homem a recusar totalmente a ação e a abandonar a história, quer tenha optado viver no deserto ou decidido morrer no mundo, ou lhe ofereceria a oportunidade de transformar o mundo? Não seria razoável responder imediatamente pela afirmativa, mas seria ainda menos responder definitivamente pela negativa. Aliás, existe uma história da não-violência que é, também, a história de lutas contra a violência dos "homens irracionais". É espantoso que esta história não tenha despertado o interesse dos homens racionais que preconizam e justificam a violência.

 É verdade que uma moral da intenção pura baseada apenas na recusa de matar possibilitaria morrer dignamente, mas não viver. Portanto, a questão que deve ser colocada é saber se a não-violência pode ou não estabelecer uma moral concreta, histórica, uma moral da ação, uma *sabedoria prática*, que possibilite ao homem não somente morrer por suas convicções, mas também viver por elas, uma vez que não se trata de proclamar em face da história a exigência universal de não-violência, mas de realizá-la na história, que é violenta.

 Portanto, é preciso estudar a "exeqüibilidade" da não-violência como método, como técnica de ação. Para isso, é preciso indagar se a não-violência pode estabelecer uma atitude prática, uma regra de conduta e um comportamento que sejam coerentes e viáveis, ou seja, que ofereçam, tanto ao indivíduo como à comunidade, uma promessa real de vida longa. É claro que a não-violência absoluta será sempre, tanto para o indivíduo como para a comunidade, um ideal fora de alcance, mas a questão é saber se a não-violência pode se tornar um ideal prático, ou seja, se é possível definir uma prática efetiva, inspirada por este ideal. Em outras palavras, uma prática da não-violência ofereceria probabilidades de êxito suficientes para ser escolhida pelo homem racional, que não deseja somente morrer de forma digna, como também anseia por viver? Mais exatamente, é preciso indagar quais as probabilidades da prática da não-violência seriam capazes de impedir e reabsorver a violência nas relações humanas. Com certeza existem probabilidades de insucesso que podem provocar a morte do indivíduo e até a da comunidade. Mas sucede o mesmo em relação à violência, porque é assim que se passa com a vida. Viver é a cada instante arriscar-se a morrer. E as probabilidades de insucesso da violência são, conclusivamente, bastante consideráveis. *Mas a ideologia da violência, que domina nossas mentalidades, postula ao mesmo tempo o insucesso da não-violência e o sucesso da violência.* Esse duplo postulado é que consideramos razoável reavaliar.

A grande fragilidade da não-violência encontra-se no fato de que a violência é bem organizada e a não-violência é totalmente desorganizada. As potencialidades da não-violência só poderão ser atualizadas na história na medida em que as sociedades estiverem determinadas a implementá-las no âmbito institucional. Para isso, uma maioria de cidadãos deverá estar convicta de que a não-violência não só é desejável como igualmente possível.

AS "PROBABILIDADES" DA AÇÃO NÃO-VIOLENTA

É oportuno retomar aqui o conceito de "chance" definido por Max Weber, em seu *Ensaio sobre a teoria das ciências sociais*, pois será preciso indagar se existe objetivamente uma probabilidade pela qual a ação não-violenta poderia ter êxito na história das comunidades humanas. "Uma das razões extremamente importante e compreensível da atividade", afirma Max Weber, "consiste na existência objetiva dessa espécie de possibilidades, que representa a probabilidade maior ou menor, consignável num 'julgamento objetivo de possibilidade', indicando que se pode legitimamente contar com essas expectativas".[4]

Cada pessoa orienta seu comportamento em função do comportamento dos outros, age re-agindo à ação dos outros. É preciso, aqui, perguntar como os outros re-agirão perante a ação não-violenta. O indivíduo que age em conformidade com os princípios, as regras e os meios da não-violência alimenta a esperança de que os outros se comportarão de tal maneira que sua ação seja bem-sucedida. Mas, para além das expectativas subjetivas do indivíduo que age, o que se mostrará decisivo ao êxito ou ao insucesso de sua ação, são as possibilidades objetivas que existem para que os outros se comportem em consonância com tais expectativas. Julien Freund, ao comentar Max Weber, esclarece: "A noção de chance está ligada à categoria de possibilidade objetiva, o que significa que, em determinadas condições objetivas, é provável que os homens ajam de uma maneira que se pode prever de forma aproximada."[5] Para que o agente que optou pela não-violência tenha êxito em sua iniciativa, é preciso que os outros considerem na prática que o comportamento que deles se espera seja "válido", isto é, que tenha um sentido para eles, seja qual for o motivo pelo qual adotarão tal conduta. Eles poderão adotar esse comportamento por considerar que corresponde a um "valor" a que decidirão aderir, mas poderão igualmente fazê-lo, considerando o mais adequado a seu interesse. É razoável pensar que à medida que se desenvolver na comunidade uma cultura da não-violência, haverá um número crescente de indivíduos que irão pautar o comportamento de acordo com as expectativas da ação não-violenta por reconhecer que este corresponde a um "valor" que lhe dá sentido.

Visto que a ação não-violenta só pode ocorrer em situação de conflito, o agente não-violento espera que os outros orientem seu comportamento aceitando também participar na dinâmica da resolução não-violenta do conflito. Convém explicar que "os outros" não significa apenas os adversários e sim "todos os outros", ou seja, todos os membros da comunidade que não se sentem – ainda – implicados no conflito. O agente não-violento espera deles que se envolvam pessoalmente na resolução do conflito reconhecendo que o comportamento que deles se espera tem um sentido para eles. Enfim, o agente não-violento espera que seja possível chegar ao que Max Weber designa um "entendimento"[6] entre todos os membros da comunidade. A questão está em saber, portanto, se o agente não-violento pode razoavelmente concluir que há probabilidades, isto é, possibilidades objetivas, segundo as quais os outros se comportarão de tal forma que sua ação crie as condições de um entendimento que se sustente no tempo. A ideologia dominante afirma que tais possibilidades praticamente não existem, mas trata-se de uma afirmação ideológica e não de uma apreciação sociológica baseada na avaliação lógica das possibilidades objetivas de êxito da ação não-violenta. Por outro lado, a mesma ideologia afirma que as possibilidades de êxito da ação-violenta na história das comunidades humanas são muito grandes, porém, uma mais vez, trata-se muito mais de uma afirmação ideológica do que uma verdadeira avaliação sociológica. Na realidade, é razoável pensar que as probabilidades de êxito da violência são muito menores em relação ao que afirma a ideologia dominante, e muito maiores as probabilidades da não-violência do que ela avalia. Mais do que isso, em muitas situações, pode-se razoavelmente considerar que as probabilidades de êxito da não-violência são maiores que as da violência, considerando-se que inúmeras experiências têm mostrado que tantos indivíduos como também comunidades podem orientar seu comportamento de acordo com as expectativas daqueles que agem em conformidade com os princípios, as regras e os meios da não-violência. Isso significa que a ação não-violenta tem realmente probabilidades de êxito, ou seja, de conduzir a um entendimento duradouro dos indivíduos e comunidades que antes se encontravam em situação de oposição e conflito. Em outras palavras, existe objetivamente uma probabilidade segundo a qual a ação não-violenta pode ter êxito. Essas possibilidades e probabilidades devem ser avaliadas em função das condições concretas em que se desenvolve a ação, levando em conta a implicação de múltiplos fatores.

Max Weber assinala que a validade de uma regra social deve basear-se na "avaliação concreta da média das probabilidades do comportamento humano".[7] Assim, para estabelecer a validade da não-violência como regra normativa da atividade comunitária é preciso proceder a uma estimativa lógica que revele a probabilidade *média* segundo a qual os indivíduos pautarão seu comportamento pelas expectativas da não-violência. Esta hipótese parece-nos ter fundamento, mas convém examiná-la melhor, considerando-se que fazer a opção política da não-violência não significa partir do *ideal da não-violência* para empenhar-se em colocá-lo em prática semelhante tarefa se revela impossível. Pelo contrário, significa partir da *realidade da violência* para tentar transformá-la paulatinamente implementando, em situações efetivamente possíveis, os métodos da ação não-violenta. Então, surgirão múltiplas possibilidades, que irão configurar-se em muitas outras "probabilidades" para a não-violência.

Evidentemente, no imediato, as forças da não-violência não se encontram em condições de opor-se eficazmente às forças da violência que se desencadeiam em todas as partes do mundo. Quando em determinado território juntam-se todos os fatores que farão explodir a violência, ela explode efetivamente e ocorre o irreparável, sem que ninguém possa pretender evitá-lo, pois já é tarde demais. A ação deve ser iniciada bem antes que a explosão ocorra. Certamente, não há nenhuma fatalidade nesse desencadeamento da violência contra o homem, pois não é fatal que os fatores desencadeantes da violência estejam presentes, mas desde que o estejam pela responsabilidade dos homens, torna-se inevitável o desencadear da violência. Provavelmente, nem os meios da violência e nem os da não-violência poderão extinguir o incêndio dos medos, das paixões e dos ódios. Estes terão que se consumir e se extinguir por si mesmos. O sistema de violência que vem dominando a sociedade durante séculos ainda não cessou de lançar seu veneno mortal sobre nosso presente e provavelmente também sobre nosso futuro. Ao nos esforçar por desmantelar esse sistema, precisamos avaliar a dimensão do irreparável que continua a produzir.

O MAIOR REALISMO DA NÃO-VIOLÊNCIA

Nunca podemos estar seguros quando se trata de avaliar as conseqüências de nossos atos, visto que, em grande parte, estas são imprevisíveis e nos escapam. Isso é igualmente verdadeiro em relação à ação violenta e à ação não-violenta, e deverá nos conduzir a manifestar grande prudência em nossas decisões. Essa prudência obriga-nos a avaliar o quanto de irreparável e de irremediável decorreria de nossos atos. Portanto, fica evidente que a prudência nos aconselha a evitar a ação violenta dando preferência à ação não-violenta, visto que, com toda probabilidade, aquela traz em si um número maior de conseqüências irreversíveis do que esta. À luz da prudência, base da sabedoria prática do homem racional, a violência revela-se im-prudência, ou seja, uma falta de prevenção das conseqüências que ela desencadeia sem o sabermos. Aliás, não basta mensurar as conseqüências imediatas da violência, é preciso tentar prever e avaliar também as conseqüências longínquas que podem repercutir em outros lugares e em outros tempos. A eficácia da violência não deve ser avaliada apenas no imediato, mas também ao longo do tempo. A contra-violência pode ter efeitos imediatos que levam a crer que tenha diminuído o peso da violência na história, mas, com o decorrer do tempo, tem-se descoberto que a contra-violência ocasiona conseqüências indiretas negativas, efeitos secundários perversos e, indubitavelmente, aumentou o peso da violência no mundo. Nesse sentido, a não-violência oferece maiores garantias para preservar o futuro.

O que diferencia aquele que optou pela não-violência daquele que adotou uma postura passiva ante a violência não é um maior idealismo em relação à não-violência, mas sim um maior realismo em relação à violência. Decididamente, a violência é uma utopia. Em sua etimologia, *u-topia* é aquilo que não existe em *lugar algum*. Ora, precisamente, se a violência existe em toda parte, em parte alguma atinge o fim que pretende justificá-la. Jamais, em *lugar algum*, a violência concretiza a justiça entre os homens, jamais em *lugar nenhum* a violência traz uma solução humana aos inevitáveis conflitos humanos que constituem o tecido da história.

CONCLUSÃO

A idéia dominante que tem prevalecido até o presente em nossas sociedades é que não é possível lutar de forma eficaz contra a violência sem lhe opor uma contra-violência. Se tantos filósofos, ao afirmarem a exigência ética da não-violência, não souberam fazer outra coisa exceto reconhecer a necessidade e a legitimidade da contra-violência, é porque, em face da perspectiva que adotaram, não puderam conceber uma ação não-violenta contra a violência. Em nossa cultura, tudo nos conduz a pensar nossa relação com a violência considerando o pólo *violência/contra-violência* em detrimento do pólo *violência/não-violência*. A convicção que fundamenta a opção pela não-violência é que a contra-violência não é eficaz para combater o sistema da violência porque, na realidade, a contra-violência faz parte da violência e, portanto, só o que faz é mantê-la e perpetuá-la.

    O princípio de não-violência implica a exigência de procurar novas formas não-violentas de agir eficazmente contra a violência. A experiência de muitas lutas tem demonstrado que a eficácia da estratégia da ação não-violenta permite aos homens e aos povos recuperarem a dignidade e a liberdade. Sem dúvida, essa eficácia é forçosamente relativa e, o insucesso, sempre possível, mas a ação não-violenta permite ao homem ter uma atitude coerente e responsável diante da violência dos outros homens. No entanto, *não é a eficácia da ação não-violenta que justifica o princípio de não-violência*. Se quiséssemos nos limitar em fundamentar a pertinência do princípio de não-violência na eficácia da ação não-violenta, cedo ou tarde iríamos nos deparar com os limites desta ação e, nesse momento, acabaríamos por recusar a legitimidade desse princípio.

O princípio de não-violência nos conduz a operar uma revolução copernicana em nossa maneira de pensar a eficácia da luta contra a violência. Há muitos séculos estamos reforçando nossa maneira de pensar a eficácia essencialmente como um efeito da violência. Mais ou menos conscientemente, chegamos a ponto de identificar a eficácia com a violência. Mas só centramos nossa atenção *na eficácia da violência* e nos recusamos a ver *a violência da eficácia*, ou seja, ocultamos de nossos próprios olhos *a violência da violência*.

No pólo violência/contra-violência, a luta contra a violência é conduzida pela oposição frontal a seus efeitos mecânicos. Trata-se de um choque de duas forças físicas de mesma natureza. Para vencer a violência, é então necessário recorrer a uma violência maior. Não resta dúvida de que, no imediato, a contra-violência pode conseguir destruir a mola da violência adversa, fazendo-nos acreditar que saímos vitoriosos. Mas, na realidade, essa vitória tem todas as probabilidades de se mostrar ilusória, uma vez que, ao fortalecer a ascendência da violência na história, contribuímos para encerrar a história na lógica da violência e acabamos por fazer da violência uma necessidade. Recorrer à contra-violência para combater a violência significa correr o risco de prolongar indefinidamente a cadeia das violências. Em contrapartida, o pólo violência/não-violência permite destruir essa cadeia. É claro que a ação não-violenta visa também interromper os efeitos da violência, mas envidando esforços primeiramente para lutar contra suas causas. Em vez de concentrar esforços para conter as águas caudalosas, melhor esgotá-las na fonte.

Henri-Bernard Vergote enfatizou pertinentemente que "a violência não poderia ser considerada uma simples variedade da força": "À luz da espiritualidade que a compreende como seu oposto, ela se configura também uma atitude ou uma maneira de ser."[1] De modo semelhante, destaca ele, a espiritualidade não é uma força, mas uma atitude. Nessa ótica, ele denuncia "o mal-entendido sobre a espiritualidade, ao considerá-la unicamente sob o enfoque de sua eficácia: justificam-na por parecer uma força, contanto que se mostre como o oposto simétrico da força física produzindo os mesmos efeitos por outros meios".[2] Efetivamente, antes de ser uma ação, *a violência é uma atitude,* uma atitude para com os outros homens que gera uma atitude em relação à morte e ao homicídio. (Cabe assinalar que a covardia também é uma atitude.) Da mesma forma, *a não-violência é, antes de tudo e essencialmente, uma atitude, uma atitude que se distingue (da covardia e) da violência,* uma outra atitude para com outros homens que gera uma outra atitude em relação à morte e ao homicídio. Ela é a atitude ética e espiritual do homem forte que reconhece a violência como a negação da humanidade e que decide recusar submeter-se ao seu domínio. Semelhante atitude fundamenta-se na convicção existencial de que a não-violência é uma resistência mais forte à violência do que a contra-violência. Indubitavelmente, o objetivo da ação não-violenta é criar condições que permitam ao adversário que escolheu a violência mudar de atitude. Esse objetivo é uma aposta que comporta um risco de morte. É precisamente nesse risco que se encontra a esperança da vida.

Se a não-violência fosse apenas um método de ação que procurasse alcançar por outros meios o mesmo objetivo visado pela violência, seria então necessário julgá-la apenas por seus resultados, pois seriam os únicos que a justificariam. E seria conveniente mudar de método assim que fosse julgada ineficaz. Mas se a não-violência é uma atitude, a atitude do homem dotado de capacidade de discernimento que procura dar sentido e transcendência à sua existência, então justifica-se por si mesma. E o homem coerente não tem motivo para mudar de atitude.

No entanto, se a não-violência é uma atitude que resulta de uma opção pessoal, ela nutre um projeto de civilização destinado a se inscrever na história. A construção da *civilização da não-violência* representa hoje uma questão primordial tanto para o futuro da humanidade, como para cada uma de nossas sociedades. Ela requer a concentração das melhores energias de todos os homens de boa vontade. Cada ser humano, com suas potencialidades, tem a possibilidade de agir para criar brechas no sistema da violência que domina nossas sociedades, brechas que se constituem em outras tantas aberturas para um futuro em que o homem reconhecerá o outro homem como seu semelhante. Se não é razoável afirmar que essa civilização da não-violência triunfará – infelizmente não é certo que "a verdade sempre triunfará" –, é certamente razoável querer agir para que ela possa pouco a pouco prevalecer sobre os arcaísmos de que somos ainda prisioneiros. Temos a profunda convicção de que, na aurora do século XXI, neste anseio se encontra a esperança dos homens.

NOTAS

PREFÁCIO

1. Extraído do *Dictionnaire historique de la langue française* [*Dicionário histórico da língua francesa*], coord. Alain Rey, Paris: Le Robert, 1993.
2. Nietzsche, *Ainsi parlait Zarathoustra* [*Assim falava Zaratustra*], Paris: Gallimard, 1989, p.59.
3. Emmanuel Levinas, *Humanisme de l'autre homme* [*Humanismo do outro homem*], Paris: Le Livre de Poche, 1994, p.58 (Biblio-Essais).

CAPÍTULO 1

1. René Girard, *Des choses cachées depuis la fondation du monde* [*Das coisas escondidas desde a fundação do mundo*], pesquisa realizada com J. D. Oughourlian e Guy Lefort, Paris: Grasset, 1983, p.15.
2. *Idem, ibidem*.
3. *Idem, ibidem*, p.16.
4. Simone Weil, *Cahiers I*, Paris: Plon, 1951, p.140.
5. *Idem, ibidem*, p.80.
6. Horácio, *Épîtres* [*Epístolas*], Livro I, Epístola II, 59-64.
7. Evangelho segundo Mateus, 5, 21-22.
8. Primeira epístola de João, 3, 15.
9. Charles Péguy, *L'Argent suite: Œuvres en prose 1909-1914* [*O dinheiro seqüência: obras em prosa 1909-1914*], Paris: Gallimard, 1961, pp.1250-1251 (Bibliothèque de la Pléiade).

10. Simone Weil, *Cahiers III*, Paris: Plon, 1956, p.111.
11. Idem, *Attente de Dieu* [*À espera de Deus*], Paris: Le Livre de Poche Chrétien, 1963, p.129.
12. Idem, *Cahiers I*, op. cit., p.52.
13. Michel Serres, *Éclaircissements* [*Esclarecimentos*], Paris: Éditions François Bourin, 1992, p.281.
14. Idem, ibidem, p.282. O autor faz referência ao "contrato de simbiose" também em *Le contrat naturel* [*O contrato natural*], Paris: Flammarion, 1992, p.67.
15. Alain, *Convulsions de la force* [*Convulsões da força*], Paris: Gallimard, 1939, p.214.
16. Max Scheler, *L'idée de paix et le pacifisme* [*A idéia de paz e o pacifismo*], Paris: Éditions Aubier Montaigne, 1953, p.110.
17. Pascal, *Œuvres complètes* [*Obras completas*], Paris: Le Seuil, 1963, p.429.

CAPÍTULO 2

1. René Girard, *Des choses cachées depuis la fondation du monde*, op. cit., p.35.
2. Idem, ibidem, p.324.
3. Simone Weil, *Cahiers I*, op. cit., p.47.
4. Paul Ricœur, *Histoire et vérité* [*História e verdade*], Paris: Le Seuil, 1955, p.227.
5. Simone Weil. "L'Iliade ou le poème de la force" ["A Ilíada ou o poema da força"] em *La source grecque* [*A fonte grega*], Paris: Gallimard, 1953, pp.12-13. A título de esclarecimento, em seus trabalhos Weil não faz qualquer distinção entre os conceitos de força e violência, identificando plenamente um com o outro.
6. Emmanuel Levinas, *Totalité et infini: essai sur l'extériorité* [*Totalidade e infinito: ensaio sobre a exterioridade*], Paris: Le Livre de Poche, 1992, p.267 (Biblio-Essais).
7. Idem, ibidem, pp.266-267.
8. Kant, *Fondements de la métaphysique des moeurs* [*Fundamentos da metafísica dos costumes*], Paris: Librairie Delagrave, 1952, pp.150-151.
9. Idem, ibidem, p.149.

10. *Idem, ibidem*, p.152.
11. Simone Weil, *Écrits historiques et politiques* [*Escritos históricos e políticos*], Paris: Gallimard, 1960, p.80.
12. *Idem, Intuitions préchrétiennes* [*Intuições pré-cristãs*], Paris: Fayard, 1985, p.54.
13. Sobre essa questão, cf. os artigos de Christian Mellon: "Violence des bombes et violence des structures" ["Violência das bombas e violência das estruturas"] e "Une inflation à maîtriser: le mot 'violence'" ["Uma inflação a controlar: a palavra 'violência'"], publicados na revista *Alternatives non-violentes*, n.37 e 38.
14. Aristóteles, *Éthique à Nicomaque* [*Ética a Nicômaco*], Livro III, Capítulo VI.
15. *Idem, ibidem*, Livro III, Capítulo IX.
16. *Idem, ibidem*.
17. *Idem, ibidem*, Livro III, Capítulo VI.
18. *Idem, ibidem*.
19. *Idem, ibidem*, Livro V, Capítulo I.
20. *Idem, ibidem*, Livro III, Capítulo VII.
21. Platão, *Republique* [*República*], Livro IV, 429a.
22. Nietzsche, *Ainsi parlait Zarathoustra*, op. cit., p.59.
23. Alain, *Convulsions de la force*, op. cit., p.284.
24. Simone Weil, *Cahiers II*, Paris: Plon, 1953, p.116.
25. *Idem, ibidem*.
26. Elias Canetti, *Masse et puissance* [*Massa e potência*], Paris: Gallimard, 1966, p.244.
27. *Idem, ibidem*, p.241-242.
28. *Idem, ibidem*, p.242.
29. Emmanuel Levinas, *Difficile liberté* [*Difícil liberdade*], Paris: Le Livre de Poche, 1990, p.239 (Biblio-Essais).
30. Franco Fornari, *Psychanalyse de la situation atomique* [*Psicanálise da situação atômica*], Paris: Gallimard, 1969, p.12.
31. *Idem, ibidem*, pp.12-13.
32. *Idem, ibidem*, p.13.
33. *Idem, ibidem*, p.23.
34. Sigmund Freud, *Essais de psychanalyse* [*Ensaios de psicanálise*], Paris: Petite Bibliothèque Payot, 1981, p.34.

35. *Idem, ibidem.*
36. *Idem, ibidem,* p.35
37. Simone Weil, *L'enracinement* [O enraizamento], Paris: Gallimard, 1962, pp.33-34.
38. *Idem, Écrits de Londres et dernières lettres* [Escritos de Londres e últimas cartas], Paris, Gallimard, 1957, p.40.
39. *Idem, Attente de Dieu, op. cit.,* p.143.
40. *Idem, L'enracinement, op. cit.,* p.33.
41. Raymond Rehnicer, *L'adieu à Sarajevo* [Adeus a Sarajevo], Paris: Desclée de Brouwer, 1993, p.42.
42. Stanley Milgram, *Soumission à l'autorité* [Submissão à autoridade], Paris: Calmann-Lévy, 1974, p.20.
43. *Idem, ibidem,* p.22.
44. Hannah Arendt, *Du mensonge à la violence* [Da mentira à violência], Paris: Calmann-Lévy, 1969, p.148 (Essais de politique contemporaine).
45. Sigmund Freud, *Essais de psychanalyse, op. cit.,* p.148.
46. *Idem, ibidem,* p.158.
47. Stanley Milgram, *Soumission à l'autorité, op. cit.,* p.181.
48. Erich Fromm, *De la désobéissance* [Da desobediência], Paris: Robert Laffont, 1983, p.17.

CAPÍTULO 3

1. Simone Weil, *Cahiers I, op. cit.,* p.154.
2. Platão, *République* [República], Livro VI, 493c, Paris: Garnier-Flammarion, 1966, p.251.
3. Simone Weil, *Intuitions préchrétiennes, op. cit.,* pp.83-84.
4. *Paroles du Bouddha* [Ensinamentos de Buda], trad. do chinês Jean Éracle, Paris: Le Seuil, 1991, p.69 (Points, Sagesse).
5. *Ibidem,* p.159.
6. Patanjali, *Yoga sutra,* trad. do sânscrito Françoise Mazet, Paris: Albin Michel, 1991, v.2, p.30.
7. *Idem, ibidem,* p.31.
8. *Idem, ibidem,* p.34.
9. *Idem, ibidem,* p.35.

10. Simone Weil, *Écrits historiques et philosophiques* [*Escritos históricos e filosóficos*], Paris: Gallimard, 1988, tomo II, v.1, p.48.
11. Henri-Bernard Vergote, "Esprit, violence et raison" ["Espírito, violência e razão"] em *Études*, mar. 1987, pp.363s.
12. Georges Bernanos, *La liberté pour quoi faire?* [*Liberdade, para quê?*], Paris: Gallimard, 1953, p.249.
13. Arthur Schopenhauer, *Le fondement de la morale* [*O fundamento da moral*], Paris: Le Livre de Poche, 1991, p.162.
14. Hans Jonas, *Le principe responsabilité: une éthique pour la civilisation technologique* [*O princípio responsabilidade: uma ética para a civilização tecnológica*], Paris: Le Cerf, 1993, p.49.
15. Paul Ricœur, *Soi-même comme un autre* [*O si mesmo como um outro*], Paris: Le Seuil, 1990, p.258.
16. *Idem, ibidem.*
17. João Paulo II, *L'Évangile de la vie* [*O Evangelho da vida*], § 57.
18. *Idem, ibidem*, § 55.
19. *Idem, ibidem*, § 56.
20. Confúcio, *Entretiens philosophiques*, Livro X, artigo 2. Cf. também: Livro XV, artigo 23.
21. Evangelho segundo Mateus, 7, 12.
22. Leon Tolstoi. *Une seule chose est nécessaire* [*Uma só coisa é necessária*], Paris: Librairie Universelle, 1906, p.315.
23. Leon Tolstoi, *Que faire?* [*Que fazer?*], Paris: Éditeur Albert Savine, 1891, p.212.
24. Evangelho segundo Mateus, 5, 44.
25. Michel Serres, *Éclaircissements, op. cit.*, p.294.
26. *Idem, ibidem*, p.293.
27. *Livre des morts des anciens Égyptiens* [*Livro dos mortos do antigo Egito*], Paris: Stock Plus, 1985, pp.213-214.
28. Platão, *Criton* [*Críton*], Paris: Garnier-Flammarion, 1965, pp.73-74.
29. Platão, *Gorgias* [*Górgias*], Paris: Garnier-Flammarion, 1967, p.201.
30. Aristóteles, *Éthique à Nicomaque*, Livro V, Capítulo XI.
31. Emmanuel Levinas, em François Poirié, *Emmanuel Levinas*, Besançon: Éditions La Manufacture, 1992, p.96.
32. *Idem, ibidem*, p.90.
33. *Idem, ibidem*, p.140.

34. Idem, *Éthique et infini* [*Ética e infinito*], Paris: Le Livre de Poche, 1992, p.121 (Biblio-Essais).

35. Idem, *Entre nous: essais sur le penser-à-l'autre* [*Entre nós: ensaios sobre o pensar-no-outro*], Paris: Grasset, 1991, p.46.

36. Idem, *Totalité et infini: essai sur l'extériorité*, op. cit., p.234.

37. Idem, *Éthique et infini*, op. cit., p.101.

38. Idem, *Totalité et infini*, op. cit., p.31.

39. Idem, *Éthique et infini*, op. cit., p.81.

40. Idem, *Totalité et infini*, op. cit., p.217.

41. Idem, ibidem, p.223.

42. Idem, *Éthique et infini*, op. cit., p.71.

43. Idem, em François Poirié, *Emmanuel Levinas*, op. cit., p.100.

44. Idem, *Difficile liberté*, op. cit., p.21.

45. Idem, ibidem, p.20.

46. Idem, ibidem, p.19.

47. Idem, *Humanisme de l'autre homme* op. cit., pp.52-53.

48. Idem, ibidem, pp.52-53.

49. Idem, *Éthique et infini*, op. cit., p.97.

50. Idem, *Autrement qu'être ou au-delà de l'essence* [*Outro modo de ser ou além da essência*], Paris: Le Livre de Poche, p.83 (Biblio-Essais).

51. Idem, ibidem, p.190.

52. Idem, *Éthique et infini*, op. cit., p.94-95.

53. Idem, *Autrement qu'être ou au-delà de l'essence*, op. cit., p.134.

54. Dostoiévski, *Les frères Karamazov* [*Os irmãos Karamazov*], Paris: Gallimard, 1948, p.264.

55. Emmanuel Levinas, *Totalité et infini*, op. cit., p.342.

56. Idem, ibidem, p.341.

57. Idem, ibidem, p.277.

58. Idem, *Autrement qu'être ou au-delà de l'essence*, op. cit., p.253.

59. Idem, *Éthique et infini*, op. cit., pp.117-118.

60. Idem, *Entre nous*, op. cit., p.228.

61. Idem, ibidem, p.10.

62. Idem, *Totalité et infini*, op. cit., p.275.

63. Idem, *Autrement qu'être ou au-delà de l'essence*, op. cit., p.205.

64. Paul Ricœur, *Soi-même comme un autre*, op. cit., p.391.

CAPÍTULO 4

1. Tomás de Aquino, *Somme théologique* [*Suma teológica*], II, Questão 123, artigo 4.
2. *Idem, ibidem*, artigo 5.
3. *Idem, ibidem*, artigo 6.
4. *Idem, ibidem*.
5. Jacques Maritain, *Du régime temporel et de liberté* [*Do regime temporal e da liberdade*], Paris: Desclée de Brouwer, 1933, p.207.
6. Simone Weil, *Cahiers II, op. cit.*, p.147.
7. Platão, *Apologie de Socrate* [*Apologia de Sócrates*], Paris: Garnier-Flammarion, 1965, p.45.
8. Citação de Jean-François Six, *Le Père Riobé: un homme libre* [*Padre Riobé: um homem livre*], Paris: Desclée de Brouwer, 1988, p.69.
9. Evangelho segundo Mateus, 26, 37.
10. *Idem, ibidem*, 26, 51-52.
11. Evangelho segundo Lucas, 12, 4.
12. René Girard, *Des choses cachées depuis la fondation du monde, op. cit.*, p.230.
13. *Idem, ibidem*, p.237.
14. *Idem, ibidem*, p.238.
15. Evangelho segundo Mateus, 16, 25.
16. René Girard, *Des choses cachées depuis la fondation du monde, op. cit.*, p.238.
17. *Idem, ibidem*.
18. Aristóteles, *Éthique à Nicomaque, op. cit.*, Livro VI, capítulo V.
19. *Idem, ibidem*, Livro VI, capítulo X.
20. *Idem, ibidem*, Livro III, capítulo V.
21. *Idem, ibidem*, Livro III, capítulo XII.
22. *Idem, ibidem*, Livro V, capítulo I.
23. Vladimir Jankélévitch, *Le pardon* [*O perdão*], Paris: Aubier, 1967, p.24.
24. *Idem, ibidem*, p.12.
25. Hannah Arendt, *Condition de l'homme moderne* [*Condição do homem moderno*], Paris: Calmann-Lévy, 1988, p.307 (Presses Pocket).
26. Emmanuel Levinas, *Totalité et infini, op. cit.*, p.316.
27. Evangelho segundo Mateus, 18, 21-22.

CAPÍTULO 5

1. Simone Weil, *Opression et liberté* [*Opressão e liberdade*], Paris: Gallimard, 1955, p.95.
2. Pascal, *Pensée 172* [*Pensamento 172*], cf. enumeração estabelecida na edição de M. Brunschvigg.
3. Albert Camus, *L'homme révolté* [*O homem revoltado*], Paris: Gallimard, 1951, p.365 (Idées).
4. Vaclav Havel, *Essais politiques* [*Ensaios políticos*], Paris: Calmann-Lévy, 1989, p.127.
5. Étienne de La Boétie, *Discours de la servitude volontaire* [*Discurso da servidão voluntária*], Paris: Payot, 1978, pp.174-175.
6. *Idem, ibidem*, pp.181-182.
7. *Idem, ibidem*, p.183.
8. *Idem, ibidem*, p.180.
9. Henry David Thoreau, *La désobéissance civile* [*A desobediência civil*], Paris: J.-J. Pauvert, 1967, p.57.
10. *Idem, ibidem*, p.67.
11. *Idem, ibidem*, p.76.
12. *Idem, ibidem*, p.72.
13. *Idem, ibidem*, p.74.
14. *Idem, ibidem*, p.80.
15. Jean Jaurès, *Histoire socialiste de la révolution française,* [*História socialista da revolução francesa*], v.I, La Constituante, Paris: Éditions sociales, 1969, p.136.
16. Georges Sorel, *Réflexions sur la violence* [*Reflexões sobre a violência*], Paris: Éditions Marcel Rivière, 1972, p.112.
17. *Idem, ibidem*, pp.138-139.
18. *Idem, ibidem*, pp.153-154.
19. Georges Bernanos, *Les enfants humiliés* [*Os filhos humilhados*], Paris: Gallimard, 1949, p.77.
20. Vladimir Boukowski, *Et le vent reprend ses tours* [*E o vento volta a soprar*], Paris: Robert Laffont, 1978, p.35.
21. Texto publicado na revista *Combat non-violent*, n.47, 20 maio 1974.
22. Alexandre Soljenitsin, *Lettre aux dirigeants soviétiques* [*Carta aos dirigentes soviéticos*], Paris: Le Seuil, 1974, p.110.

23. Vaclav Havel, *Essais politiques*, op. cit., p.91.
24. *Idem, ibidem*, p.143.
25. *Idem, ibidem*, p.77.
26. *Idem, ibidem*, p.88.
27. *Idem, ibidem*, p.90.
28. Vaclav Havel, *Interrogatoire à distance* [*Interrogatório à distância*], Paris: Éditions de l'Aube, 1989, p.101.
29. *Idem, ibidem*, p.102.
30. Sigmund Freud, *Le mot d'esprit et sa relation à l'inconscient* [*O chiste e sua relação com o inconsciente*], Paris: Gallimard, 1993, p.411 (Folio Essais).
31. *Idem, L'inquiétante étrangeté et autres essais* [*A inquietante estranheza e outros ensaios*], Paris: Gallimard, 1993, p.321 (Folio Essais).
32. *Idem, Le mot d'esprit et sa relation à l'inconscient*, op. cit., p.404.
33. *Idem, L'inquiétante étrangeté et autres essais*, op. cit., p.322.
34. *Idem, ibidem*, p.324.
35. *Idem, Le mot d'esprit et sa relation à l'inconscient*, op. cit., p.407.
36. *Idem, ibidem*.
37. *Idem, ibidem*, p.408.
38. *Idem, L'inquiétante étrangeté et autres essais*, op. cit., p.323.
39. *Idem, ibidem*, p.324.
40. Indicação entre parênteses do número de *Pensamentos* de Pascal cf. enumeração estabelecida na edição de M. Brunschvigg.

CAPÍTULO 6

1. Nicolau Maquiavel, *Le prince* [*O príncipe*], Paris: Le Livre de Poche, 1962, p.117.
2. *Idem, ibidem*, p.66.
3. *Idem, ibidem*, p.120.
4. *Idem, ibidem*, p.126.
5. *Idem, ibidem*, p.137.
6. *Idem, ibidem*, p.117.
7. *Idem, ibidem*, pp.109-110.
8. *Idem, ibidem*, p.46.

9. *Idem, ibidem*, p.104.
10. *Idem, ibidem*, p.85.
11. *Idem, ibidem*, p.124.
12. *Idem, ibidem*.
13. *Idem, ibidem*, p.126.
14. *Idem, ibidem*, pp.165-166.
15. *Idem, ibidem*, p.118.
16. *Idem, ibidem*, p.121.
17. Raymond Aron, prefácio para *Le prince* de Nicolau Maquiavel, *op. cit.*, p.7.
18. Nicolau Maquiavel, *Le prince*, *op. cit.*, p.178.
19. Hegel, *Principes de la philosophie du droit* [*Princípios da filosofia do direito*], Paris: Librairie Philosophique J. Vrin, 1989, p.138.
20. Hegel, *La raison dans l'histoire* [*A razão na história*], Paris: Union Générale d'Éditions, 1988, p.141 (col. 10/18).
21. *Idem, ibidem*, p.143.
22. Hegel, *Phénoménologie de l'esprit* [*Fenomenologia do espírito*], Paris, Aubier, 1992, t.I, p.319 (Bibliothèque Philosophique).
23. *Idem, ibidem*, p.292.
24. Hegel, *La raison dans l'histoire*, *op. cit.*, p.139.
25. Hegel, *Principes de la philosophie du droit*, *op. cit.*, p.310.
26. *Idem, ibidem*, p.260.
27. Hegel, *La raison dans l'histoire*, *op. cit.*, pp.135-136.
28. *Idem, ibidem*, p.140.
29. Hegel, *Principes de la philosophie du droit*, *op. cit.*, p.330.
30. *Idem, ibidem*, p.331.
31. *Idem, ibidem*, p.325.
32. Hegel, *Phénoménologie de l'esprit*, *op. cit.*, p.159.
33. Hegel, *Principes de la philosophie du droit*, *op. cit.*, p.328.
34. Hegel, *Phénoménologie de l'esprit*, *op. cit.*, p.23.
35. Hegel, *Principes de la philosophie du droit*, *op. cit.*, p.324.
36. *Idem, ibidem*, pp.324-325
37. *Idem, ibidem*, p.123.
38. *Idem, ibidem*, p.327.
39. Hegel, *La raison dans l'histoire*, *op. cit.*, p.129.
40. *Idem, ibidem*, p.127.

41. *Idem, ibidem*, p.123.
42. *Idem, ibidem*, p.129.
43. Hegel, *Principes de la philosophie du droit, op. cit.*, p.326.
44. *Idem, ibidem*, p.334.
45. Alain, *Convulsions de la force, op. cit.*, p.93.
46. Hegel, *Principes de la philosophie du droit, op. cit.*, p.165.
47. Max Weber, *Le savant et le politique* [*O intelectual e o homem político*], Paris: Plon/UGE, 1979, p.173 (col. 10/18).
48. *Idem, ibidem*, p.180.
49. *Idem, ibidem*, p.170.
50. *Idem, ibidem*, p.172.
51. *Idem, ibidem*.
52. *Idem, ibidem*, p.173.
53. *Idem, ibidem*, p.171.
54. *Idem, ibidem*, p.170.
55. Evangelho segundo João, 18, 19-24.
56. Albert Camus, *L'homme révolté, op. cit.*, p.349.
57. Max Weber, *Le savant et le politique, op. cit.*, p.100.
58. *Idem, ibidem*.
59. *Idem, ibidem*, p.101.

CAPÍTULO 7

1. Max Weber, *Le savant et le politique, op. cit.*, p.108.
2. Nietzsche, *Ainsi parlait Zarathoustra, op. cit.*, p.61.
3. Rousseau, "Du pacte social" ["Do pacto social"], em *Du contrat social* [*O contrato social*], Livro I, Capítulo VI.
4. Bakunin, *La liberté* [*A liberdade*], Paris: J.J. Pauvert, 1965, p.56.
5. Jacques Maritain, *L'homme et l'État* [*O homem e o Estado*], Paris: PUF, 1965, pp.41-43.
6. Jean Guéhenno, *La mort des autres* [*A morte dos outros*], Paris: Grasset, 1968, p.23.
7. Taine, citado por Bertrand de Jouvenel, *Du pouvoir* [*Do poder*], Paris, Hachette, 1977, p.30 (Le Livre de Poche).
8. Georges Bernanos, *Le chemin de la Croix-des-âmes* [*O caminho da Cruz-das-almas*], Paris: Gallimard, 1948, p.108.

9. *Idem, ibidem.*
10. Georges Bernanos, *Les enfants humiliés, op. cit.*, p.62.
11. Nicolas Berdiaeff, *De l'esclavage et de la liberté* [*Escravidão e liberdade*], Paris: Aubier, 1963, p.121.
12. Roland Sublon, "Narcisse au service du pouvoir"["Narciso a serviço do poder"], em *Cahiers de la réconciliation,* fev. 1979, p.14.
13. *Idem, ibidem,* p.15.
14. *Idem, ibidem,* p.15-16.
15. Moisei Ostrogorski, *La démocratie et les partis politiques* [*A democracia e os partidos políticos*], Paris: Le Seuil, 1979, p.221 (Points, Politique).
16. *Idem, ibidem,* p.218.
17. *Idem, ibidem,* p.226.
18. Simone Weil, *Cahiers III, op. cit.,* p.319.
19. *Idem, Écrits de Londres, op. cit.,* p.41.
20. *Idem, Attente de Dieu, op. cit.,* p.142.
21. *Idem, L'enracinement, op. cit,* p.34.
22. *Idem, ibidem.*
23. João Paulo II, *L'Évangile de la vie, op. cit.,* § 56.
24. Levítico, 24, 20.
25. Bertrand de Jouvenel, *Du pouvoir* [*O poder*], Paris: Librairie Hachette, pp.35-36 (Le Livre de Poche, col. Pluriel).
26. Emmanuel Mounier, *Oeuvres* [*Obras*], t.I, 1931-1936, Paris: Le Seuil, 1961, p.614.
27. Simone Weil, *Écrits historiques et politiques, op. cit.,* p.58.

CAPÍTULO 8

1. Aristóteles, *La politique* [*A política*], 1253, a 1.
2. *Idem, ibidem,* 1253, a 5.
3. *Idem, ibidem,* 1252, b 25.
4. *Idem, ibidem,* 1328, a 35.
5. *Idem, ibidem,* 1292, b 35.
6. *Idem, ibidem,* 1279, a 5.
7. *Idem, ibidem,* 1287, a 15.
8. *Idem, ibidem,* 1271, a 10.
9. *Idem, ibidem,* 1328, b 5.

10. Hannah Arendt, *La crise de la culture* [*A crise da cultura*], Paris: Gallimard, 1992, p.11 (Folio-Essais).
11. Hannah Arendt, *Du mensonge à la violence*, op. cit., p.153.
12. *Idem, ibidem*, p.166.
13. Hannah Arendt, *Condition de l'homme moderne*, op. cit., p.64.
14. Hannah Arendt, *Essai sur la révolution* [*Ensaio sobre a revolução*], Paris: Gallimard, 1985, pp.21-22 (Tel).
15. Hannah Arendt, *Condition de l'homme moderne*, op. cit., p.260.
16. Hannah Arendt, *Du mensonge à la violence*, op. cit., p.93.
17. Jean Duvignaud, "Violence et société" ["Violência e sociedade"], em *Raison présente*, n.54, 1980, p.7.
18. Karl Popper, *La leçon de ce siècle* [*A lição deste século*], Paris: Anatolia, 1993, p.131.
19. *Idem, ibidem*, p.190.
20. *Idem, ibidem*, p.106.
21. *Idem, ibidem*, p.114.
22. *Idem, ibidem*, p.108.
23. *Idem, ibidem*, p.133.
24. *Idem, ibidem*, p.142.
25. Charles Rojzman, *La peur, la haine et la démocracie* [*O medo, o ódio e a democracia*], Paris: Desclée de Brouwer, 1992, p.35.
26. *Idem, ibidem*, pp.43-44.
27. Sigmund Freud, *Essais de psychanalyse*, op. cit., p.160.
28. Simone Weil, *Cahiers II*, op. cit., p.264.
29. Moisei Ostrogorski, *La démocracie et les partis politiques*, op. cit., p.45-46.
30. *Idem, ibidem*, p.47.
31. *Idem, ibidem*, p.71.
32. *Idem, ibidem*, p.74.
33. *Idem, ibidem*, p.101.
34. *Idem, ibidem*, p.181.
35. Simone Weil, *Écrits de Londres et dernières lettres*, op. cit., p.132.
36. *Idem, ibidem*.
37. *Idem, ibidem*, p.131.
38. *Idem, ibidem*, p.141.
39. *Idem, ibidem*, p.143.

40. Simone Weil, *L'enracinement*, op. cit., p.42.
41. Simone Weil, *Écrits de Londres et dernières lettres*, op. cit., p.144.
42. *Idem, ibidem*, p.141.
43. Simone Weil, *L'enracinement*, op. cit., p.46.
44. Simone Weil, *Écrits de Londres et dernières lettres*, op. cit., p.145.
45. Vaclav Havel, *Essais politiques*, op. cit., p.217.
46. Vaclav Havel, *Interrogatoire à distance*, op. cit., p.21.
47. Vaclav Havel, *Essais politiques*, op. cit., p.154.
48. *Idem, ibidem*, p.153.
49. Hannah Arendt, *Condition de l'homme moderne*, op. cit., p.271.
50. Tolstoi, *La vrai vie* [*A verdadeira vida*], Paris: Bibliothèque Charpentier/ Eugène Pasquelle, 1923, p.103.
51. Karl Popper, op. cit., p.97.
52. Hans Jonas, *Le principe de responsabilité: une éthique pour la civilisation technologique* [*O princípio de responsabilidade: uma ética para a civilização tecnológica*], Paris: Le Cerf, 1993, p.190.
53. *Idem, ibidem*, p.13
54. *Idem, ibidem*, p.188.
55. *Idem, ibidem*, pp.30-31.
56. *Idem, ibidem*, p.50.
57. *Idem, ibidem*, p.133
58. *Idem, ibidem*, p.123.
59. *Idem, ibidem*, p.187.
60. Michel Serres, *Le contrat naturel* [*O contrato natural*], Paris: Flammarion, 1992, p.67 (Champs).
61. *Idem, ibidem*.

CAPÍTULO 9

1. Evangelho segundo Mateus, 5, 38-39.
2. Edgar Morin e Anne Brigitte Kern, *Terre-patrie* [*Terra-pátria*], Paris: Le Seuil, 1993, p.200-201.
3. Evangelho segundo Mateus, 5, 40.
4. Leon Tolstoi, *Rayons de l'aube* [*Raios do alvorecer*], Paris: Stock, 1901, p.98.
5. *Idem, Ibidem*, p.383.

6. *Paroles du Bouddha, op. cit.,* p.80.
7. *Idem, ibidem,* p.81.
8. Platão, *Phédon* [*Fédon*], Livro XI, 66a.
9. Sobre a noção de "espaço intermediário", cf. artigo de Étienne Duval no dossiê de *Non-violence actualité* "La médiation", Montargis, 1993, p.32-34.
10. François Bazier, "La médiation", *op. cit.,* p.20.
11. Jean-François Six, *Brèche* [*Brecha*], n.40-42, p.118.
12. Karl Popper e John Condry, *La télévision: un danger pour la démocratie* [*A televisão, um perigo para a democracia*], Paris: Anatolia, 1994, p.33.
13. Karl Popper, *La leçon de ce siècle, op. cit.,* p.72.
14. *Idem, ibidem,* p.73.
15. Karl Popper e John Condry, *La télévision: un danger pour la démocratie, op. cit.,* p.33.
16. Karl Popper, *La leçon de ce siècle, op. cit.,* p.70.
17. Karl Popper e John Condry, *La télévision: un danger pour la démocratie, op. cit.,* pp.26-27.
18. Karl Popper, *La leçon de ce siècle, op. cit.,* p.77.
19. *Idem, ibidem,* p.71.
20. *Idem, ibidem.*
21. *Libération,* 25 mar. 1992.
22. Georges Gusdorf, *La vertu de la force* [*A virtude da força*], Paris: PUF, 1960, p.84.
23. Éric Prairat, "Pour une éducation non-violente"["Por uma educação não-violenta"], dossiê de *Non-violence actualité,* Montargis, 1988, p.45-46.
24. *Idem, ibidem,* p.46.
25. Anne-Catherine Bisot e François Lhopiteau, "La résolution non-violente des conflits"["A resolução não-violenta de conflitos"], em *L'éducation à la paix,* Paris: Centre National de Documentation Pédagogique, 1993, p.213.
26. Bernadette Bayada, "Préjugés et stéréotypes, sources de violence" ["Preconceitos e estereótipos, origem de violência"], em *L'éducation à la paix, op. cit.,* p.139.

CAPÍTULO 10

1. Emmanuel Levinas, *Totalité et infini, op. cit.*, p.5.
2. Carl von Clausewitz, *De la guerre* [*Da guerra*], Paris: Les Éditions de Minuit, 1955, p.52.
3. *Idem, ibidem*, p.44.
4. *Idem, ibidem*, p.51.
5. *Idem, ibidem*.
6. *Idem, ibidem*, p.67.
7. *Idem, ibidem*, p.66.
8. *Idem, ibidem*, p.67.
9. *Idem, ibidem*, p.705.
10. *Idem, ibidem*, p.710.
11. *Idem, ibidem*, p.703.
12. *Idem, ibidem*, p.706.
13. *Idem, ibidem*, p.53.
14. *Idem, ibidem*, p.66.
15. *Idem, ibidem*, p.703.
16. *Idem, ibidem*, p.55.
17. *Idem, ibidem*, p.58.
18. *Idem, ibidem*, p.53.
19. *Idem, ibidem*.
20. *Idem, ibidem*, p.65.
21. *Idem, ibidem*, p.58.
22. *Idem, ibidem*.
23. *Idem, ibidem*, p.704.
24. *Idem, ibidem*, p.66.
25. *Idem, ibidem*, p.678.
26. *Idem, ibidem*, p.73.
27. *Idem, ibidem*.
28. *Idem, ibidem*, pp.73-74.
29. *Idem, ibidem*, p.74.
30. *Idem, ibidem*.
31. *Idem, ibidem*, p.81.
32. *Idem, ibidem*, p.75.
33. *Idem, ibidem*.

34. *Idem, ibidem*, p.552.
35. *Idem, ibidem*, p.553.
36. *Idem, ibidem*, p.70.
37. *Idem, ibidem*, p.72.
38. *Idem, ibidem*, p.82.
39. *Idem, ibidem*, p.83.
40. *Idem, ibidem*, p.82.
41. *Idem, ibidem*, p.57.
42. Alain Refalo, "Place et rôle des associations dans une stratégie de dissuasion civile" ["O papel e o lugar das associações numa estratégia de dissuasão civil"], em *Alternatives non-violentes*, n.72, out. 1989, p.28.
43. Gene Sharp, "A la recherche d'une solution au problème de la guerre" ["Em busca de uma solução para o problema da guerra"], em *Alternatives non-violentes*, n.34, p.72.

CAPÍTULO 11

1. Jean Lacroix, "Raison et histoire selon Éric Weil" ["Razão e história segundo Éric Weil"], em *Panorama de la philosophie contemporaine*, Paris: PUF, 1968, p.83.

CAPÍTULO 12

1. Gilbert Krischer, *Figures de la violence et de la modernité: essais sur la philosophie d'Éric Weil* [*Figuras da violência e da modernidade: ensaios sobre a filosofia de Éric Weil*], Lille: Presses Universitaires de Lille, 1992, pp.123-124.
2. Patrice Canivez, "La révolution, l'État, la discussion" ["A revolução, o Estado, a discussão"], em *Discours, violence et langage: un socratisme d'Éric Weil* [*Discurso, violência e linguagem: um socratismo de Éric Weil*], Le Cahier du Collège International de Philosophie, Paris: Éditions Osiris, 1990, p.43.
3. *Idem, ibidem*, p.60.
4. Cf. Emmanuel Levinas, *Cahiers de l'Herne*, Paris: Le Livre de Poche, 1993, p.64 (Biblio-Essais).
5. *Idem, ibidem*, p.124.

6. *Idem, ibidem*, p.123.
7. *Idem, ibidem*, p.124.
8. Emmanuel Levinas, *Autrement qu'être ou au-delà de l'essence, op. cit.*, p.264.
9. *Idem, ibidem*.
10. *Idem, Cahiers de l'Herne, op. cit.*, p.55.
11. *Idem, Totalité et infini, op. cit.*, pp.334-335.
12. *Idem, Autrement qu'être, op. cit.*, p.248.
13. *Idem, Éthique et infini, op. cit.*, p.75.
14. *Idem, Entre nous: essais sur le penser-à-l'autre, op. cit.*, pp.238-239.
15. *Idem, Emmanuel Levinas*, François Poirié, *op. cit.*, p.108.
16. *Idem, Cahiers de l'Herne, op. cit.*, pp.63-64.
17. Vincent Tsongo Luutu, *Penser le socio-politique avec Emmanuel Levinas* [Pensar o sociopolítico com Emmanuel Levinas], Lyon: Profac, 1993, pp.131-132.
18. Albert Einstein, *Comment je vois le monde* [Como vejo o mundo], Paris: Flammarion, 1979, p.52 (Champs).
19. Jacques Maritain, *Primauté du spirituel* [Primazia do espiritual], Paris: Plon, 1927, p.131.
20. Jacques Maritain, *Du régime temporel et de la liberté* [Regime temporal e liberdade], Paris: Desclée de Brouwer, 1933, pp.198-201.
21. Emmanuel Mounier, "Révolutions personnaliste et communautaire" ["Revoluções personalista e comunitária"], em *Œuvres* [Obras], tomo I, 1931-1939, Paris: Le Seuil, 1961, pp.325-326.
22. Artigo publicado no livro de Paul Ricœur, *Histoire et vérité* [História e verdade], Paris: Le Seuil, 1955, pp.223-233.

CAPÍTULO 13

1. Pandit Nehru, *Ma vie et mes prisons* [Minha vida e minhas prisões], Paris: Denoël, 1952, p.364.
2. Gandhi, *Lettres à l'ashram* [Cartas ao ashram], trad. J. Herbert, Paris: Albin Michel, 1960, pp.25-26.
3. *Idem, ibidem*, p.99.
4. Gandhi, *Tous les hommes sont frères: vie et pensées du Mahatma Gandhi*

d'après ses oeuvres [Todos os homens são irmãos], trad. Guy Vogelweith, Paris: Gallimard, 1969, p.137 (Idées)

5. Gandhi, *Lettres à l'ashram, op. cit.*, p.125.
6. Gandhi, *Tous les hommes sont frères, op. cit.*, p.137.
7. Gandhi, *Lettres à l'ashram, op. cit.*, p.28.
8. *Idem, ibidem*, p.133.
9. Citado por D. G. Tendulkar, *Mahatma: life of Mohandas Karanmhand Gandhi* [Mahatma: vida de Mohandas Karanmhand Gandhi], t.1, New Delhi: Publications Division, Ministry of Information and Broadcasting, Government of India/Patiala House, 1969, p.282.
10. Joan V. Bondurant, *Conquest of violence: the Gandhian philosophy of conflict* [Conquista da violência: a filosofia gandiana do conflito], Berkeley e Los Angeles: University of California Press, 1969, p.25.
11. Gandhi, *Lettres à l'ashram, op. cit.*, p.32.
12. Gandhi, *Autobiografie ou mes expériences de vérité* [Autobiografia ou minhas experiências com a verdade], trad. G. Belmond, Paris: Presses Universitaires de France, 1964, p.348.
13. Gandhi, *Tous les hommes sont frères, op. cit.*, p.254.
14. Gandhi, *Satyagraha*, Ahmedabad: Navajivan Publishing House, 1958, p.42.
15. Gandhi, *Tous les hommes sont frères, op. cit.*, p.156.
16. Citado por Jean Herbert, *Ce que Gandhi a vraiment dit* [O que Gandhi disse realmente], Paris: Stock, 1969, p.84.
17. Gandhi, *Lettres à l'ashram, op. cit.*, p.107.
18. *Idem, ibidem*, p.102.
19. *Idem, ibidem*.
20. Citado por Jean Herbert, *op. cit.*, p.88.
21. *Idem, ibidem*.
22. *Idem, ibidem*, p.203
23. Gandhi, *Lettres à l'ashram, op. cit.*, p.56.
24. *Idem, ibidem*, p.125.
25. *Idem, ibidem*, p.55.
26. *Idem, ibidem*, p.126.
27. Gandhi, *Tous les hommes sont frères, op. cit.*, pp.153-154.
28. *Idem, ibidem*, p.272.
29. *Idem, ibidem*, p.153.

30. Gandhi, *M. K. Gandhi à l'œuvre: suite de sa vie écrite par lui-même* [*M. K. Gandhi em ação: seqüência de sua vida escrita por ele mesmo*], Paris: Les Éditions Rieder, 1934, p.288.
31. Gandhi, *Tous les hommes sont frères, op. cit.*, p.104.
32. Gandhi, *M. K. Gandhi à l'œuvre, op. cit.*, p.409.
33. Gandhi, *Tous les hommes sont frères, op. cit.*, p.180.
34. *Idem, ibidem*, p.105.
35. Gandhi, *All men are brothers: life and thoughts of Mahatma Gandhi* [*Todos os homens são irmãos*] Ahmedabad: Navajivan Publishing House, 1971, p.76.
36. Gandhi, *Tous les hommes sont frères, op. cit.*, p.110.
37. *Idem, ibidem*, pp.110-111.
38. Gandhi, *Satyagraha, op. cit.*, p.38.
39. Gandhi, *Lettres à l'ashram, op. cit.*, p.103
40. Citado por Suzanne Lassier, *Gandhi et la non-violence* [*Gandhi e a não-violência*], Paris: Le Seuil, 1970, p.146 (Maîtres Spirituels).
41. Gandhi, *What Jesus means to me* [*O que Jesus significa para mim*], Ahmedabad: Navajivan Publishing House, 1959, p.31.
42. Gandhi, *Tous les hommes sont frères, op. cit.*, pp.139-140.
43. Gandhi, *What Jesus means to me, op. cit.*, p.29.
44. Gandhi, *Tous les hommes sont frères, op. cit.*, p.134.
45. *The mind of Mahatma Gandhi* [*O pensamento de Mahatma Gandhi*], compilado e editado por R. K. Prabhu e U. R. Rao, Ahmedabad: Navajivan Publishing House, 1969, p.45.
46. Gandhi, *All men are brothers*, p.86.
47. Citado por D. G. Tendulkar, *Mahatma: life of Mohandas Karamchand Gandhi*, t.6, *op. cit.*, p.41.
48. Gandhi, *Tous les hommes sont frères, op. cit.*, pp.161-172.
49. *Idem, M. K. Gandhi à l'œuvre, op. cit.*, p.172.
50. *Idem, ibidem*, p.169.
51. *Idem, ibidem*, p.171.
52. *Idem, Résistance non-violente* [*Resistência não-violenta*], Paris, Buchet/Chastel, 1986, p.16.
53. *Idem, M. K. Gandhi à l'œuvre, op. cit.*, p.170.
54. *Idem, Résistance non-violente, op. cit.*, p.16.
55. *Idem, Satyagraha, op. cit.*, p.6.

56. *Idem, ibidem*, p.88.
57. *Idem, ibidem*, p.66.
58. *Idem, Tous les hommes sont frères, op. cit.*, p.108.
59. *Idem, Lettres à l'ashram, op. cit.*, p.110.
60. *Idem, Satyagraha, op. cit.*, p.33.
61. *Idem, ibidem*, p.172.
62. *Idem, Lettres à l'ashram, op. cit.*, p.115.
63. *Idem, La jeune Inde* [*A jovem Índia*], Paris: Stock, 1948, pp.108-109.
64. Citado por D. G. Tendulkar, *Mahatma: life of Mohandas Karamchand Gandhi*, t.6, *op. cit.*, pp.40-41.
65. Pandit Nehru, *Ma vie et mes prisons, op. cit.*, p.371.
66. Citado por André Malraux, *Antimémoires* [*Antimemórias*], Paris: Gallimard, 1967, p.204.
67. Pandit, Nehru, *Ma vie et mes prisons, op. cit.*, pp.94-95.
68. *Idem, ibidem*, p.290.

CAPÍTULO 14

1. Gandhi, *Autobiografie ou mes expériences de vérité, op. cit.*, p.618.
2. *Idem, La jeune Inde, op. cit.*, pp.352-353.
3. *Idem, Résistance non-violente, op. cit.*, p.21.
4. *Idem, Lettres à l'ashram, op. cit.*, p.108.
5. *Idem, Tous les hommes sont frères, op. cit.*, p.149.
6. Citado por Jean Herbert, *op. cit.*, p.83.
7. Gandhi, *Satyagraha in South Africa* [*Satyagraha na África do Sul*], Ahmedabad: Navajivan Publishing House, 1961, pp.182-183.
8. *Idem, ibidem*, p.259.
9. *Idem, Résistance non-violente, op. cit.*, pp.21-22.
10. *Idem, ibidem*, p.22.
11. *Idem, ibidem*.
12. *Idem, Tous les hommes sont frères, op. cit.*, p.247.
13. *Idem, La jeune Inde, op. cit.*, p.195.
14. *Idem, Tous les hommes sont frères, op. cit.*, pp.235-236.
15. *Idem, ibidem*, p.247.
16. *Idem, ibidem*, p.250.
17. Citado por Jean Herbert, *op. cit.*, pp.133-134.

18. Gandhi, *Tous les hommes sont frères, op. cit.*, p.251.
19. *Idem, ibidem*, p.208.
20. *Idem, ibidem*, p.142.
21. Citado por D. G. Tendulkar, *Mahatma: life of Mohandas Karamchand Gandhi, op. cit.*, t.6, p.35.
22. Gandhi, *Tous les hommes sont frères, op. cit.*, p.240.
23. *Idem, Résistance non-violente, op. cit.*, pp.71-72.
24. *Idem, ibidem*, p.134.
25. *Idem, Tous les hommes sont frères, op. cit.*, p.250.
26. *Idem, ibidem*, p.240.
27. Pandit Nehru, *Ma vie et mes prisons, op. cit.*, p.69.
28. Citado por D. G. Tendulkar, *Mahatma: life of Mohandas Karanmhand Gandhi*, t.3, *op. cit.*, pp.17-18.
29. *Idem, ibidem*, p.22.
30. *Idem, ibidem*, p.19.
31. *Idem, ibidem*.
32. *Idem, ibidem*.
33. *Idem, ibidem*, pp.25-26.
34. *Idem, ibidem*, p.32.
35. Pandit Nehru, *Ma vie et mes prisons, op. cit.*, p.193.
36. *Idem, ibidem*, p.195.
37. Louis Fischer, *La vie du Mahatma Gandhi*, [*Vida de Mahatma Gandhi*] Paris: Calmann-Lévy, 1952, p.255.
38. Citado por D. G. Tendulkar, *Mahatma: life of Mohandas Karanmhand Gandhi*, t.3, *op. cit.*, p.46.
39. *Idem, ibidem*, p.49.
40. *Idem, ibidem*, p.53.
41. *Idem, ibidem*, p.76.
42. *Idem, ibidem*, p.64.
43. Citado por Louis Fischer, *La vie du Mahatma Gandhi, op. cit.*, p.253.
44. Gandhi, *La jeune Inde, op. cit.*, p.106.
45. *Idem, Tous les hommes sont frères, op. cit.*, p.179.
46. *Idem, ibidem*, p.178.
47. *Idem, All men are brothers, op. cit.*, p.131.
48. Citado por Jean Herbert, *op. cit.*, p.94
49. Gandhi, *La jeune Inde, op. cit.*, p.254.

50. *Idem, Tous les hommes sont frères, op. cit.*, p.179.
51. Citado por Jean Herbert, *op. cit.*, p.144.
52. *Idem, ibidem*, p.145.
53. Gandhi, *Tous les hommes sont frères, op. cit.*, p.164.
54. Citado por Jean Herbert, *op. cit.*, p.91.
55. *Idem, ibidem*, p.111.
56. *Idem, ibidem*.
57. Gandhi, *Tous les hommes sont frères, op. cit.*, p.167.
58. *Idem, ibidem*, p.176.
59. *Idem, Lettres à l'ashram, op. cit.*, p.256.
60. Citado por Jean Herbert, *op. cit.*, p.93.
61. *Idem, ibidem*.
62. Gandhi, *Lettres à l'ashram, op. cit.*, p.119.
63. *Idem, Leur civilisation et notre délivrance* [A civilização deles e nossa libertação], Paris: Denoël, 1957, p.144.
64. *Idem, ibidem*, pp.116-117.
65. *Idem, ibidem*, pp.170-171.
66. *Idem, Tous les hommes sont frères, op. cit.*, p.240.
67. Citado por Suzanne Lassier, *op. cit.*, p.170.
68. *Idem, ibidem*.
69. Gandhi, *La jeune Inde, op. cit.*, p.133.
70. *Idem, ibidem*, p.134.
71. *Idem, Tous les hommes sont frères, op. cit.*, p.241.
72. B. R. Nanda, *Gandhi: sa vie, ses idées, son action politique en Afrique du Sud et en Inde* [Gandhi: sua vida, suas idéias e sua ação política na África do Sul e na Índia], Verviers (Bélgica): Marabout Université, 1968, pp.108-109.
73. Pandit Nehru, *Ma vie et mes prisons, op. cit.*, p.368.
74. Gandhi, *Tous les hommes sont frères, op. cit.*, p.246.
75. *Idem, ibidem*, p.239.
76. Gandhi, *Democracy: real and deceptive* [Democracia: real e imaginária], Ahmedabad: Navajivan Publishing House, 1961, p.72.
77. *Idem, Tous les hommes sont frères, op. cit.*, p.246.
78. *Idem, ibidem*, p.238.
79. *Idem, ibidem*.
80. *Idem, ibidem*.

81. *Idem, ibidem.*
82. Gandhi, *Democracy: real and deceptive, op. cit.*, p.7.
83. *Idem, ibidem,* p.11.
84. *The mind of Mahatma Gandhi,* p.348.
85. Gandhi, *Democracy: real and deceptive, op. cit.*, p.20.
86. *Idem, Tous les hommes sont frères, op. cit.,* p.239.
87. *Idem, Democracy: real and deceptive, op. cit.,* p.73.
88. *The mind of Mahatma Gandhi,* p.155.
89. Gandhi, *Democracy: real and deceptive, op. cit.*, p.26.
90. Citado por Jean Herbert, *op. cit.*, p.158.
91. Gandhi, *Democracy: real and deceptive, op. cit.*, p.10-11.

CAPÍTULO 15

1. Charles Péguy, *Victor Marie, Comte Hugo: Œuvres en prose (1909-1914)* [*Victor Marie, Conde Hugo: obras em prosa*], Paris: Gallimard, 1961, p.827 (Bibliothèque de la Pléiade).
2. Georges Bernanos, *La liberte pour quoi faire?, op. cit.*, p.227.
3. Charles Péguy, *"Ève", Œuvres poétiques en prose* [*"Eva", Obras poéticas em prosa*], Paris: Gallimard, 1957, p.1026 (Bibliotèque de la Pléiade).
4. Max Weber, *Essais sur la théorie de la science* [*Ensaios sobre a teoria das ciências sociais*], Paris: Plon, 1992, p.321 (Presses Pocket).
5. Julien Freund, *Sociologie de Max Weber* [*Sociologia de Max Weber*], Paris: PUF, 1966, p.104.
6. Max Weber, *Essais sur la théorie de la science, op. cit.*, p.341.
7. *Idem, ibidem*, p.324.

CONCLUSÃO

1. Henri-Bernard Vergote, "Esprit, violence et raison", *op. cit.*, p.368.
2. *Idem, ibidem,* p.364.